FAC • UNIVERSITÉS

MÉMENTOS LMD

NOTE DE SYNTHÈSE

- Principes de base
- Démontage du dossier
- Montage de la note
- Dossier commenté

Michel DEYRA

14e édition 2015-2016

Gualino

lextenso éditions

FAC • UNIVERSITÉS

MÉMENTOS LMD

La collection pour les étudiants en licence (L1, L2 et L3)
Droit, Économie et Gestion.
Chaque livre rend accessibles les connaissances
à acquérir pour réussir les examens.

Michel DEYRA

est Docteur en Droit et Directeur honoraire de l'Institut de Préparation à l'Administration générale de Clermont-Ferrand.

70, rue du Gouverneur Général Éboué
92131 Issy-les-Moulineaux cedex
ISBN 978 - 2 - 297 - 04695 - 4
ISSN 1288-9199

Présentation

Dans tous les concours administratifs, judiciaires, et même dans de nombreux concours techniques, l'épreuve sur dossier est une épreuve traditionnelle. Elle a des intitulés qui varient : ***note de synthèse, note, note administrative, rapport, procès-verbal, cas pratique***... Malgré ces dénominations diverses, les caractères généraux de ces exercices sont quasi similaires (sauf la présentation formelle) et le traitement méthodologique commun de la note de synthèse peut leur être appliqué.

Epreuve redoutable car il n'y a pas de panacée permettant de surmonter tous les cas de figure, et redoutée car il y a un manque flagrant d'apprentissage méthodologique dans le cursus universitaire traditionnel, la ***note de synthèse*** constitue sans aucun doute l'épreuve écrite la plus originale des concours administratifs, mais c'est aussi la plus objective : le facteur chance n'y joue qu'un rôle minime, l'érudition du candidat n'intervient qu'accessoirement, l'opinion personnelle de celui-ci n'est, en principe, pas sollicitée.

C'est pour vous « focaliser » sur la méthode à mettre en œuvre que l'auteur de cet ***ouvrage*** vous présente les différentes étapes de la rédaction d'une note de synthèse : le ***démontage du dossier*** avec la lecture du sujet, l'analyse des documents... puis le ***montage de la note*** avec l'élaboration du plan, la structuration de la note...

Les conseils de méthode qui sont développés dans ce livre doivent faire l'objet d'une lecture attentive ; de même, il vous faudra attacher une attention toute particulière aux exemples qui vous sont présentés. Ces conseils pourront apparaître trop perfectionnistes et directifs mais ils correspondent aux exigences des correcteurs.

Outre l'acquisition de la méthode, il est évident que le ***meilleur moyen de s'améliorer reste l'entraînement*** : il faut s'astreindre à rédiger le plus grand nombre de devoirs de synthèse ***en temps réel*** (2, 3, 4 ou 5 heures) ; en effet, si cette épreuve n'exige aucune connaissance spécifique, elle ***requiert une méthode permettant de surmonter les deux obstacles majeurs de la note de synthèse : la contrainte du temps et la clarté dans l'exposé***.

Dans cette quatorzième édition, ***deux dossiers de synthèse sont présentés en fin d'ouvrage*** ce qui permet au candidat d'assimiler la technique « démontage du dossier – montage de la note ». Le premier est commenté et assorti d'une proposition de corrigé (cf. Chapitre 21). Il a pour sujet « L'emploi de la langue française » : pour un temps imparti de 3 heures, il est extrêmement difficile d'achever le travail ; en 4 heures, l'exercice reste difficile mais possible. Il s'agit d'un exemple de note de synthèse *stricto sensu* portant sur un problème politique, économique, social ou culturel de la France ou du monde contemporain.

Quant au second dossier (cf. Chapitre 22) qui porte sur « les principales caractéristiques de l'épreuve de note de synthèse », il ne doit pas poser de problèmes particuliers... si le lecteur a assimilé l'ensemble des chapitres précédents.

Cet ouvrage peut être complété par les ***Exos LMD Note de synthèse*** qui leur permet de poursuivre l'entraînement à l'épreuve. Il offre six dossiers assortis de corrigés entièrement rédigés.

Sommaire

SOMMAIRE

SOMMAIRE

CHAPITRE 1

La synthèse et ses variantes

Selon le dictionnaire de français Littré, la synthèse obéit à différentes définitions selon les disciplines, mais toutes donnent un éclairage pertinent sur ce qu'est l'épreuve de note de synthèse. En logique, c'est un procédé qui va des principes aux conséquences, des causes aux effets, du général au particulier ; en philosophie, c'est une opération mentale par laquelle on construit un système ; en grammaire, c'est une figure (syllepse) qui consiste à réunir en un seul deux mots jadis séparés (soucoupe pour sous – coupe) ; en mathématiques, c'est une démonstration des propositions par la seule déduction de celles qui sont déjà prouvées ; en chimie, c'est la reconstitution des éléments en un composé ; en chirurgie enfin, la réunion de parties divisées. Et il apparaît bien que chacune de ces définitions peut s'appliquer à l'épreuve de note de synthèse.

Au sens étymologique, *Sunthesis* signifie en grec l'action de mettre ensemble, la démarche qui consiste à réunir des idées, à composer un tout à partir de ces éléments, alors que l'analyse dissocie le tout en éléments.

Afin de mieux cerner cette épreuve souvent perçue de manière incertaine par la plupart des candidats (voire par les auteurs des dossiers… ou par certains correcteurs), il convient de distinguer ce que n'est pas la note de synthèse, ce qu'elle est, ce qu'elle peut être éventuellement au gré des jurys.

1 • CE QUE N'EST PAS LA NOTE DE SYNTHÈSE

La note de synthèse n'est pas une contraction de texte alors que le résumé est une réduction en un nombre de mots limité par rapport à un ensemble cohérent (résumé d'un article, d'une conférence, d'une circulaire). La note de synthèse exige un travail d'analyse, de classement, de jonction entre des documents qui à première vue n'ont que le sujet comme point commun. À noter cependant que dans certains concours – mais qui ne sont pas des concours administratifs – il existe des épreuves « curieuses » comme la note de synthèse en un nombre de mots limité (400, 500 ou 600 mots) pour certaines voies d'accès aux Écoles de commerce, ou le résumé de textes à partir d'un dossier comprenant plusieurs documents : c'est aux candidats de s'adapter au laxisme, sinon à l'incompétence des auteurs de telles épreuves qui sont la négation, tant de la note de synthèse que de la contraction de texte.

La note de synthèse n'est pas un commentaire de textes : il ne s'agit pas de rédiger une note critique dans laquelle le candidat prend position, donne un avis personnel ou qui ne figure pas dans le dossier (*cf.* « L'objectivité », Chapitre 3). À noter que dans les concours pour le recrutement d'agents techniques, il est souvent demandé aux candidats la rédaction d'une vraie synthèse dans une première partie, et de consacrer la seconde à des propositions, recommandations ou solutions (parfois, ces propositions doivent être présentées seulement en conclusion). Mais dans certains concours, il y a exceptionnellement des dissertations de culture générale... à partir (à l'aide) d'un dossier ; ou on peut rencontrer cette formulation : « En vous appuyant, *notamment* sur les documents ci-joints, faites la synthèse de ce dossier sur le problème de... ». Il ne s'agit toujours pas d'une synthèse en ce qui concerne le critère de l'objectivité dans la partie « propositions ».

La note de synthèse n'est pas une épreuve professionnelle (comme celle intitulée « étude de dossier » ou « étude de cas ») même si parfois elle s'en rapproche (*cf.* Chapitre 9). On peut sur ce point établir comme ligne de partage que, dans les concours externes, la note de synthèse permet de contrôler une formation universitaire, une capacité à comprendre une problématique et à l'exposer dans un travail structuré, alors que dans les concours internes cette épreuve permet souvent, en plus, de prendre aussi en considération une certaine expérience administrative[1].

Enfin, la note de synthèse n'est pas une dissertation dans laquelle le candidat expose ses idées. La synthèse permet de vérifier qu'un candidat à la Fonction publique est capable, dans un concours, de faire abstraction de ses idées dans cette épreuve, mais de les exposer par exemple dans la dissertation de culture générale. Malheureusement, depuis quelques années, une nouvelle forme d'épreuve apparaît dans certains concours : synthèse avec une conclusion exprimant l'opinion personnelle du candidat, synthèse sur tel ou tel sujet en s'appuyant ***notamment*** sur les documents joints, ou synthèse et ensuite une ou deux questions pour vérifier les connaissances ou les idées du candidat sur le sujet. De telles « innovations » sont regrettables comme l'épreuve de « note de synthèse et de propositions à partir d'un dossier à caractère général sur un sujet d'actualité ». Cette épreuve ainsi formulée est pour le moins contestable dans sa formulation. Il ne s'agit pas en effet d'un rapport avec mise en situation professionnelle, ou d'une note administrative qui tous deux peuvent être assortis de propositions. C'est une synthèse sur un sujet d'actualité. Comment dès lors faire des propositions ? En demandant au candidat de donner en une quinzaine de lignes maximum son opinion personnelle sur le sujet ! Donner son opinion sur l'action menée en France contre le travail illégal, la lutte contre le tabagisme, le phénomène des bandes, les paris en ligne, la vidéosurveillance et les lois mémorielles – comme ce fut demandé pour certains concours dans la police – dénature profondément l'épreuve (*cf.* « l'objectivité de la note de synthèse ») en modifiant les paramètres de correction et en surévaluant la conclusion dont les quelques lignes peuvent annihiler l'impression positive ou négative délivrée par les cinq pages précédentes. Il y a une incertitude quant à la nature réelle de cette épreuve hybride certains correcteurs pouvant se limiter à une conception classique de la synthèse, d'autres souhaitant plus d'apports personnels du candidat ou une conclusion subjective. Il reste cependant dans ces nouvelles épreuves une partie note de synthèse *stricto sensu*.

1. Cette distinction n'a malheureusement pas été opérante dans l'édition 2015 du concours Commissaire de police !

2 • CE QU'EST LA NOTE DE SYNTHÈSE

L'objectif de cette épreuve est la rédaction d'un document (de 4 à 6 pages) à partir des différents éléments d'un dossier tournant autour d'un même sujet : articles de doctrine, lois, décrets, articles de presse, circulaires, décisions de justice, tableaux... représentant de 20 à 40 pages. Le nombre de documents est variable mais jamais inférieur à 2, un texte unique ne pouvant consister qu'en une épreuve de résumé. L'épaisseur du dossier est variable selon la catégorie du concours et le choix du jury, mais 40 pages de textes aérés, abondamment illustrés et d'accès facile sont parfois préférables à 20 pages de textes denses et très techniques. Dans toutes les hypothèses, il est demandé au candidat d'établir un document « froid et impersonnel » qui doit faire le point sur une question précise afin que le destinataire de la note prenne connaissance, de façon claire et appropriée, de l'essentiel du dossier et puisse éventuellement prendre toute décision utile. Deux points sont à préciser :

1) La note de synthèse correspond à une réalité professionnelle : en effet, dans l'administration, l'aptitude à synthétiser un flot d'informations délivrées en vrac est une qualité primordiale. La synthèse permet ainsi au destinataire, tout en lui épargnant la lecture de l'ensemble du dossier, de se faire une opinion et de préparer sur un sujet précis telle ou telle décision ou intervention, à partir du moment où l'information est clarifiée, notamment avec un plan apparent. C'est donc à la fois une épreuve générale et administrative : générale parce qu'elle ne fait appel à aucune connaissance spécialisée mais aux seuls matériaux écrits mis à la disposition des candidats ; administrative parce qu'elle correspond à l'exercice que les fonctionnaires (et autres) sont amenés à faire tous les jours : la « réécriture » de textes longs et obscurs pour des élus, des supérieurs hiérarchiques, des subordonnés, des administrés.

2) La note de synthèse dans les concours administratifs correspond en réalité à trois épreuves différentes qui nécessitent pourtant la même démarche méthodologique :

- ***la note de synthèse*** *stricto sensu* qui porte sur les problèmes politiques, économiques, sociaux et culturels contemporains de la France ou du monde (illettrisme, santé, troisième âge, monde rural, démographie, liberté d'expression, milieu marin, ville, procréation médicalement assistée, nomadisme, réchauffement climatique, sécurité ou insécurité, violences scolaires, etc.). C'est essentiellement une aide à l'information (*cf.* Chapitre 21) ;
- ***la note*** dite aussi ***note administrative*** qui a un caractère professionnel plus marqué, car il s'agit d'un document interne permettant à deux unités administratives de correspondre entre elles. Les thèmes sont liés à la vie administrative (fraude fiscale, rythmes scolaires, travail au noir, congé parental, statut de l'élu, formation tout au long de la vie, lutte contre le surendettement, gestion du RSA, travail à temps partiel, taxe de séjour hôtelier, etc.). C'est aussi un outil d'information, comme pour une note de synthèse, mais à partir de la connaissance de l'environnement professionnel ;

– ***le rapport***, en principe adressé à un supérieur hiérarchique, poursuit une double finalité : c'est une aide à l'information du destinataire en vue d'une prise de décision. Le libellé du sujet place le candidat en situation professionnelle.

« Vous êtes Directeur des ressources humaines au Ministère, le ministre vous demande ».

« Le directeur de l'administration générale de votre collectivité doit animer une table ronde regroupant des élus et fonctionnaires de différentes administrations, sur le thème de l'intercommunalité.
Afin de préparer cette journée, il vous demande de lui rédiger, à l'aide des seuls documents joints, un rapport sur les enjeux de la coopération intercommunale en France aujourd'hui. »

Le travail demandé est de même nature que pour une note administrative, mais le rapport doit être adapté à la situation décrite dans le sujet, et éventuellement proposer des solutions. Tout rapport doit respecter un certain formalisme administratif (*cf.* Chapitre 16), et, s'il situe le candidat dans le sens de la hiérarchie ascendante, privilégier la concision sur l'exhaustivité.

3 • CE QUE PEUT ÊTRE LA NOTE DE SYNTHÈSE

Dans certains concours administratifs, l'épreuve sur dossier prend des dénominations diverses. En dehors de la « note de synthèse juridique », les autres variantes se rencontrent presque exclusivement dans les seuls concours internes et assez rarement.

A - La circulaire

Elle a pour objet de préciser les modalités pratiques d'application d'une réglementation, en vue de faciliter l'action des agents d'exécution. De portée collective, cet objectif impose au candidat une extrême clarté sans rien créer de nouveau par rapport aux lois et règlements contenus dans le dossier. Rappelons qu'elle ne concerne que le fonctionnement interne de l'administration et n'est pas en principe opposable aux administrés.

Exemple

- circulaire relative au port des insignes religieux dans les établissements d'enseignement ;
- circulaire relative à l'égalité des hommes et des femmes dans la fonction publique.

B - L'instruction

Comme la circulaire dont elle conserve la présentation formelle, l'instruction a une portée collective mais avec un caractère plus contraignant puisqu'elle consiste essentiellement en prescriptions fixant, pour les services, les règles, les mécanismes et les modalités d'application de textes législatifs et réglementaires. L'instruction prescrit, alors que la circulaire renseigne. La concision est essentielle dans cette épreuve.

Exemple

- instruction relative au financement des transports scolaires ;
- instruction relative à la mise en œuvre des intérêts moratoires.

C - La lettre

C'est un document succinct par lequel l'administration répond à une question posée au vu d'une situation (exposée dans le sujet) et de la réglementation (contenue dans le dossier). Cette catégorie se subdivise ainsi :

- ***la lettre en forme administrative :*** il s'agit d'une lettre échangée entre deux administrations, deux services publics nationaux, régionaux, départementaux et communaux ; le destinataire et l'expéditeur n'appartiennent pas à la même administration ;
- ***la lettre en forme personnelle :*** utilisée par l'administration quand elle correspond avec des personnalités élues ou des particuliers. Il s'agit là d'un document externe.

Ces deux exercices – que l'on retrouve essentiellement dans les concours internes – exigent une grande rigueur dans la présentation formelle (*cf.* Chapitre 16).

D - Le procès-verbal

C'est une pièce officielle par laquelle un agent d'autorité rend compte de ce qu'il a fait, vu et constaté dans l'exercice de ses fonctions. Dans le cadre d'un concours, cette épreuve correspond le plus souvent au compte rendu d'une assemblée statutaire ou réglementaire : il s'agit de relater l'essentiel des débats afin de prévenir toute contestation de ce qui a été discuté, voire décidé (le procès-verbal a un caractère authentique). Épreuve rare, on la rencontre parfois dans des examens professionnels, presque jamais dans les concours internes et externes.

E - La note de synthèse juridique

Une place particulière doit être faite pour cette épreuve que l'on rencontre depuis quelques années dans certains concours permettant l'accès à des fonctions bien spécifiques : accès à la profession d'avocat, magistrature (ordre judiciaire ou administratif), service administratif de contentieux. Contrairement aux autres notes de synthèse, cette épreuve doit être envisagée comme une épreuve de spécialistes où l'aptitude à manier les concepts juridiques, l'analyse, la confrontation et l'exploitation des textes législatifs, réglementaires, de décisions jurisprudentielles (qui souvent constituent les seuls documents du dossier), le raisonnement juridique, seront les principaux paramètres de correction. Parfois le candidat sera conduit à présenter le seul scénario juridique concevable : par exemple lorsqu'un dossier comporte des décisions contradictoires de juridictions de première instance, il est indispensable d'évoquer, dans la démonstration, les possibilités d'appel ou de cassation devant les juridictions souveraines, quand bien même ces arrêts ne figureraient pas dans le dossier, ni même n'existeraient dans la réalité. Cette catégorie d'épreuve s'éloigne sensiblement de la note de synthèse à caractère général en ce qui concerne l'objectivité (*cf.* Chapitre 3), mais la démarche méthodologique reste cependant la même. Cette épreuve est à rapprocher de la note à partir de textes législatifs ou réglementaires où il convient de dire le droit par rapport à un cas concret donné dans le sujet.

F – Le cas pratique

La résolution d'un « cas pratique à partir d'un dossier documentaire à caractère administratif » est une épreuve nouvelle depuis 2015 dans les concours Commissaire et Officier de police. Cette épreuve doit permettre d'évaluer le candidat sur sa compréhension du dossier et sur sa capacité à l'exploiter pour en extraire les données en vue de formuler des propositions pertinentes.

En 2015, dans le concours Officier, le candidat, placé dans la position d'un officier de police en charge de la sécurité routière dans une circonscription de sécurité publique, devait faire une note à son supérieur exposant la situation de l'accidentalité routière et proposant des solutions pour améliorer la situation. Enfin, il était demandé au candidat de faire toutes autres propositions utiles pour améliorer la situation dans ce domaine (donc des propositions en dehors du dossier). Cette épreuve, proche du rapport, était cependant moins déroutante que le cas pratique proposé au concours Commissaire de police.

Dans ce concours, le candidat, commissaire en poste dans une circonscription de sécurité publique de plus de 100 000 habitants, devait proposer un plan d'action global d'évacuation d'un squat où se trouvaient à la fois « des populations défavorisées avec des familles dont l'un des parents au moins travaille, des jeunes marginaux connus des forces de police et des artistes y organisant des expositions ». Toutes les dimensions de l'activité de police devaient être intégrées : les dimensions judiciaire, administrative et partenariale, ainsi que la communication. Une telle épreuve pourrait se justifier dans le concours interne, mais en aucun cas dans le concours externe ! Quelle est la raison d'un tel choix d'épreuve pour des candidats qui veulent rentrer dans la police nationale mais qui, par définition, n'en ont pas encore l'expérience ?

Les possibilités d'épreuves sont donc très variées. Les regrouper sous des rubriques est d'ailleurs parfois simplificateur, car les jurys confondent souvent le rapport et la note de synthèse, la note administrative et la circulaire. Ce qui doit guider le candidat, c'est l'intitulé du sujet, et non pas celui de l'épreuve, ainsi que le montrent les exemples suivants. La confrontation de la nature de l'épreuve avec le libellé du sujet est parfois édifiante.

Exemple n° 1

Épreuve : Rédaction d'un document administratif à partir d'un dossier remis aux candidats et ayant trait aux problèmes actuels des collectivités territoriales.

Durée : 3 heures
Coefficient : 4

Sujet : *Vous êtes rédacteur à la commune de N... Soucieux de connaître les modifications récentes apportées au fonctionnement des municipalités, le maire vous demande une note relative à ces changements qui concernent aussi bien la réalité que le statut des élus locaux.*

Exemple n° 2

Épreuve : Rédaction à l'aide des éléments d'un dossier, d'un rapport faisant appel à l'esprit d'analyse du candidat, à son aptitude à situer le sujet traité dans son contexte général et à ses capacités de composition.

Durée : 4 heures
Coefficient : 4

Sujet : *Votre maire va recevoir prochainement une délégation d'une ville d'outre-mer.*

Avant cette visite, il souhaite mieux connaître les difficultés économiques et sociales rencontrées par les DOM, notamment dans la perspective de la construction européenne.

Il vous demande de lui remettre un rapport sur la base des documents suivants...

Exemple n° 3

Épreuve : Rédaction d'une note comprenant une analyse du problème posé et des propositions de solutions d'après un dossier technique présentant des aspects administratifs relatifs aux problèmes du système éducatif.

Sujet : *Branche administration générale*

Vous êtes chef de la division de l'enseignement supérieur au rectorat de X. Sollicité par une collectivité territoriale qui souhaiterait l'association la plus étroite possible entre une bibliothèque spécialisée d'université et un important centre de documentation technique municipal non doté de la personnalité morale, le recteur vous demande de rédiger à son intention une note synthétique portant sur l'organisation générale et le fonctionnement des bibliothèques dans les universités françaises, et comprenant des propositions pour répondre à la collectivité.

Exemple n° 4

Épreuve : Rédaction d'une note de synthèse à partir d'un dossier comportant ou non des données numériques relatif à l'organisation, au fonctionnement administratif, à la gestion économique et financière des établissements hospitaliers publics, pouvant comporter des propositions de solutions à dégager.

Durée : 4 heures
Coefficient : 4

Sujet : *Le contexte actuel de maîtrise des dépenses de santé conduit les administrations hospitalières à envisager de nouvelles formules de gestion dépassant le simple cadre de la co-utilisation de certains équipements telle qu'elle a été généralement pratiquée jusqu'à présent.*

Diverses actions de coopération de formes juridiques différentes sont désormais réalisables aux termes des dispositions de la loi 91-748 du 31 juillet 1991 portant réforme hospitalière.

En matière de coopération inter-hospitalière, le traitement du linge dans les établissements hospitaliers occupe une place de choix.

À travers l'étude présentée par A. Korniloff, architecte conseil sur le sujet, le recours à la formule du syndicat interhospitalier est préconisé.

Pouvez-vous, en la développant dans ses aspects juridiques, économiques et sociaux, proposer une autre forme de coopération ?

Les exemples 1 et 2, intitulés respectivement « rédaction d'un document administratif » et « rapport », sont en réalité des notes de synthèse, et dans les exemples 3 et 4, les notes de synthèse sont en réalité des rapports.

À noter que l'intitulé de l'épreuve du concours interne d'attaché territorial, « rédaction, à l'aide des éléments d'un dossier soulevant un problème d'organisation ou de gestion rencontré par une collectivité territoriale, d'un rapport faisant appel à l'esprit d'analyse et de synthèse du candidat, à son aptitude à situer le sujet traité dans son contexte général et à ses capacités rédactionnelles » pouvait faire douter de l'esprit de synthèse de celui qui l'a formulé.

L'ensemble des épreuves sur dossier (note de synthèse *stricto sensu*, note administrative, rapport, circulaire, instruction, lettre, note de synthèse juridique, procès-verbal) exigent une présentation formelle particulière (*cf.* Chapitre 16), mais quelles qu'elles soient, elles justifient une approche méthodologique similaire et poursuivent dans le cadre d'un concours les mêmes objectifs.

EN PRATIQUE

- Bien lire l'intitulé de l'épreuve et l'énoncé du sujet qui fixent les règles du jeu. En cas de doute, privilégier le second sur le premier.
- La note de synthèse n'est pas une addition d'idées, ni un compte rendu de lecture, ni la juxtaposition des résumés, ni une explication des textes, encore moins l'expression d'une opinion personnelle à propos des textes ou une prise de position par rapport au débat suscité par le sujet.
- Respecter la présentation formelle en fonction de la nature du document demandé.

CHAPITRE 2

Les objectifs poursuivis

L'importance accordée à cette épreuve, au vu de son coefficient dans les concours, se justifie par cinq séries de considérations : la note de synthèse à utilité professionnelle revêt une dimension « culture générale », constitue un test d'intelligence, permet de contrôler la maîtrise de l'expression écrite et s'avère un moyen efficace et équitable de sélection.

1 • L'UTILITÉ

La note doit être utile à son destinataire, et en cela c'est une épreuve « professionnelle » qui correspond à des besoins pratiques. En effet, le résumé d'un rapport, d'un article, d'un ouvrage fait (ou peut faire) partie du travail quotidien des fonctionnaires, de même que la rédaction d'une lettre à un administré, d'une note à un supérieur, d'une directive aux subordonnés. L'utilité, en milieu professionnel, est justifiée par le fait qu'un rapport s'adresse à des supérieurs qui n'ont pas forcément le temps de lire tout le dossier, et qu'une note s'adresse à des subordonnés qui n'ont pas forcément la compétence pour le lire.

Il convient de se souvenir que la note de synthèse – *a fortiori* la note administrative et le rapport – correspond à une mise en situation professionnelle qui distingue cette épreuve d'un simple exercice académique. Il faut substituer au rapport académique « copie d'examen/étudiant/professeur », le rapport administratif « note/fonctionnaire/destinataire » qui est celui de la réalité du concours.

Il est donc indispensable de lire attentivement le sujet, d'apporter tous les éléments de réponse souhaités, mais seulement ceux-ci, de savoir que l'analyse sert à découvrir les idées, la synthèse à les relier. Il s'agit d'un véritable contrôle de l'aptitude à la fonction.

2 • LA CULTURE GÉNÉRALE

La note de synthèse constitue un test de culture générale même s'il ne s'agit ni d'une dissertation de culture générale, ni d'une dissertation juridique, ni d'une explication de texte.

La note, contrairement à la dissertation, n'exige pas de connaissances particulières préalables puisque les documents permettant de la rédiger sont fournis dans le dossier avec l'énoncé du sujet. Les convictions et les connaissances personnelles du candidat ne sont pas ici sollicitées. D'une certaine manière, la note de synthèse est une épreuve qui fonctionne « à rebours » : alors que pour les autres épreuves il faut mobiliser ses connaissances pour répondre à la question posée, le dossier de synthèse, lui, fournit les connaissances à partir desquelles il convient de trouver les thèmes essentiels à exposer.

Cependant, il est évident qu'une bonne culture générale, juridique et administrative est nécessaire : il est souhaitable de connaître les auteurs, les revues spécialisées, la presse écrite, l'organisation constitutionnelle et administrative de la France, les structures territoriales décentralisées et déconcentrées, le vocabulaire juridique, la hiérarchie des normes et des juridictions, les mécanismes de l'Union européenne, les phénomènes de société, l'actualité politique, économique, culturelle et sociale de la France et du monde contemporain (ce sont presque toujours des thèmes d'actualité qui déterminent les sujets de synthèse).

Les erreurs sur le fond, les lacunes ou les approximations sont dans cette épreuve impardonnables et ne sont donc pas pardonnées.

3 • L'INTELLIGENCE

La note de synthèse se présente également comme un test d'intelligence : la démarche méthodologique de la synthèse correspond à la « lecture-analyse » qui en réalité comprend cinq phases principales :

- ***répondre à la demande :*** lecture très attentive du sujet (*cf.* Chapitre 9) qui fixe toujours la nature du document demandé, le thème, le destinataire éventuel, les instructions sollicitées ;
- ***repérer l'essentiel et délaisser l'accessoire :*** par une vue d'ensemble que l'on aura en faisant un vol de reconnaissance du dossier (*cf.* Chapitre 10) ;
- ***regrouper l'information par une prise de notes efficace*** (*cf.* Chapitre 13) ; l'information sera regroupée si ces notes sont consignées sur un relevé d'idées qui ne doit pas correspondre à un brouillon scolaire ; il faut, en effet, rédiger la copie directement « au propre » à partir du relevé d'idées, et ne pas recopier un brouillon, ce qui reviendrait à écrire deux fois la note de synthèse ; Et le temps est parfois très juste pour l'écrire ne serait-ce qu'une seule fois ;
- ***ordonner :*** c'est tout le problème du choix du plan (*cf.* Chapitres 14 et 15) révélateur indiscutable d'une pensée claire et structurée et d'un esprit de synthèse ; c'est d'ailleurs le principal apport personnel de chaque candidat ;
- ***reformuler :*** c'est-à-dire ne pas paraphraser mais faire une « écriture sur une écriture », dire les choses autrement et justement, tout en gardant une unité de ton indispensable ; et ceci, avec moins de temps, moins de place, et moins de compétences que les auteurs des différents documents du dossier.

L'intelligence, dans le cadre de la note de synthèse, c'est donc à la fois la capacité de compréhension, l'aptitude à dégager le fil conducteur du dossier, le sens de l'analyse pour repérer l'essentiel et de la synthèse pour ordonner les choix opérés. L'intelligence dans une synthèse, c'est comprendre et exposer les rapports que les idées entretiennent entre elles, que ces rapports soient d'opposition, d'équivalence ou de complémentarité.

4 • LA MAÎTRISE DE L'ÉCRITURE

La note de synthèse permet de vérifier la maîtrise de l'écriture. Après la phase de « lecture-analyse », il y a celle de « l'écriture-synthèse ». Elle doit être conçue pour informer vite et bien :

- ***vite :*** ce doit être une rédaction sobre mais qui se suffit à elle-même et qui permet en quelques lignes de dégager les points essentiels d'une question : il faut joindre la précision à la concision (*cf.* Chapitre 3);
- ***bien :*** parce qu'elle doit donner au destinataire les outils pour être informé, comprendre et éventuellement décider. Plus un document est court, plus il doit être irréprochable tant sur la forme que sur le fond : il ne doit pas comporter de ratures, d'oubli, de confusion ni d'ambiguïté.

C'est cette maîtrise de l'écriture qui permettra une lecture facilitée de la copie en la rendant plus agréable que fastidieuse.

5 • LA SÉLECTION

Enfin, rappelons que c'est un moyen de sélection – efficace et pertinent – par rapport aux épreuves dites techniques. En effet dans les épreuves techniques, les épreuves de savoir comme le droit constitutionnel, le droit administratif ou les finances publiques, la majorité des notes gravitent généralement autour de la moyenne : il y a peu de très basses notes car il y a un programme à réviser et il est rare qu'un candidat – sérieux – dans un concours administratif fasse des impasses; peu de très bonnes notes car ces épreuves sont corrigées par des « techniciens » (professeurs, juristes, magistrats) qui utilisent rarement le haut de l'échelle de notation. En revanche, dans l'épreuve de note de synthèse, l'écart entre les notes est beaucoup plus grand : souvent éliminatoires pour les candidats qui découvrent l'épreuve le jour du concours, parfois très élevées pour ceux qui se sont entraînés et ont compris les règles du jeu par ailleurs, avec une double correction (obligatoire dans les concours de catégories A), l'harmonisation des notes se traduit souvent par une tendance à utiliser toute l'échelle de notations, et à amplifier les bonnes notes et accentuer les mauvaises.

Afin de vérifier que les objectifs poursuivis sont bien atteints par le candidat, tout correcteur (consciencieux) procède généralement à trois phases de contrôle :

- survol de la copie pour vérifier la présentation (copie au propre), la lisibilité, la concision et l'achèvement de la copie;

- lecture rapide pour dégager les idées essentielles et la logique de la démonstration à travers les intitulés des parties, voire des sous-parties ;
- lecture critique pour évaluer le niveau d'informations délivré par la note, la fidélité aux idées du dossier, l'exhaustivité, l'absence d'idées personnelles l'exactitude sur un plan juridique (le cas échéant), la correction de la forme (style, ponctuation, orthographe).

Le plus souvent, la lecture critique ne fait que confirmer l'impression qui s'est dégagée dans les deux premières phases, surtout si cette impression est négative.

EN PRATIQUE

- Pour une épreuve sur dossier, mieux vaut ne rien connaître du thème mais tout comprendre que tout connaître et ne rien comprendre.
- L'esprit de synthèse consiste à rassembler ce qui est dispersé et opposer ce qui est contraire, pour agencer le tout de façon structurée et logique.
- Cette épreuve consiste à faire la synthèse du dossier par rapport au sujet et la synthèse du sujet par rapport au dossier.

L'esprit de synthèse, c'est la capacité à rendre clair des éléments complexes, à hiérarchiser des informations et à prioriser des choix afin de prendre la décision pertinente.

CHAPITRE 3

Les critères de correction

Autant de correcteurs, autant de corrections, serait-on tenté de dire. L'hétérogénéité des correcteurs de note de synthèse dans les divers concours administratifs est impressionnante : hommes ou femmes, novices ou chevronnés, de formation littéraire ou juridique, administratifs ou enseignants – et là, les sous-catégories sont multiples –, mais aussi et souvent compétents ou incompétents[1]. Et avec toutes ces catégories, les combinaisons sont multiples, mais il est essentiel de souligner que les écarts de notes (lorsqu'il y a une double correction) sont, sauf quelques très rares exceptions, limités à 1 ou 2 points. Cela s'explique parce que tout correcteur évalue une synthèse sur le fond bien sûr et sur la forme surtout.

Sur le fond : les erreurs conceptuelles, les oublis, les contresens, les approximations sont durement sanctionnés. Mais il convient de remarquer que dans un concours administratif (et c'est encore plus vrai dans les concours externes), les candidats sont dans une situation d'égalité quasi parfaite : même durée de l'épreuve, même dossier, même niveau de diplômes et donc mêmes insuffisances. À quelques exceptions près, ce n'est pas sur le fond que se fera la notation, et donc souvent la sélection, mais sur les qualités formelles de la copie.

Il ne s'agit pas là d'un choix arbitraire ou d'une solution de facilité mais de l'application consciente, et parfois inconsciente chez certains correcteurs, d'un double constat :
- pour la quasi-totalité des copies, le fond suit la forme surtout lorsque cette dernière est très négligée et ici la contrainte du temps est une explication, pas une excuse ;
- il y a des qualités propres à la note de synthèse et ce sont elles qui constituent les éléments du barème de correction : la clarté, la concision, l'objectivité et le style. Seule l'objectivité répond strictement aux qualités de fond d'une copie.

1 • LA CLARTÉ

C'est la première des qualités d'une bonne note de synthèse. Celle-ci doit être utile à son destinataire, donc il faut qu'elle soit claire. Dans le cadre d'un concours administratif où les copies sont anonymes et manuscrites, cette qualité est impérative : il ne faut pas oublier qu'il n'y a rien de plus fastidieux que de corriger la copie n° 183, car cela signifie qu'il y en a peut-être eu 182 auparavant, et pourquoi pas autant à venir ; si la copie ne répond pas à cet impératif de clarté, le correcteur se rappellera inévitablement que la finalité d'un concours administratif, c'est la sélection !

1. Le correcteur « compétent » est celui qui a éprouvé cette épreuve en ayant déjà fait des notes de synthèse, qui a élaboré le dossier de synthèse et en connaît les difficultés, et enfin qui a l'habitude de corriger cette épreuve. Rares sont les correcteurs qui remplissent ces trois conditions…

Six paramètres doivent être scrupuleusement respectés par le candidat pour qu'une copie de synthèse soit claire.

A - L'écriture

Votre copie doit être lisible. Il faut éviter les écritures « antipathiques » ou susceptibles de l'être :

- la couleur : choisir le noir ou le bleu foncé. Pas de bleu clair sur une copie parfois bleu clair ou blanc cassé. Il faut une couleur qui se « détache » du support et facilite la lecture. Jamais de vert, de mauve ou de rose (dans les concours externes, cela ne correspond guère au « ton » administratif – *cf. infra*);
- les écritures « pattes de mouches » : sans sombrer dans la graphologie (il n'a pas le temps !), le correcteur sera défavorablement impressionné par une telle écriture, de plus difficilement lisible et qui ne permet pas de bien vérifier la concision;

Exemple

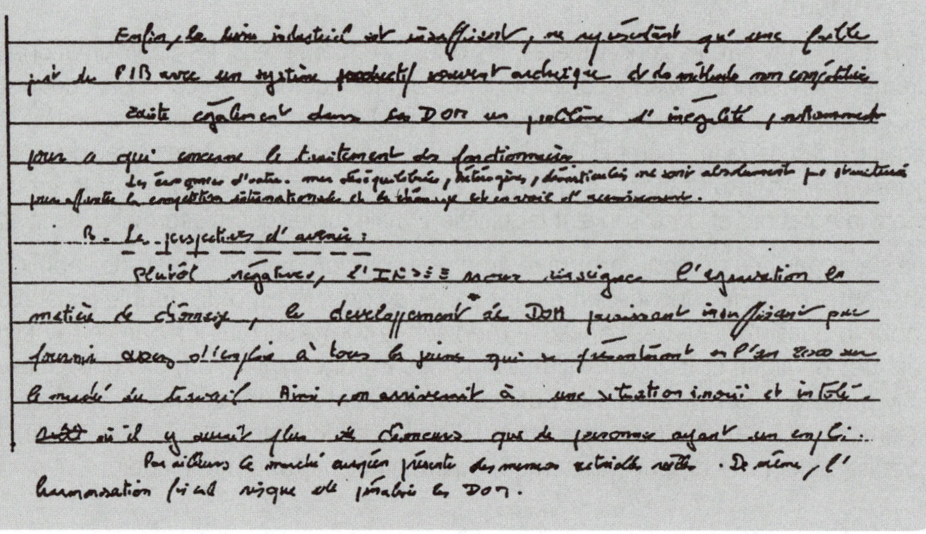
Enfin, le tissu industriel est insuffisant, ne représentant qu'une faible part du PIB avec un système productif souvent archaïque et des méthodes non compétitives.
[Il] existe également dans les DOM un problème d'inégalité, notamment pour ce qui concerne le traitement des fonctionnaires.

B. Les perspectives d'avenir :
Plutôt négatives, l'INSEE nous indique l'évolution en matière de chômage, le développement des DOM paraissant insuffisant pour fournir assez d'emploi à tous les jeunes qui se présenteront en l'an 2000 sur le marché du travail. Ainsi on arriverait à une situation inouïe et intolérable où il y aurait plus de chômeurs que de personnes ayant un emploi.
Par ailleurs le marché européen présente des menaces extrêmement réelles. De même, l'harmonisation fiscale risque de pénaliser les DOM.

– les écritures très grosses (même remarque que précédemment) ;

Exemple

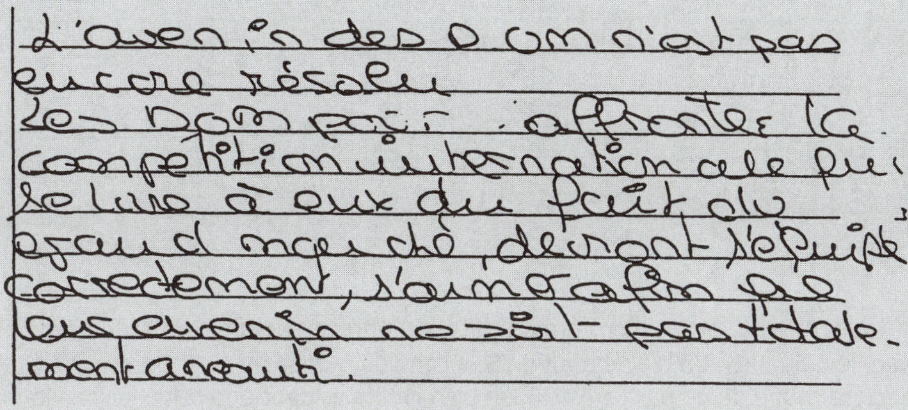

Par ailleurs, il faut savoir qu'à tort ou à raison, de nombreux correcteurs perçoivent le rond sur le « i » ou le « j » comme un signe d'immaturité.

– les écritures certes personnalisées, mais difficilement lisibles ;

Exemple

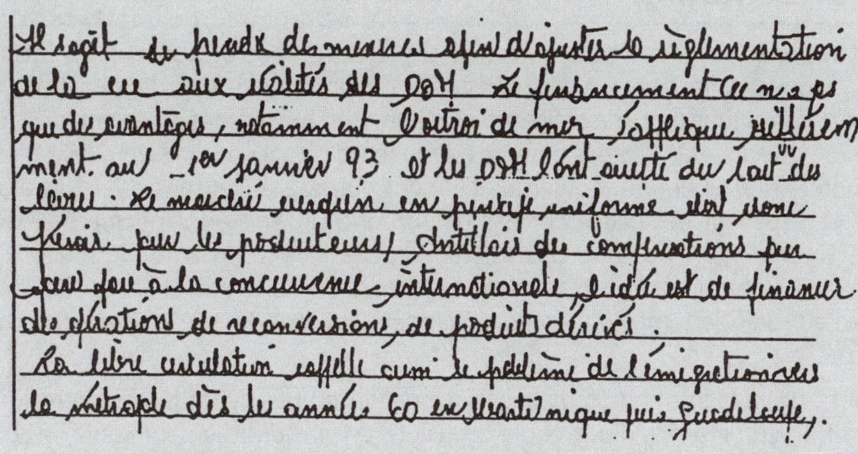

Il vaut mieux :

Exemple

Ainsi donc, la perspective d'ouverture des frontières et la construction du marché unique sont à l'origine d'une grande crainte ressentie par les populations des DOM.

On est toujours plus lisible si l'on forme toutes les lettres et notamment si l'on distingue le a du o, le g du f le n du u et le m du n. Si le candidat n'a pas fait l'effort de bien écrire, le correcteur risque de ne pas faire celui de bien lire, mais peut-être celui de sanctionner. Ne pas oublier que le jour du concours, le manque de temps, le manque d'espace, l'angoisse de l'épreuve, et surtout la fatigue dans les dernières minutes, l'écriture est accélérée, différente et toujours moins lisible qu'en temps ordinaire. Or l'écriture, comme la présentation, c'est le « look » de la copie ! L'image précède le mot…

B - La présentation

Il convient impérativement de rendre une copie au propre et non pas un brouillon (ratures, gribouillis, flèches ou astérisques à l'occasion d'oublis dans la rédaction, abus de blanc / correcteur). La mauvaise présentation est un défaut fréquent des notes de synthèse puisque l'on n'a pas le temps de faire un brouillon (mais un relevé d'idées, *cf.* Chapitre 13) et qu'il faut rédiger directement au propre. Penser également à aérer la copie en espaçant des alinéas et des paragraphes et en réservant une marge – si la copie fournie n'en possède pas. Le fait d'aérer la présentation formelle d'une copie traduit une impression d'aisance de la part du candidat et facilite la lecture du correcteur qui, de temps en temps, échappe à l'emprise d'une écriture, forcément fastidieuse.

En matière de présentation formelle, le risque de points négatifs peut être important. En effet, en présence d'une copie-brouillon, de plus difficilement lisible, le correcteur (bienveillant !) doit faire un effort d'attention sur la forme, ce qui immanquablement va perturber et réduire l'effort qui lui est nécessaire pour évaluer la copie sur le fond, comprendre les idées et suivre la démonstration. Et rares sont les correcteurs bienveillants, car la majorité d'entre eux sont habitués à lire du traitement de texte sur une feuille propre, pas une écriture manuscrite sur un brouillon. Si un candidat ne fait pas d'effort pour bien écrire sa copie, le correcteur n'en fera pas pour la lire…

C - Les phrases courtes

Même s'il est fréquent dans le langage administratif et judiciaire d'user de phrases longues voire très longues, il est préférable de rédiger une copie de synthèse avec des phrases courtes. Or, l'expérience montre que plus l'on résume, plus l'on est tenté de faire des phrases longues (10-12 lignes), par définition peu claires. Il y a une tendance à retarder l'échéance du point qui termine une phrase, sans doute parce qu'après ce point le candidat perçoit, plus ou moins consciemment, que cela lui coûtera un effort intellectuel et une perte de temps puisqu'il lui faudra « réamorcer » la nouvelle phrase avec des mots. Il faut donc s'astreindre à rédiger des phrases courtes (2 à 3 lignes) qui restent les plus efficaces pour une bonne communication écrite. Mais il faut aussi savoir rythmer ses phrases, et il est souhaitable d'utiliser des phrases très courtes – sujet, verbe, complément – pour exprimer une idée forte du dossier, de préférence en début de paragraphe, et parfois une phrase longue pour exposer les passages difficiles (souvent juridiques) et diluer, voire masquer une éventuelle imprécision. Si les phrases courtes « percutent » et sont aisément repérées par le correcteur, les phrases longues sont souvent seulement survolées. Bien maniées, ces phrases rythmées peuvent éventuellement avoir une influence sur la notation.

En tout état de cause, il faut faire un usage pertinent, trop souvent délaissé, de la ponctuation.

D - La ponctuation

Elle peut traduire pour certains correcteurs la « gestuelle » de la rédaction, la respiration de la phrase. Elle a en effet pour fonction de décomposer, d'isoler – pour la vue – les propositions d'une phrase ou d'un paragraphe afin de rendre l'expression de l'idée plus claire et sa lecture plus facile.

Il ***faut bien connaître les règles régissant la ponctuation***. Alors que la virgule marque une courte pause et le point une pause forte dans la phrase, le point à la ligne marque la fin d'une idée et le passage à une autre idée (cf. Chapitre 6). Par ailleurs, les deux-points s'emploient pour introduire une énumération ou une explication tandis que le point- virgule, qui marque une pause de moyenne durée, traduit souvent un effort de synthèse et une volonté de clarté en séparant deux parties d'une certaine étendue. La présence de points-virgules et de deux-points dans une note de synthèse est révélatrice d'un esprit de synthèse assumé.

Il ***faut savoir éviter, sinon bannir, certaines ponctuations*** trop fréquentes mais dont la présence est néfaste dans un travail de synthèse :

- les ***parenthèses*** qui sont bien pratiques pour le candidat car elles dispensent d'une rédaction plus élaborée en renfermant un commentaire, une précision ou une rectification, mais qui s'avèrent souvent pénibles pour le correcteur car elles alourdissent les phrases et hachent la lecture. Il convient d'en user mais pas d'en abuser ;
- les ***points d'exclamation*** qui n'ont pas leur place dans une rédaction administrative, car en amont de cette ponctuation se trouvent une idée excessive, une emphase, une envolée logique qui ne correspondent pas au ton administratif souhaitable. Si le point d'exclamation est à bannir dans une phrase exclamative, il peut néanmoins être utilisé pour une phrase impérative ;

- les ***points de suspension*** peuvent éventuellement être utilisés lorsqu'ils constituent une interruption pour (ne pas) terminer une énumération. Ils doivent être évités s'ils sont placés pour marquer une emphase ou une réticence. Les points de suspension sont très appréciés des candidats qui semblent y voir l'établissement d'un lien de connivence avec les correcteurs, mais ils sont moins appréciés par ces derniers qui les considèrent comme un artifice maladroit ou un procédé désinvolte. Cette impression est renforcée s'ils s'accompagnent du quasi-inévitable « etc ». La note de synthèse doit informer le destinataire, ce que ne font pas les points de suspension qui peuvent même, le cas échéant, laisser percevoir l'opinion personnelle du candidat ;
- les ***points d'interrogation*** (notamment en conclusion), parce que la tournure interrogative traduit un « effet de tribune » qui n'a pas lieu d'être dans cette épreuve et que la synthèse doit proposer des réponses au destinataire et non pas lui poser des questions. Ils peuvent néanmoins être utilisés si la formule interrogative a pour but de donner plus de poids à l'affirmation et qu'après un tel point d'interrogation la réponse à la question est écrite ;
- les ***tirets et astérisques*** en début de ligne qui masquent souvent une défaillance dans la rédaction et sont une solution de facilité évitant une rédaction plus complète. Les tirets dans le corps d'une phrase ont les mêmes caractéristiques que les parenthèses ;
- les ***guillemets*** peuvent être uniquement utilisés pour des rares et brèves citations extraites du dossier afin de ponctuer l'idée rapportée. En dehors de cette hypothèse, les guillemets, avec lesquels le candidat marque ses propres mots, constituent souvent l'aveu que son vocabulaire est approximatif, et que le candidat la certaines difficultés dans l'expression écrite. Entre deux mots, il ne faut pas choisir le moindre – mais le bon – et signaler le mauvais usage d'un mot par des guillemets s'avère maladroit.

E - Le plan

Toute ***note de synthèse***, pour être claire, ***doit comprendre*** :

- une ***introduction***, pas forcément brève, mais si possible structurée ;
- ***deux ou trois développements***, deux plutôt que trois mais en tout cas jamais quatre, cinq ou six, ce qui serait une preuve flagrante d'un manque total d'esprit de synthèse ; donner la priorité au plan en 2 parties car le raisonnement binaire est souvent le plus clair et permet plus facilement d'avoir un plan équilibré et avec un moindre risque de répétition ;
- une ***conclusion*** qui est doublement impérative : en premier lieu parce qu'elle est l'aboutissement intellectuel de la démonstration que traduit le plan, en second lieu parce qu'elle est la preuve matérielle que le travail est bouclé.

La nécessité d'un plan ne relève pas d'un formalisme excessif ou superflu, mais d'une exigence de communication : c'est l'ordre (introduction – développement – conclusion) qui construit le prétexte et donne un sens à la démonstration.

F - Le plan apparent

Si certains conseillent parfois de ne pas faire apparaître le plan avec des intitulés numérotés et soulignés parce que cette démarche est trop scolaire (en quoi d'ailleurs cela est-il forcément condamnable ?), il convient de savoir que l'exigence inverse est requise de la part de la très grande majorité des correcteurs. Il faut faire un plan apparent, c'est-à-dire une note comportant des intitulés de parties et de sous-parties (par exemple I. A. B., II. A. B.), mais sans subdivisions supplémentaires (du style 1) ou a)).

Cette nécessité de ***plan apparent*** est justifiée par trois séries de considérations :

- d'abord, c'est un ***critère efficace et équitable de correction*** parce que les intitulés, notamment des parties, sont la « synthèse de la synthèse » et qu'ils constituent pratiquement le seul apport personnel du candidat, étant donné que la synthèse est une présentation personnelle des idées des autres. Dans un concours dont l'objectif est la sélection, ce critère est bien sûr déterminant ;
- ensuite, parce qu'il est naturellement ***plus clair pour le correcteur de déceler ainsi le plan de la note*** plutôt que d'avoir à chercher un plan seulement et éventuellement matérialisé par des décrochements en début de ligne. Il court le risque de ne pas le trouver et le candidat court le risque de ne pas « faciliter » la correction. Pour être lisible, le plan doit être visible ;
- enfin, et surtout, parce que l'***épreuve de note de synthèse*** n'est pas une création *ex nihilo* mais qu'elle ***correspond à un modèle*** ; la note de synthèse est dans la lignée des grandes circulaires interprétatives des administrations centrales, qui ont pour mission de faire des synthèses claires de textes législatifs et réglementaires dont la principale qualité n'est évidemment pas la clarté ou la concision. Afin de permettre une application effective et si possible efficace des textes par les fonctionnaires d'exécution, ces circulaires comportent toutes un plan apparent. Il convient dans cette épreuve de ne pas récuser la norme de référence.

En fait, le ***plan visualisé est au service d'une communication efficiente*** : en premier lieu, il est utile à son auteur en l'obligeant à ordonner ses idées, en allant à l'essentiel et en alliant rigueur et logique ; en second lieu, il est indispensable à son destinataire en lui permettant de repérer la « substantifique moelle », de saisir l'enchaînement des idées dans la démonstration, d'isoler tel ou tel développement, de mémoriser les idées principales.

2 • LA CONCISION

La concision est l'art d'exprimer sa pensée de la façon la plus brève en réduisant le plus possible les propositions ou les termes d'une même phrase et le nombre de phrases d'un même développement. La concision s'obtient par le dépouillement du style en bannissant les périphrases, les redondances, les circonlocutions, le surcroît d'éléments secondaires, les exemples surabondants.

Le style administratif doit se reconnaître à sa clarté (même si dans certaines circulaires ou instructions, cela n'est pas évident !) et surtout à sa concision : l'administration n'a que faire des discussions sur un plan théorique mais elle doit décider ou agir. Ainsi, la concision est dans la nature même de l'épreuve. Il faut en quatre ou six pages maximum faire la synthèse d'un dossier de deux à x documents correspondant à 20-40 pages. L'exigence de concision doit être analysée sur deux points.

A - La longueur de la note

Contrairement au résumé de texte dans lequel la concision est fixée précisément (résumé en un nombre maximal de mots, résumé en un nombre de mots indiqué avec une tolérance de 10 % en plus ou en moins), la note de synthèse comporte en général une indication sommaire : « en une note de 4-5 pages maximum, faites la synthèse de ces documents relatifs à... » voire « faites la synthèse de ces documents relatifs aux problèmes de... ».

Dans le cadre d'un concours A, il conviendra de rendre une copie comportant une feuille double et une feuille intercalaire, c'est-à-dire un travail de 5-6 pages manuscrites. Il est souhaitable en effet :

- de ne pas rendre une copie ne comportant pas d'intercalaire : il peut y avoir de la part du correcteur une présomption de synthèse partielle et il aura automatiquement tendance à chercher ce qui a été oublié ou éludé dans le dossier et il le trouvera;
- de ne pas rendre une copie comportant plusieurs intercalaires : cela ne correspondra pas à l'esprit de synthèse requis, et compte tenu du temps limité, un devoir trop développé manquera de rigueur, comprendra des passages superflus, correspondra à un travail mal dominé et allongera le temps de correction !

Il est souhaitable de respecter ces principes même s'il n'existe pas de longueur type de la note : cela dépend du sujet, du dossier, de votre écriture et du destinataire (plus l'on s'adresse à une autorité élevée, plus la note doit être brève).

Pour certains concours, l'exigence de concision s'est récemment renforcée :

- pour le Concours d'Officiers de Gendarmerie, il est demandé une rédaction en 2-3 pages maximum ; il convient alors de ne surtout pas dépasser cette consigne qui implique en fait une synthèse de 70 lignes (10 pour l'introduction, 28 pour chacune des 2 parties, y compris les intitulés et 3 pour la conclusion) ;
- pour le Concours d'accès à la Magistrature, il est précisé que la limite de 4 pages ne doit pas être dépassée : dès lors l'introduction doit être très brève et la conclusion n'est pas obligatoire.

B - La concision ne doit pas exclure la précision

C'est toute la difficulté de l'épreuve. La précision réside dans l'emploi judicieux des mots qui ne doivent être utilisés que dans leur sens direct et exact. Il ne sert à rien d'avoir des idées claires si l'on ne peut les communiquer dans un langage précis. Des idées claires exprimées sans précision ne sont plus, pour le lecteur, que des idées vagues. La précision suppose une connaissance approfondie du vocabulaire, non seulement usuel, mais aussi du vocabulaire administratif dans la mesure où l'administration possède des termes propres dont il faut connaître le sens. La recherche du mot propre (entre deux mots, il ne faut pas choisir le moindre mais le bon) qui traduit exactement la pensée évitera ainsi le terme approximatif, la périphrase et la paraphrase.

Il faut donc, avec moins de mots et de temps, faire une synthèse complète et précise du dossier. Cette exigence de précision, qui se justifie par le fait que la note doit être directement utilisable par son destinataire – c'est une épreuve à finalité professionnelle –, est encore renforcée dans les dossiers de synthèse de type administratif ou juridique : les règles juridiques reposent sur des principes mais aussi sur des exceptions aux principes, voire des exceptions aux exceptions ; dans un souci de concision, il ne faut surtout pas éluder ces dernières. C'est toute la difficulté, car si un principe juridique est assorti d'une douzaine d'exceptions, on ne peut pas dans un souci de concision ne citer que le principe mais l'on doit dans un souci de précision indiquer les exceptions ; pas toutes bien sûr, mais les plus significatives, au besoin en essayant de les regrouper et en les faisant précéder d'un adverbe bien pratique en synthèse : *notamment*.

3 • L'OBJECTIVITÉ

L'objectivité dans une note de synthèse peut se résumer ainsi : toutes les idées (essentielles) du dossier, rien que ces idées, pas d'autres idées, surtout pas les vôtres.

A - Toutes les idées du dossier

Une note de synthèse doit être exhaustive et donc comporter toutes les idées contenues dans le dossier mais, bien entendu, il faudra délaisser les idées secondaires, superflues ou répétitives. Il convient de trier l'essentiel de l'accessoire.

Pour ce faire, il faut se rappeler que la synthèse des idées d'un dossier doit se faire par rapport à l'énoncé du sujet : le contenu du dossier est souvent plus vaste que les limites imposées par le sujet. En règle générale, le jury ne glisse pas d'intrus, de documents-pièges dans le dossier. Aucun document n'est en principe inutile. Cependant, il est évident que les textes sont d'importance variable (*cf.* Chapitre 7), qu'il y a des documents plus importants que d'autres, et que dans certains, une seule phrase ou une seule idée est pertinente par rapport au sujet.

Certes, si le sujet est limité, il est plus facile de satisfaire à ce premier paramètre de l'objectivité. En revanche, lorsque le sujet est plus vaste, l'objectivité doit traduire un juste équilibre entre la clarté et l'exhaustivité : il vaut mieux être clair en ne disant pas tout que vouloir tout dire en risquant d'être incompréhensible, voire de ne pas achever sa note.

Le constat de l'exhaustivité d'une note de synthèse est établi à partir du moment où son destinataire bénéficie d'un niveau d'informations suffisant sur le sujet donné, le dispensant ainsi d'aller chercher des éclaircissements dans le dossier. Il convient alors de ne garder que les seules idées essentielles (idées – synthèses) et d'éliminer les idées secondaires forcément les plus nombreuses. C'est toute la difficulté de cette épreuve.

B - Rien que les idées du dossier

Des considérations extérieures au dossier, partisanes ou personnelles, n'ont pas leur place dans une note de synthèse. Même le ton polémique est à proscrire.
La note de synthèse est une épreuve professionnelle et la procédure administrative ou judiciaire dans la pratique professionnelle exige cette rigueur : ne se fonder que sur les seules pièces du dossier administratif ou judiciaire en excluant toute autre connaissance.
Ce qui est vrai pour la note de synthèse *stricto sensu* l'est encore plus pour le rapport, la circulaire ou la lettre dont le rédacteur n'est pas, la plupart du temps, le signataire. Ce second paramètre de l'objectivité implique deux règles.

1) Ne pas exposer ses connaissances. Il ne faut pas émettre d'autres idées, d'autres informations, d'autre réglementation, même si elles sont exactes, alors qu'elles ne figurent pas dans le dossier. Et le risque est d'autant plus grand que l'on connaît bien le thème abordé dans le dossier de synthèse. En effet, un dossier de synthèse peut ne pas être « synthétique » et oublier, dans la masse des documents possibles, les idées pourtant bien connues de tel ou tel auteur, la loi récente qui vient de modifier la réglementation en vigueur ou un fait d'actualité postérieur à la confection du dossier. Encore une fois, il convient de faire la synthèse par rapport au dossier proposé et par rapport au sujet et non pas par rapport à ce que l'on sait sur le sujet. Ajoutons cependant que, s'il ne faut pas faire mention explicite de ses connaissances en matière de réglementation nouvelle, il est parfois possible de jouer le rôle de la mise en situation professionnelle telle qu'elle peut résulter d'une note administrative ou d'un rapport. Il est alors souhaitable d'envisager cette réglementation – qui n'est pas dans le dossier mais qui est du droit positif – au conditionnel en la présentant comme une conséquence possible de la situation. Une telle démarche ne peut être que valorisante pour le candidat qui sait ainsi créer une certaine complicité avec son correcteur.

2) Ne pas émettre d'opinions personnelles. L'objectivité se traduit aussi en non-subjectivité. Il ne s'agit pas d'une dissertation de culture générale. Le but de cette épreuve est de reconnaître les candidats à une fonction publique susceptibles, en situation professionnelle, de traduire avec impartialité, avec neutralité et sans état d'âme, un phénomène de société (ex. : l'immigration, l'homoparentalité, le foulard islamique) ou une réglementation (ex. : les contrôles et vérifications d'identité ou l'interruption volontaire de grossesse, l'âge de départ à la retraite). Se rappeler que dans le droit fil de l'obligation de réserve requise du candidat à la fonction publique, la subjectivité dans une note de synthèse est sanctionnée si l'objectif de la sélection dans un concours administratif est de recruter des candidats qui ont des idées, l'objectif de la note de synthèse est de sélectionner des fonctionnaires qui peuvent taire ces idées à l'occasion

de cette épreuve. Attention, ces opinions personnelles risquent d'apparaître dans la conclusion, qui est la signature virtuelle du candidat ; ou dans le fait que celui-ci aura tendance à surdévelopper les idées qui sont les siennes, et à sous-développer, voire éluder, celles avec lesquelles il est en désaccord.

4 • LE STYLE

Classiquement, le bon style est celui auquel on ne peut rien ajouter, ni rien retrancher. C'est le style qui va être le support de la transmission synthétique du dossier dans une forme utilisable par le destinataire. Et c'est l'effort de concision qui accentue les qualités et les défauts de l'expression.

La rédaction d'une note de synthèse doit se faire en respectant deux dimensions : un style administratif et un style littéraire.

A - Le style administratif

La concision comme la clarté s'obtiennent par le dépouillement du style, par un style administratif qui repose sur plusieurs principes.

1) Il faut éviter le lyrisme, la prolixité, la préciosité, le superflu, les métaphores, la redondance, les familiarités, les expressions à la mode, les anglicismes, qui n'ajoutent rien aux idées clés et s'accommodent mal avec la rédaction administrative.

2) Il faut respecter un certain vocabulaire administratif qui donne le ton administratif, et que l'on peut préciser par trois éléments :

- ***la prudence :*** il faut être réservé et modéré, courtois dans toutes ses observations, ne pas adopter de positions bien tranchées, proscrire tout jugement péremptoire. D'où un usage fréquent du conditionnel ou d'expressions telles que : « il convient de », « il semble souhaitable », et même « il semblerait », « d'une manière générale », « sans préjudice de », « notamment », « sans préjuger », « en l'espèce » ;
- ***la solennité :*** celle-ci sied à une note de synthèse car elle permet de mettre en avant le rôle de l'administration à la fois soumise au pouvoir et soucieuse de l'intérêt général. Cette solennité peut s'exprimer par des mots particuliers : on préférera les agissements, les impétrants et les requêtes aux façons d'agir, diplômés et demandes ou des périphrases : laisser le soin de..., prendre toutes les dispositions utiles..., ne pas manquer de faire..., considérer comme acquis... ;
- ***l'optimisme modéré :*** une note de synthèse dans un concours administratif doit laisser transparaître un optimisme modéré. Cette notion peut se définir par la négative : il ne s'agit pas d'avoir une approche angélique des phénomènes de société souvent problématiques (le candidat ne doit pas être candide) pas plus qu'une vision catastrophique ou défaitiste de ceux-ci. Il ne faut pas surdévelopper les solutions en éludant les problèmes et les risques, et vice versa.

3) Il faut avoir le sens de l'intérêt public, et se replacer toujours dans ce contexte, prioritairement à la dimension individuelle qu'il ne faudra cependant pas éluder. La règle est de faire privilégier l'intérêt général sur les intérêts privés, le niveau collectif sur le niveau individuel, l'État sur l'individu, le bon fonctionnement du service public sur la satisfaction individuelle d'un droit de l'usager.

Il est même souhaitable, mais cela dépend à la fois de l'habilité des candidats et de la naïveté des correcteurs, de cultiver « l'esprit maison » tout en restant dans les limites de l'objectivité :

- sur un même dossier concernant la « garde à vue », les copies peuvent ne pas être identiques dans un concours de la magistrature et dans un concours de commissaire de police (les notions des droits de la défense et de recherche des indices et des preuves peuvent faire l'objet de développements « inégaux » sur les copies de ces deux concours si le dossier le permet);
- sur un même dossier portant sur la justice fiscale ou le travail au noir en France, l'approche peut être différente dans un concours d'inspecteur des impôts, d'inspecteur du travail ou d'attaché au ministère de la Culture.

Pour cet « esprit maison », difficile à préciser par écrit, la marge est ténue mais elle existe et en tenir compte peut être judicieux.

B - Le style littéraire

La note de synthèse est avant tout une épreuve de rédaction et cette dernière doit révéler un usage correct du français et un respect de la grammaire. Pour cela, il faut respecter les principes suivants.

1) Le style doit être dynamique, sans être elliptique, élégant et naturel. Cela implique qu'il faut bannir les phrases trop longues et la répétition de mots et d'idées : on ne doit jamais revenir en arrière et traiter chaque sous-thème d'un bloc. De même, il faut éviter le style télégraphique, l'accumulation d'adjectifs, l'emploi de phrases-gigognes avec des subordonnées successives, les formules lourdes (au niveau de, incontournable synergie au quotidien, dysfonctionnement), le procédé de l'énumération qui témoigne d'une facilité trompeuse car cela révèle une défaillance dans la rédaction. Il convient enfin d'exclure la paraphrase, voire le recopiage même si, à petites doses, celui-ci peut passer inaperçu car souvent les correcteurs ont un modèle de correction, leur propre barème, et se contentent d'un simple survol du dossier.

2) Il faut rédiger en usant de tournures impersonnelles ou à la troisième personne du singulier (il conviendra de), en délaissant le « je », le « nous » et le « on ». Rédiger une note de synthèse dans un concours administratif avec le « je » ou le « nous » réservés à la corres-pondance commerciale sera perçu au mieux comme une ignorance regrettable des usages dans l'administration, au pire comme un excès de prétention, et de toutes façons comme une altération à la qualité d'objectivité requise par cette épreuve (sauf pour la lettre administrative et la lettre en forme personnelle, *cf.* Chapitre 16).

3) Il faut rédiger au présent bien sûr si le dossier ou l'idée émise le permet, le style y gagne en légèreté, cela évite en plus les fautes de concordance des temps. Le temps présent combiné à la troisième personne du singulier contribue à renforcer le ton neutre et modéré de la note. L'usage du conditionnel et de mots-charnières qui nuancent (néanmoins, quoique, cependant, pourtant, toutefois, subsidiairement, d'une façon générale...) facilite aussi le respect de la mesure dans le propos, de même que les formulations négatives. On n'écrit pas : « je pense que ce problème est dramatique », mais plutôt : « il apparaît que ce problème n'est pas sans conséquences ».

EN PRATIQUE

- Puisque l'épreuve situe le candidat en milieu administratif, les règles de présentation exigent un travail prêt à être dactylographié (et non réécrit pour être lisible).
- La fatigue ressentie à la fin de l'épreuve peut être à l'origine d'une écriture difficilement lisible, avec donc le risque de ne pas être lu, alors que la fin d'une synthèse aborde souvent l'essentiel du sujet (règlementation, solutions).
- Toute synthèse doit comporter une introduction pour cerner le sujet, en amenant des développements qui vont l'éclairer afin d'arriver à une conclusion qui est l'aboutissement intellectuel de la démonstration.
- La première impression du correcteur (survol de la copie) est souvent la dernière, la lecture de la copie confirme plus qu'elle n'infirme cette impression et la conclusion est la toute dernière appréciation du correcteur.
- La clarté d'une note de synthèse est aussi un problème de fond, notamment l'obligation d'un plan apparent, car cela traduit l'existence d'une démonstration avant de se lancer dans l'écriture.
- Le plan apparent est aussi une forme d'hommage rendu au lecteur.
- La ponctuation absente ou mal utilisée peut même changer le sens d'une phrase : « Il est bien connu que les Allemands, qui sont disciplinés, ne traversent qu'au feu vert » alors « que les Français qui sont disciplinés ne traversent qu'au feu vert ».
- La copie d'une note de synthèse est, sur un plan juridique, un document administratif ; c'est la solennité qui caractérise ce type de document. Écriture, présentation et vocabulaire contribuent – ou peuvent nuire – à cette solennité.
- Le style administratif dans une note de synthèse exclut la controverse, l'humour et le persiflage.

CHAPITRE 4

Les défauts à éviter

Un bon travail de synthèse est l'aboutissement d'une suite de processus réussis : lire vite et bien un dossier, l'assimiler et construire un plan logique et exhaustif, rédiger la note avec une expression correcte en français. C'est l'idéal à atteindre du côté du candidat, mais du côté du correcteur, la démarche est bien sûr différente et il convient de rappeler que :

– la ***note de synthèse*** dans un concours administratif se ***corrige essentiellement avec un système de « points négatifs »*** : le correcteur prend en considération ce qui ne va pas plutôt que ce qui va. Tous les défauts (c'est-à-dire le non-respect des qualités précédemment signalées) sont impitoyablement notés en marge – ou sur un bordereau de correction – par l'examinateur, même s'il ne s'agit que d'approximations ou de fautes d'orthographe. À la fin, avant de noter, quand il relit ses annotations, il peut avoir l'impression d'avoir beaucoup corrigé et celle que vous avez donc commis beaucoup de maladresses. Il faut donc éviter que le correcteur soit frappé par l'importance de ses annotations;

– la ***note de synthèse se corrige très vite lorsque l'on connaît le dossier et que l'on a l'habitude de ce genre d'épreuve***. Même si certains (un peu tartuffes) affirment le contraire, il faut savoir que lorsque le correcteur a achevé sa tâche épuisante et fastidieuse (copies n°s 183, 184, 185, 186... 223, 224, 225... 310, 311, 312...), il aura l'impression que l'épreuve a été maîtrisée si en survolant ses annotations en marge (ou sur un bordereau d'annotations en cas de double correction), il ne trouve rien ou pas grand-chose. Il ne refera que très rarement une lecture approfondie de la copie ; dès lors c'est effectivement une épreuve que l'on peut gagner par K.O. technique.

Il convient donc absolument de ne pas commettre les erreurs suivantes.

1 • NÉGLIGER LES ASPECTS FORMELS

La première impression du correcteur sera très défavorable si des défauts apparaissent (écriture, présentation, concision, ponctuation (abus de tirets), apparence visuelle du plan, existence d'une conclusion) et sont confirmés lors d'une lecture approfondie de la copie, qui peut en révéler d'autres (objectivité, style administratif et littéraire, paraphrase, analyse du plan, introduction structurée, transitions, niveau d'information).

Le survol de la copie conditionne la lecture qui va suivre et la notation qui va en résulter.

2 • AVOIR UNE ORTHOGRAPHE DÉFAILLANTE

Dans ce genre d'épreuve, le candidat a le choix des mots et souvent utilise ceux du dossier; l'orthographe doit donc être impeccable. Dans le cas contraire, la sanction sera dure mais juste car une orthographe très défaillante n'est révélatrice que de deux choses : la désinvolture (pharmacien avec un f !) ou l'inattention (pluriel), deux défauts qui en principe ne s'accordent pas avec les exigences d'une carrière dans la fonction publique.

Sur ce point, il convient absolument d'éviter les fautes que l'on rencontre sans cesse et qui irritent le correcteur tant par leur répétition que par leur démesure. En effet, lorsqu'il y a de telles défaillances, elles déclenchent des réactions de notation à la baisse car dès que ces fautes apparaissent la copie est lue avec la perspective de relever d'autres fautes d'orthographe, et la sanction sera d'autant plus efficace qu'elle est objective.

Ainsi on écrit :

- critiquable et non criticable
- dilemme et non dilemne
- exorbitant et non exhorbitant, voire hexorbitant
- en suspens et non en suspend
- schéma et non shéma
- quant à et non quand à
- en tant que et non en temps que
- élaboration et non éllaboration
- accueil et non acceuil ou accueuil
- bouleversement et non boulversement
- notamment et non nottament ou notemment
- ordre public et non et ordre publique
- maintien et non maintient
- socio-professionnels et non sociaux-professionnels
- quelles que soient et non quelque soient...
- un legs et non un leg
- succinct et non succint
- conclura et non concluera
- pécuniaire et non pécunier
- service public et non service publique
- resurgir et non ressurgir

Ces fautes sont très souvent révélatrices d'une orthographe défaillante. Le correcteur va alors vérifier s'il y a d'autres fautes : si c'est le cas, il sanctionnera; si ce n'est pas le cas, cette « lecture différente » sur la forme masquera ce qui est écrit sur le fond et parasitera l'évaluation.

Se rappeler quelques règles et leurs exceptions (qui ne visent que les mots rencontrés dans des devoirs de synthèse) :

- les mots commençant par IL, IM et IR doublent la consonne, sauf : île, image, imiter, irascible, ironie, irisé;
- les mots commençant par AC, AF, AL, AP, AR, AS et AT doublent la consonne, sauf : académie, acompte, acoustique, acariâtre, afin, Afrique, aligner, aliéner, alinéa, alerter, aliment, aléser, apaiser, apercevoir, apitoyer, aplanir, apogée, apôtre, aride, arable, arôme, aseptie (et ses dérivés), atelier, atmosphère, atome, atout, atermoyer, atrophie;
- les mots commençant par COM et COR doublent la consonne, sauf : comédie, coma, comestible, comité, coriace, coreligionnaire, corollaire;

– les mots commençant par AB, AD, AG et AM n'ont qu'une seule consonne, sauf abbé (et ses dérivés), addition, adduction, agglomérer, aggraver, agglutiner, ammoniaque;
– les verbes terminés par ONNER prennent 2 N, sauf ramoner, détoner, détrôner; ceux terminés par ENDRE s'écrivent ainsi, sauf : répandre; ceux terminés par EINDRE s'écrivent ainsi, sauf : plaindre, craindre, contraindre;
– les mots terminés en ENSE, OIR, ELLE (au féminin), EL (au masculin) s'écrivent ainsi, sauf : conséquence, fréquence, violence, distance, laboratoire, pourboire, interrogatoire, victoire, observatoire, clientèle, grêle, modèle, zèle, rebelle.

Signalons, mais sans être exhaustif, quelques anomalies de la langue française :

– bonhomme : bonhomie
– donner : donation
– honneur : honoré
– imbécile : imbécillité
– invincible : invaincu
– mamelle : mammifère
– nommer : nomination
– or : aurifère
– patronage : patronner
– rationaliser : rationnellement
– sonner : sonorité

Tout candidat dans un concours administratif doit donc être sensibilisé à l'orthographe même s'il n'est pas sensible à la subtilité de la langue française qui distingue l'alourdissement de l'allégement, freiner et réfréner, souffler et boursoufler, siffler et persifler...

3 • NE PAS SATISFAIRE AUX EXIGENCES D'UNE ÉPREUVE DE RÉDACTION EN FRANÇAIS

Aussi, il faut :

– toujours préalablement expliciter les sigles et les acronymes parce que le foisonnement de ceux-ci peut conduire à la confusion même s'ils sont connus (ainsi le sigle CGT qui s'applique aussi bien à un syndicat qu'à une compagnie maritime). Il faut donc écrire : les Centres d'Étude et de Conservation du Sperme humain (CECOS); le Comité des Représentants permanents (CO.RE.PER).

  Des sigles évidents dans telle ou telle administration ne doivent pas être développés : ainsi le PLU dans un concours du ministère de l'Équipement ou le JAF dans celui de la magistrature;
– bannir toutes les abréviations personnelles justement parce qu'elles sont personnelles : « CE » signifie Conseil d'État pour certains, communautés européennes ou comité d'entreprise pour d'autres; « adm. » désigne administration, administré ou administratif voire pour d'autres armes de destruction massive... Les mots doivent être entièrement rédigés; mais la contrainte du temps et la fatigue expliquent cette tendance à rédiger les devoirs de synthèse comme des notes de cours. Mais elles ne l'excusent pas : ces abréviations traduisent une désinvolture et sont perçues comme des fautes de français;

– bannir les mots en abrégé (conso, ado, écolo, fédé, catho, sympa, sécu...) et choisir le terme d'origine ; éviter l'utilisation des mots en langues étrangères, anglais ou autres, surtout s'ils ne sont pas dans le dossier, car la loi du 4 août 1995 exige l'emploi de la langue française pour les examens et les concours qui se déroulent en France (*cf.* Chapitre 21). Si des mots anglais sont dans le dossier, il est possible de les reprendre dans sa copie, mais il est souhaitable d'en donner entre parenthèses la traduction en français : mail (courriel), feedback (rétroaction), fast-food (restauration rapide)..

4 • NE PAS COMMETTRE DE FAUTE DE FRANÇAIS

Il convient d'éviter :

– ***les néologismes, barbarismes et impropriétés***. Écrire :

- voire et non voire même,
- à l'origine et non à la base,
- résoudre et non solutionner,
- se révéler faux et non s'avérer faux,
- pallier quelque chose et non pallier à quelque chose (noter qu'un palliatif n'est pas un remède),
- préjuger la suite et non préjuger de la suite,
- ressortir à la compétence et non ressortir de la compétence,
- en revanche, par contraste, au contraire et non par contre,
- aréopage et non aéropage ;

– ***l'absence de rigueur dans le choix du vocabulaire :***

- distinguer chance et risque : on court le risque d'arriver trop tard mais on aura peut-être la chance d'arriver à l'heure,
- différencier soi-disant et prétendu : un politicien soi-disant honnête et une prétendue organisation humanitaire : soi-disant (se disant) s'applique exclusivement aux personnes car les choses ne se disent pas,
- se le rappeler, s'en souvenir et non s'en rappeler (« cent rats pelés font un mauvais potage ! »),
- ne pas confondre alternative et éventualité : deux alternatives égalent quatre éventualités et une alternative permet de choisir entre deux options,
- dire qu'une loi ou un décret dispose ; un traité ou un contrat stipule ; un texte prévoit ; une circulaire prescrit,
- un avatar ne signifie pas un ennui mais une transformation,
- « à savoir » est exhaustif, « notamment » ne l'est pas,

- conséquent ne signifie pas important mais qui agit logiquement,
- emmener un être vivant et apporter quelque chose,
- un tribunal rend un jugement (sauf Tribunal des conflits); une cour ou un conseil, un arrêt (sauf Conseil constitutionnel et Conseil des prud'hommes); le Conseil des prud'hommes rend un jugement, le Tribunal des conflits et le Conseil constitutionnel une décision,
- une décade comprend dix jours, une décennie dix ans,
- un raisonnement est fondé sur des arguments, une caserne de CRS est basée en ville,
- un prolongement se fait dans l'espace, une prolongation dans le temps,
- on se perd en conjectures (jugement probable) si l'on est dans une conjoncture (situation) difficile,
- ce qui est notable est digne d'être signalé, ce qui est notoire est connu,
- un martyr souffre le martyre,
- on peut clôturer un champ mais seulement clore un débat;

– ***les pléonasmes du style :*** au grand maximum, mirage trompeur, s'entraider mutuellement, panacée universelle, marche du progrès, étapes successives, abolir totalement, voire même égalité parfaite, et puis ensuite, collaborer ensemble, but final, prévoir d'avance... et les locutions qui peuvent être remplacées par un mot : n'avoir pas assez (manquer), remettre en question (contester), en ce qui concerne (quant à), plus ou moins satisfaisant (variable), mettre en place (instaurer), faire face à affronter (résoudre), parmi lesquels on peut citer (notamment)... ;

– ***les formules administratives douteuses :*** parfois quasiment animiste comme « la mise en place d'une réforme » (qui n'est pas un objet), « être atteint par la limite d'âge » (car une limite est immobile); parfois superflue comme une « autorisation préalable » et une « enquête approfondie ».

5 • USER MAIS NE PAS ABUSER DES MAJUSCULES

Il y a quelques conventions relatives à l'écriture que l'on doit respecter dans une copie de concours administratif. Ne prennent une majuscule que les noms propres, ou les noms communs qui commencent une phrase après un point, un point d'exclamation, un point d'interrogation ou des points de suspension. Cependant il n'empêche que :

– État prend une majuscule dans le sens de puissance publique, pas l'état civil ou l'état des personnes;

– Commune, Département et Région, également, notamment dans un concours de la fonction publique territoriale, mais pas canton et arrondissement;

– les Français ou les Danois en tant que substantif prennent une majuscule, pas en tant qu'adjectif (la position française, le compromis danois);

– on écrit le président de la République et non le président de la république, l'Administration et les administrations.

En principe, les majuscules sont réservées aux substantifs, pas aux adjectifs : on devrait donc écrire « Assemblée nationale », « Organisation des Nations unies », « Direction régionale des Affaires sanitaires et sociales ».

Il vaut mieux écrire :
La France est un État membre de l'Union européenne
que
La France est un état membre de l'union européenne

On peut même jouer avec les majuscules : *L'administration doit rester soumise au Droit* ne signifie pas exactement la même chose que *l'Administration est soumise au droit* !

Tous ces défauts, plus ou moins graves selon les correcteurs, concernent le montage de la note, mais c'est dans le démontage du dossier que doit être surmonté le défaut principal : l'exploitation trop lente des documents. Il y a lire et savoir lire seulement ce qui est utile. Si pour le commentaire de texte ce qui compte parfois c'est ce qui n'est pas écrit (raisonnement *a contrario*), pour une synthèse ce qui compte c'est ce qui est écrit dans les différents documents du dossier, mais pas tout ce qui est écrit. Or le système scolaire et universitaire rend les futurs candidats naturellement analytiques (notamment s'ils ont suivi une formation juridique) et, au fil des années, les lacunes méthodologiques de la synthèse se sont élargies[1]. Acquérir l'esprit de synthèse pendant le temps – souvent bref – de préparation aux concours administratifs relève parfois de la gageure, à moins que l'on ne s'appuie sur trois principes, trois postulats, peut-être discutables mais qu'il ne faut pas discuter car ils permettent d'être plus opérationnel dans les épreuves de synthèse, à savoir :

– tout texte comprend trois temps successifs (*cf.* Chapitre 5) ;

– l'unité de pensée d'un texte est le paragraphe (*cf.* Chapitre 6) ;

– tous les paragraphes et les documents n'ont pas la même valeur (*cf.* Chapitre 7).

EN PRATIQUE

- La présentation matérielle d'une copie est ce que va remarquer en premier le correcteur ; il voit la copie avant de la lire. Cette présentation dénotera soit un esprit méthodique et rigoureux, soit un esprit confus et superficiel.
- Les défauts de présentation, les fautes de syntaxe et d'orthographe sont des indicateurs de détresse et des points négatifs tellement faciles à déceler, qu'ils se traduisent toujours par une sanction, et souvent plus rigoureuse qu'on ne le croit.
- On réservera l'usage de « Madame » ou « Monsieur » aux personnages vivants.

1. Barreix C., *La note de synthèse administrative*, Dunod, 1997.

PARTIE 1

Les principes de base

CHAPITRE 5

Tout texte comprend trois temps successifs

Pour une note de synthèse, il faut d'abord analyser les données du problème, les comprendre, les classer pour ensuite les exposer. Pour cela, il faut prendre comme postulat que toute proposition écrite (un paragraphe, un texte, un chapitre, un ouvrage) comporte **trois temps successifs** : le ***prétexte***, la ***démonstration*** et l'***illustration***.

Et il faut prendre comme autre postulat que ces trois temps peuvent être respectivement « quantifiés » ainsi 1 %, 9 %, 90 % même si cette proportion varie en fonction des types de document (*cf.* Chapitre 12), certains étant plus illustrés que d'autres.

1 • LE PRÉTEXTE

C'est l'idée directrice du texte, c'est le but poursuivi par l'auteur, c'est le titre affiné du paragraphe du texte ou du chapitre. Le prétexte ne peut être qu'affirmatif/négatif ou interrogatif.

Exemple

Sur le problème des centrales nucléaires et des menaces qu'elles font éventuellement peser sur l'environnement, il ne peut y avoir que deux types d'écrit :

1. les centrales nucléaires sont dangereuses (ou ne sont pas) → prétexte affirmatif/négatif ;
2. les centrales nucléaires sont-elles dangereuses ? → prétexte interrogatif.

Il est donc important, lorsqu'on analyse un texte (et plus précisément un texte de doctrine (*cf.* Chapitre 12), de noter le prétexte et de le qualifier ; l'absence de point d'interrogation n'est pas une garantie assurée de prétexte affirmatif.

Exemple n° 1

Mais le bouleversement le plus spectaculaire, c'est peut-être celui qui a secoué les cadres de gestion, autrefois parfaitement à l'abri des revers du destin qui affligeaient les moins fortunés. « Pour la première fois au cours de notre histoire, a déclaré le professeur Harold Leavitt, professeur d'administration industrielle et de psychologie, les cadres directeurs semblent menacés par le vieillissement du savoir car, pour la première fois, l'avantage relatif de l'expérience sur les connaissances semble être en perte de vitesse rapide. » Comme il faut plus longtemps pour former un homme aux techniques du management moderne, et comme cette formation, à l'instar de celle des ingénieurs, perd toute valeur en une décennie environ, Leavitt suggère que, dans l'avenir, « il faudra peut-être commencer à envisager des carrières descendantes », et non plus ascendantes... peut-être un homme devra-t-il atteindre le faîte de ses responsabilités très tôt dans sa carrière, puis s'attendre à être affecté à des emplois de plus en plus simples, de moins en moins fatigants.

Alvin TOFFLER, *Le choc du futur*, Denoël, 1974

Dans ce texte, on remarquera que l'auteur utilise trois fois le mot « peut-être » et deux fois le verbe « semble » ; il s'agit là d'un prétexte interrogatif et non affirmatif que l'on pourrait résumer de la façon suivante : faudra-t-il inverser le déroulement des carrières pour pallier la crise des cadres gestionnaires menacés par le vieillissement du savoir ? Le prétexte est donc l'inversion des carrières.

Le prétexte d'un paragraphe se dégage normalement avec les mots-clés, mais parfois plus efficacement avec les mots charnières qui nuancent (*cf.* Chapitre 6). Il arrive cependant que certains textes doivent être lus attentivement, voire relus, pour en dégager le prétexte.

Exemple n° 2

Les singes ont dû rire lorsque l'homme de Néandertal fit son apparition sur la terre. Les singes hautement civilisés s'élançaient gracieusement de branche en branche ; l'homme de Néandertal était gauche et rivé à la terre. Les singes, repus et paisibles, vivaient dans une atmosphère de badinage raffiné, ou croquaient leurs puces dans leur recueillement philosophique ; le Néandertalien allait de par le monde à pas lourd, donnant des coups de massue à la ronde. Ironiques, les singes s'amusaient à les regarder du haut de la cime des arbres et lui lançaient des noix. Parfois ils étaient saisis d'horreur : ils mangeaient avec pureté et délicatesse des fruits et des plantes succulents ; le Néandertalien dévorait de la viande crue, massacrait des animaux et ses semblables. Il abattait des arbres qui avaient été toujours là, déplaçait les rochers de leur position immémoriale et consacrée, transgressait toutes les lois et les traditions de la jungle. Il était grossier, cruel, dénué de toute dignité animale ; du point de vue des singes cultivés, il représentait un barbare recul de l'histoire. Les quelques chimpanzés qui vivent encore lèvent toujours la tête d'un air dégoûté à la vue d'un être humain.

Arthur KOESTLER, *Le Zéro et l'infini*, 1946

Ce texte, rédigé par circonlocution, a pour seul but de dénoncer l'homme comme étant LE prédateur de la nature.

Exemple n° 3

Les deux œuvres maîtresses de l'esprit juridique français – le Code civil et la Jurisprudence administrative – reçoivent, bien qu'elles aient, dans le Conseil d'État, un père commun, des éloges égaux mais inverses : on loue la précision de l'un, la souplesse de l'autre. La sécurité juridique, fin ultime du Droit, serait encore mieux assurée dans les relations administratives si la règle jurisprudentielle, sans perdre la vertu qui lui est propre, se souvenait parfois de Portalis.

Professeur Jean Rivero

Difficile à comprendre si on ignore qui était Jean-Étienne Portalis. Le souhait de l'auteur est donc d'avoir des règles de droit administratif plus précises pour une meilleure sécurité juridique.

2 • LA DÉMONSTRATION

Tout texte est une démonstration avec un certain nombre d'arguments qu'il faudra répertorier et qui varient suivant la nature du prétexte :

- prétexte affirmatif : arguments = raisons de l'affirmation ;
- prétexte interrogatif : arguments = niveau des questions, réponses aux questions posées.

La démonstration, qui constitue l'ossature d'un texte de doctrine ou d'une décision juridictionnelle, se dégage assez souvent avec les mots charnières qui énumèrent (*cf.* Chapitre 6).

Exemple n° 4

La politique, **autrefois**, c'étaient des idées. La politique, aujourd'hui, ce sont des personnes. Ou plutôt des personnages. Car chaque dirigeant paraît choisir un emploi et tenir un rôle. Comme au spectacle.

Désormais, l'État lui-même se transforme en entreprise de spectacle, en « producteur » de spectacle. Désormais, la politique tourne à la mise en scène. Désormais, chaque dirigeant s'exhibe et se met en vedette. Ainsi va la personnalisation du pouvoir.

Naguère, le pouvoir était une abstraction. Un concept froid et impersonnel pour légistes sévères, qui ne voulaient connaître que les constitutions et les codes. **Naguère**, le pouvoir était presque anonyme. Ainsi commençait la démocratie. Après la lutte contre la monarchie, puis contre la dictature. Bref, contre l'autorité personnelle.

Aujourd'hui, le pouvoir a un visage : celui du dirigeant qui l'exerce. D'abstrait, l'art politique est devenu figuratif. Alors, le pouvoir s'humanise, s'anime et prend vie. Il se personnalise.

Roger-Gérard SCHWARTZENBERG, *L'État spectacle*, Flammarion, 1977

Les ***adverbes de temps*** (en gras) sont des niveaux de démonstration pour arriver à la conclusion qu'aujourd'hui le pouvoir n'est plus une abstraction : il a le visage du dirigeant.

Exemple n° 5

La culture est depuis la seconde révolution industrielle confinée dans un rôle étroit et subordonné. Pour le plus grand nombre, elle est aujourd'hui cantonnée par l'accès à de rares loisirs. Elle est aussi assujettie aux lois de la production marchande qui lui ont donné l'apparence banalisée de biens et de services. Livre, disque, cinéma, télévision sont aujourd'hui de puissants moyens de diffusion des œuvres de l'esprit. C'est une conception fallacieuse que de croire que la distribution élargie de ces produits, favorisée par l'abaissement de leur coût, peut tenir lieu de démocratisation de la culture et dispenser l'État d'une politique active. C'est au demeurant une conception pernicieuse.

Rapport sur le plan intérimaire, 1982

Prétexte : il faut une politique culturelle de l'État.

Raisons : – « marchandisation » de la culture,
– illusion de la démocratisation de la culture.

3 • L'ILLUSTRATION

Ce terme recouvre l'ensemble des procédés utilisés par l'auteur pour étoffer ses propos, étayer le prétexte ou la démonstration, rendre plus attrayante la lecture. Il s'agira : d'exemples, de statistiques, d'images, d'indications chiffrées (sauf dossier économique et démographique), de comparaisons, de transitions et de répétitions.

De façon plus générale, l'illustration correspond à tous ces « mots superflus », certes qui sont utiles pour une expression correcte en français et nécessaires pour la construction d'une phrase, mais qui sont inutiles pour la compréhension de l'idée.

L'illustration c'est donc ce qui quantitativement est le plus important dans le texte mais qualificativement le plus négligeable au regard de l'esprit de synthèse. En situation d'épreuve, il faut faire très attention à cette illustration (histoire, anecdote, image, comparaison) qui est très attrayante (et attractive) mais qui n'aura pour résultat le plus souvent que de faire perdre du temps sans rien apporter de plus à la compréhension du texte. Savoir lire, c'est souvent savoir ne pas lire et, par exemple, lorsqu'une phrase commence par *ainsi* ou *de même*, ce qui va suivre ces mots ne peut être qu'une illustration, et si l'on a dégagé l'idée générale formulée « en amont » de ces mots, il est superflu de lire « en aval » (seulement survoler) puisqu'il ne s'agira que d'un exemple, une preuve, une illustration de l'idée qui, seule, doit être retenue.

Exemple n° 6

Depuis le XIIe siècle, le terme d'« Europe » est recouvert par celui de chrétienté et, depuis le Grand Schisme d'Occident vraisemblablement, se distingue mal de celui d'Occident. **Ainsi**, la première colonisation portugaise et espagnole importe dans les pays d'outre-mer une forme de civilisation indistinctement européenne et chrétienne. Jusqu'au XVIIIe siècle, les régions de l'Europe centrale et orientale usent du mot « Europe » pour l'opposer aux « nations barbares », celles qui ignorent le christianisme. **De même**, dans la lutte contre le Turc, le sentiment d'une communauté européenne s'identifie à une solidarité chrétienne qui dépasse les limites du catholicisme.

Les mots-clés qui permettent de dégager le prétexte de ce paragraphe sont Europe et chrétienté (en gras) : il y a eu dès le XIIe siècle une identité chrétienté-Europe : la chrétienté a été le ferment de l'unité européenne. Après les mots « ainsi » ou « de même » en gras, il ne s'agit que d'illustration.

Cette troisième composante du texte, qui est la plus importante en quantité, est celle que l'on ne doit pas retrouver dans une note de synthèse : c'est le superflu, nécessaire pour une bonne compréhension du texte, inutile pour la rédaction de la note (ou du résumé). Il ne faudra donc conserver, pour l'élaboration de la note, que le prétexte et la démonstration en rejetant, la plupart du temps, tout ce qu'il faut considérer comme illustration (à moins qu'un exemple ou une comparaison n'apparaissent très pertinents).

Exemple n° 7

C'est le blouson noir de l'équipée sauvage qui a inventé Brando. Parce que la jeunesse du monde cherchait, ce jour dit, sa fureur de vivre. Marylin s'est immortalisée avec une banale photo de nu. à l'heure exacte où l'Amérique scrutait le baromètre de sa sexualité. C'est la moto de « La grande évasion » que le public de la grande libération a sacrée star. Pas Steve Mac Queen. Les marques-stars ne se construisent pas comme les pyramides avec l'assurance qu'en tassant pierre sur pierre, l'œuvre rayonnera envers et contre tout. Il faut aussi savoir, un jour de chance, lancer l'image clef qui sera le sésame ouvre-toi de la renommée. **Car**, n'en déplaise à tous les rédacteurs du monde, l'image précède le mot. L'enfant regarde et reconnaît bien avant de pouvoir parler. Aussi le visuel est-il maître de nos phantasmes. Et le verbe son esclave. Sera son roi, celui qui saura cueillir, d'un choc visuel, l'écume des courants du moment. C'est la quête éperdue des sondeurs du présent que nous sommes.

Jacques SÉGUÉLA, *Hollywood lave plus blanc*, Flammarion, 1982

On est ici en présence d'un texte abondamment illustré. L'élément-clé est en italique ; l'auteur traite du poids de l'image dans la communication contemporaine ; À noter, le mot charnière qui nuance (Car) juste avant le mot-clé ; 90 % de ce paragraphe correspondent à de l'illustration.

Exemple n° 8

Mais le **bouleversement** le plus spectaculaire, c'est peut-être celui qui a secoué les **cadres de gestion**, autrefois parfaitement à l'abri des revers du destin qui affligeaient les moins fortunés. « Pour la première fois au cours de notre histoire, a déclaré le professeur Harold Leavitt, professeur d'administration industrielle et de psychologie, les cadres directeurs semblent menacés par le **vieillissement du savoir** car, pour la première fois, l'avantage relatif de l'expérience sur les connaissances semble être en perte de vitesse rapide. » Comme il faut plus longtemps pour former un homme aux techniques du management moderne, et comme cette formation, à l'instar de celle des ingénieurs, perd toute valeur en une décennie environ, Leavitt suggère que, dans l'avenir, « il faudra peut-être commencer à envisager des **carrières descendantes** », et non plus ascendantes... peut-être un homme devra-t-il atteindre le faîte de ses responsabilités très tôt dans sa carrière, puis s'attendre à être affecté à des emplois de plus en plus simples, de moins en moins fatigants.

Alvin TOFFLER, *Le choc du futur*, Denoël, 1974

Il y a environ 150 mots dans ce texte (déjà présenté : exemple 1) et beaucoup de mots superflus. Une dizaine de mots (en gras) permet de comprendre le texte : bouleversement, cadres de gestion, vieillissement du savoir, carrières descendantes.

Aller à l'essentiel pour dégager le seul prétexte en négligeant l'illustration demande un effort d'écrémage parfois très important. Ainsi :

Exemple n° 9

Être gouverné, c'est être à chaque opération, à chaque transaction, à chaque mouvement, noté, enregistré, recensé, tarifé, toisé, cotisé, patenté, licencié, autorisé, apostillé, admonesté, empêché, redressé, réformé, corrigé. C'est, sous prétexte d'utilité publique et au nom de l'intérêt général, être mis à contribution, exercé, rançonné, exploité, monopolisé, concussionné, pressuré, mystifié, volé ; puis, à la moindre résistance, au premier cri de plainte, réprimé, amendé, vilipendé, vexé, traqué, houspillé, assommé, désarmé, garrotté, emprisonné, fusillé, mitraillé, jugé, condamné, déporté, sacrifié, vendu, trahi, et pour comble, joué, berné, outragé, déshonoré.
Voilà le gouvernement, voilà sa justice, voilà sa morale !

PROUDHON, *Idée générale de la Révolution au XIXe siècle*, 1851

Tout simplement, le calvaire du gouverné...

Exemple n° 10

Une certaine conception de l'humanité place dans le passé l'âge d'or de l'humanité. Tout aurait été donné gratuitement à l'homme dans le paradis terrestre, et tout serait au contraire pénible et vicié de nos jours. Jean-Jacques Rousseau a donné une couleur populaire et révolutionnaire à cette croyance, qui est restée vive au cœur de l'homme moyen : ainsi l'on entend parler de la vertu des produits « naturels » et bien des français croient que la vie d'autrefois était plus « saine » qu'aujourd'hui.
En réalité tous les progrès de l'histoire et de la préhistoire confirment que la nature naturelle est une dure marâtre pour l'humanité : le lait « naturel » des vaches « naturelles » donnait la tuberculose, et la vie « saine » d'autrefois faisait mourir un enfant sur trois avant son premier anniversaire. Et des deux qui restaient, dans les classes pauvres, un seul dépassait en France, vers 1830, l'âge de 25 ans.
À une humanité sans travail et sans technique, le globe terrestre ne donne qu'une vie limitée et végétative : quelques centaines de millions d'individus subsistent animalement dans quelques régions subtropicales.

Jean FOURASTIÉ, *Pourquoi nous travaillons ?* PUF, 1959

Autrement dit, vive le progrès...

EN PRATIQUE

- En synthèse, savoir lire c'est aussi savoir ne pas lire (l'illustration) et savoir ne pas relire (mais aller plus loin pour trouver une autre formulation plus claire).
- Il faut toujours dominer les détails pour s'en tenir aux idées.
- L'esprit de synthèse consiste à garder le prétexte et la démonstration et à abandonner la quasi-totalité de l'illustration.

CHAPITRE 6

L'unité de pensée d'un texte est le paragraphe

Ce principe est fondamental pour la bonne compréhension du texte. L'unité de pensée d'un texte n'est pas la page ou la phrase, mais le paragraphe : c'est le « point à la ligne » qui sépare deux idées. Partant du principe que le « point à la ligne » implique un changement d'idées, il est possible de procéder à une lecture sélective d'un paragraphe de la manière suivante (sauf pour les articles de presse qui suivent une autre démarche, *cf.* Chapitre 12).

Si le paragraphe ne comporte pas de mots charnières qui nuancent (voir plus loin), il faut savoir que les mots-clés qui permettent de dégager le prétexte d'un paragraphe de dix lignes sont le plus souvent dans les deux premières ou les deux dernières lignes, rarement dans les six lignes intermédiaires, et fréquemment dans les espaces délimités par les « zones grises » ci-après :

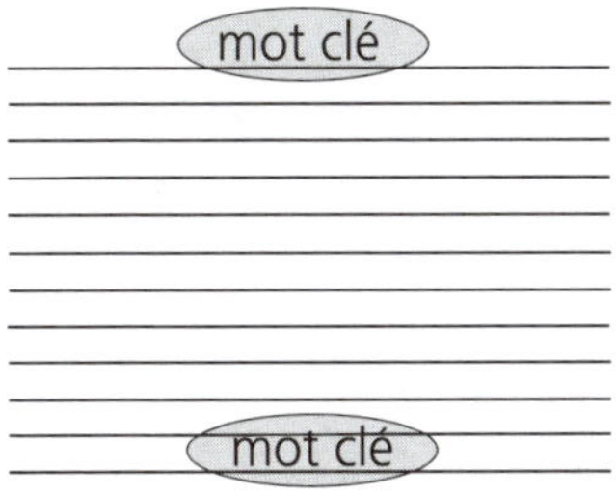

Il faut donc, en dehors des cercles, se contenter de survoler le texte (lecture rapide) et lire très attentivement (lecture sélective) à l'approche des « zones grises ».

Exemple n° 1

Tout acte de violence est criminel. Mais il y a des actes de violence que le droit de guerre autorise, qui se commettent par un État déjà constitué ou par tout groupement humain qui revendique son indépendance et toujours dans les limites que le droit de guerre a fixées par différents traités. Ces actes je les nomme licites. Tandis que les actes de violence – de **terrorisme** commis en dehors des limites fixées par ces traités –, **je les nomme illicites**. Il y a donc un terrorisme *lato sensu* licite, accepté en partie par le droit de guerre, et un terrorisme *stricto sensu* qui enfreint les règles du droit de guerre...

Prétexte (voir les passages en gras) : le droit de la guerre autorise certaines violences mais la violence terroriste sera toujours illégale.

En revanche, si le paragraphe comprend un mot charnière qui nuance, il faut appliquer le principe selon lequel le mot-clé qui permettra de dégager le prétexte se trouve peu après ce mot charnière.

Exemple n° 2

Dans les vieilles cultures, le sage était un vieillard, le héros un adulte, Hercule et Achille ne sont pas des enfants. Les révolutions rapides ont changé tout cela. En récusant ou en supprimant les cadres installés, elles firent place aux jeunes. Saint-Just précéda Julien Sorel. à la Libération, les jeunes hommes de la résistance éliminèrent en partie les personnages consulaires de la République. La culture de masse exalte les adolescents émancipés. Sans doute survit une inconsciente nostalgie du père omniscient (l'appel au Général de Gaulle) ou du père autoritaire et humain (le Jean Gabin des films). **Mais** le thème de la jeunesse domine l'esprit du temps, et cela même chez les vieillards dont l'ambition est de « rester jeunes », idée qui eût choqué Nestor. La vieillesse est dévaluée à moins qu'elle ne soit camouflée. Les jeunes ont leur tenue, leur mode, leurs auteurs, leur philosophie, faite de lassitude, d'angoisse, et de frénésie.

André Maurois

Par-delà l'abondante illustration de ce paragraphe, l'idée essentielle est celle du mythe de la jeunesse (en tant que valeur), le mot-clé est situé après le mot charnière qui nuance (« mais »).

Exemple n° 3

L'agriculteur n'est certainement pas un patron puisqu'il n'emploie généralement pas d'autre main-d'œuvre que sa propre famille. Il n'est pas davantage un travailleur puisqu'il n'est pas salarié et qu'il possède des moyens de production. Il n'est pas chef d'entreprise puisque son exploitation n'est pas véritablement une entreprise et qu'elle peut être éternellement en déficit comptable sans jamais être en faillite. Il n'a même pas de métier qui lui permettrait de s'embaucher ailleurs. Rien ne lui permet de se situer dans la société moderne qui a été construite sur des principes qui lui sont totalement étrangers et qui le classent comme un « travailleur indépendant » avec les professions libérales, les artisans, les petits commerçants, et pourquoi pas les clochards. Catégorie résiduelle qui se définit par la négative et qui est toujours traitée à part, parce qu'on ne sait jamais comment la traiter. **Et pourtant** chacun se plaît à reconnaître dans le paysan l'archétype de l'homme indépendant et libre, qui est son propre maître et que le monde propose toujours en modèle à l'homme aliéné, à l'« étranger » de la civilisation technique.

Henri Mendras, *La Fin des paysans*, Actes Sud, 1991

Après une longue définition négative de l'agriculteur dans la société française, le mot charnière « Et pourtant » précède le mot-clé « archétype ».

Prétexte : L'agriculteur qui ne correspond pas précisément à une catégorie socio-professionnelle (CSP) est le modèle de l'homme libre.

Puisque l'unité de pensée d'un texte est le paragraphe, dont chacun d'entre eux constitue en soi une petite dissertation, la lecture de tout texte doit se faire paragraphe par paragraphe, et pour chaque paragraphe il faut avoir une quadruple démarche :

- souligner (mentalement) les mots-clés ;
- entourer (mentalement) les mots charnières ;
- éventuellement dégager le « plan » du paragraphe ;
- résumer l'idée générale du paragraphe.

1 • SOULIGNER LES MOTS-CLÉS

Les mots-clés sont les mots outils, les mots indispensables pour établir le résumé du paragraphe. Ce sont les mots que l'on ne peut pas ne pas utiliser pour résumer correctement le paragraphe. Il faut avoir l'obsession de ces mots qui doivent « jaillir » à la lecture.

Dans un paragraphe, il y a toujours un ou deux mots irremplaçables pour exprimer correctement l'idée contenue dans ce paragraphe : des mots comme « décentralisation », « illetrisme » ou « prostitution » sont forcément des mots-clés clés, des mots forts car on ne peut pas les remplacer par « déconcentration », « analphabétisme » ou « proxénétisme ». Et c'est à côté de ces mots-clés que l'on trouvera les verbes, adjectifs, adverbes ou substantifs qui exprimeront l'idée.

Exemple n° 4

Le rôle des **calendriers** n'a pas varié depuis ses lointaines origines : d'un côté, c'est le garant du retour cyclique de certains événements naturels comme les marées et les saisons, ou humains comme les fêtes religieuses ou civiles. D'un autre côté, il rend possible une chronologie en attribuant à chaque événement une date, une place précise dans le déroulement du temps. La mesure du temps constitue un aspect très important d'une **civilisation**.
Georges Perpes.
Les mots « **calendriers** » et « **civilisation** » sont les mots-clés. Une civilisation se caractérise toujours par un calendrier pour marquer son temps.

Exemple n° 5

La France présente cette particularité dans l'Europe d'aujourd'hui d'avoir à la fois le plus grand nombre de communes et trois niveaux d'administration dont les responsabilités se regroupent souvent. Chaque commune reste jalouse de son autonomie mais beaucoup, héritières des paroisses d'Ancien Régime, n'ont plus la taille ni les ressources suffisantes pour répondre aux besoins d'une communauté autonome. Faute de pouvoir les regrouper, reste à les associer sur des projets précis. La coopération intercommunale est certainement une des formules qui permettent de répondre le plus efficacement aux besoins de collectivités de plus en plus sollicitées et de plus en plus solidaires.

Jacques-François SIMON, *La nouvelle vie locale*

La coopération intercommunale (l'intercommunalité) est la réponse la plus efficace face à la multiplicité et l'exiguïté des communes françaises.

Exemple n° 6

Fils de Descartes et de Voltaire, nous avons élevé à la dignité d'une vérité absolue l'idée que l'homme doit vivre sa relation au monde dans un esprit d'examen critique et le progrès consiste à donner à chacun le besoin et les moyens de vivre ainsi cette relation. Ce noble idéal, qui a permis d'abattre les absolutismes et de construire ce qui, malgré tout, mérite le nom de démocratie, **nous fait oublier** qu'il y a au fond de l'homme la volonté obstinée d'être en paix avec le monde, de trouver dans une explication de la vie unanimement acceptée le recours contre le doute et la peur, de vivre son existence à l'unisson d'une communauté fraternelle.

Jacques Rigaud, *La culture pour vivre*, Gallimard, 1975

Il y a en France (« fils de Descartes et de Voltaire ») un triomphe de l'esprit critique au détriment d'un besoin de certitude. La césure dans ce paragraphe est dans la locution « nous fait oublier ».

Attention dans ce paragraphe : « malgré tout » n'est pas le mot charnière qui nuance et le mot-clé n'est pas « démocratie » : ce « noble idéal » n'est qu'une illustration.

Exemple n° 7

Nous avons tendance généralement à voir l'homme moderne comme un homme accablé de servitudes. Partout, la bureaucratie, les super-autorités nous dirigent, les loisirs sont massifiés et la pensée elle-même est manipulée.

Cette vision est parfaitement illusoire. Si nous essayons de faire une comparaison un peu sérieuse dans le temps (un examen de conscience de l'espèce humaine), les deux grandes tendances qui se marquent le plus dans toutes les activités humaines, c'est la liberté : les hommes sont de plus en plus libres de choisir entre un nombre de possibilités de plus en plus grandes, et le calcul : ils sont en contrepartie obligés constamment de prévoir le résultat de leur action et d'en calculer le coût.

Michel Crozier, *La société bloquée*, Seuil, 1970

Contrairement à une idée reçue, l'homme se voit proposer de plus en plus d'options et il doit calculer pour faire le choix. La phrase en gras marque la césure qui permet ensuite à l'auteur d'exprimer son idée.

2 • ENTOURER LES MOTS CHARNIÈRES

C'est une démarche qui apparaît efficace même si l'on a naturellement l'habitude de comprendre un texte par les mots-clés, en effet il est possible de cerner plus rapidement l'idée d'un paragraphe et tout aussi justement par les mots charnières. Ceux-ci sont de deux ordres :

1) ***Les mots charnières qui énumèrent*** *:* d'une part, d'autre part, en premier lieu, en second lieu; en premier lieu, en deuxième lieu, en troisième lieu; d'abord, ensuite, enfin; à titre principal, à titre subsidiaire.

Exemple n° 8

L'Europe est ainsi, face aux pays extérieurs, la terre de la liberté, et ceci de plusieurs façons. **En premier lieu**, la notion de servitude est partout infamante et les juristes contemporains insistent sur le fait que, quelles que soient les contraintes auxquelles sont soumis les paysans russes, elles ne suffisent pas à en faire des serfs de droit. L'Européen est donc « libre » **mais** il convient de préciser le mot « liberté »; longtemps il désigne des privilèges de groupes ou des personnes : « la liberté », ce sont « des libertés »; la notion de « liberté », ensemble de droits universels inhérents à tous les hommes, ne se dégage que vers le milieu du XVIIe siècle en Angleterre, un peu plus tard en France. **En second lieu**, l'Europe ignore la dépendance étroite de la structure sociale à l'égard de la volonté du prince, ainsi que le système des castes. La structure sociale est hiérarchisée, certes, mais la place qu'on y occupe a été désignée par la naissance alors que dans les pays extérieurs, elle apparaît comme un fait d'État, cette place étant acquise ou perdue par la volonté du prince. Tête de la hiérarchie sociale, la noblesse, héréditaire, est à l'abri des caprices du prince, alors que dans les pays musulmans, c'est la sainteté et non la noblesse qui est héréditaire; de plus, elle n'est pas fermée et les passages sont possibles d'une catégorie sociale à l'autre dans une structure qui comporte des « ordres », des « états » mais jamais de castes hermétiques.

L'Europe est la terre de la liberté en ce sens que des privilèges sont accordés à des groupes et que la structure sociale est hiérarchisée sans être hermétique.

Exemple n° 9

La liberté de la presse est pour la machine de l'État ce que la soupape de sûreté est pour la machine à vapeur. Elle permet à tous les mécontents de trouver bientôt une voix, et si ces mécontents n'ont pas de très grands griefs, cette voix s'éteint vite. Mais si les griefs sont réels, il est bon qu'on les reconnaisse à temps pour y porter remède. Cela vaut infiniment mieux que de laisser le mécontentement se concentrer, couver, fermenter, bouillonner et s'accroître jusqu'à ce qu'il se termine par une explosion. **D'autre part** aussi, on peut envisager la liberté de la presse comme la permission accordée de vendre du poison : poison pour l'esprit et pour le cœur. Que ne peut-on pas, en effet, faire entrer dans les têtes ignorantes et sans jugement de la multitude, surtout si l'on fait miroiter devant elles le profit et l'argent? et quand un homme a accueilli certaines idées, de quels crimes n'est-il pas capable?

SCHOPENHAUER, *Droit et politique*

La liberté de la presse est un exutoire salutaire pour les mécontentements mais qui peut conduire à l'endoctrinement.

Cette catégorie des mots charnières doit bien évidemment être utilisée, dans un souci de clarté, pour la rédaction de la note de synthèse.

2) ***Les mots charnières qui nuancent*** : mais, cependant, néanmoins, pourtant, en outre, désormais, or, de plus, en effet, naguère, en outre, car, donc, quoique, etc.

Ces mots charnières sont extrêmement utiles pour une lecture compréhensive des documents dans un dossier de synthèse. Partant du constat que les auteurs, notamment dans les textes de doctrine, utilisent le « oui mais » ou le « non mais » pour exprimer respectivement un non ou un oui, il apparaît que les mots-clés permettant de dégager le prétexte sont très souvent en aval d'un mot charnière qui nuance.

Exemple n° 10

La langue et la culture régionales des ancêtres sont (en effet) de parfaits supports d'identification et de différenciation puisqu'ils sont liés à la famille, à la race, à l'essence même de la personnalité. On le voit bien aux États-Unis où de jeunes Américains de la troisième génération, voulant retrouver leur identité d'origine, demandent à leur grand-père de leur apprendre le slovène ou le roumain, et veulent revenir au village de leurs ancêtres. En France, on a pu croire, dans les années soixante-dix, à une résurgence des identités néo-ethniques, notamment des langues d'oc et bretonne. **Or** les mouvements régionalistes, néo-ethniques se sont affadis rapidement. Seule demeure aujourd'hui la Corse où le terrorisme a aussi d'autres causes. Que les Français n'aient pas eu plus massivement recours à leurs origines régionales pour se construire leur identité manifeste à l'évidence qu'être français demeure un symbole majeur, qui, loin de perdre sa valeur d'identification, paraît se renforcer.

Henri Mendras, *La Seconde révolution française : 1965-1984*, Gallimard, 1988

En France, l'origine régionale est un support d'identification moins fort que l'appartenance nationale (mot charnière « or »).

Exemple n° 11

Il est difficile de percevoir l'Europe depuis l'Europe. Sans doute, des États-Unis, perçoit-on le petit continent comme une sorte de gros Disneyland bourré d'églises, palais, manoirs, acropoles, villages vieillots, restaurants gastronomiques, bérets basques, chapeaux tyroliens, Hollandaises à sabots, sirtakis, valses de Vienne. Ainsi, dans le film « Fantôme à vendre » (1935) de René Clair, un riche Américain se fait construire un château écossais entouré, en guise de douve, d'un canal avec gondoles parce que « ça fait très européen ». **Mais** dans toute l'Asie, l'Afrique et pour toutes les populations indiennes des Amériques, l'Europe, perçue du XVe siècle jusqu'au début de XXe comme agression, conquête et domination, n'a pas encore pris le visage débonnaire que l'Européen contemple dans son propre miroir.

Edgar Morin, *Penser l'Europe*, Gallimard, 1987

L'Europe pour les populations des pays en voie de développement est encore synonyme de domination (mot charnière « mais »).

Exemple n° 12

Il y a en effet une passion mâle et légitime pour l'égalité qui excite les hommes à vouloir être tous forts et estimés. Cette passion tend à élever les petits au rang des grands : **mais** il se rencontre aussi dans le cœur humain un goût dépravé pour l'égalité, qui porte les faibles à vouloir attirer les forts à leur niveau, et qui réduit les hommes à préférer l'égalité dans la servitude à l'inégalité dans la liberté. Ce n'est pas que les peuples dont l'état social est démocratique méprisent naturellement la liberté : ils ont, au contraire, un goût instinctif pour elle. **Mais** la liberté n'est pas l'objet principal et continu de leur désir ; ce qu'ils aiment d'un amour éternel c'est l'égalité ; ils s'élancent vers la liberté par impulsion rapide et par efforts soudains ; et, s'ils manquent le but, ils se résignent ; **mais** rien ne saurait les satisfaire sans l'égalité, et ils consentiraient plutôt à périr qu'à la perdre.

Tocqueville, *De la démocratie en Amérique*, 1835-1840

La victoire de l'égalitarisme est annoncée car l'exigence d'égalité est plus forte que l'aspiration vers la liberté (3 mots charnières « mais »).

Exemple n° 13

Ce n'est pas seulement la mauvaise organisation des études, et l'absence de débouchés pratiques, et l'incompatibilité entre une civilisation sans âme et les exigences fondamentales de la vie humaine, qui se révèlent à la jeunesse comme en un éclair et suscitent à bon droit sa colère : c'est le mal métaphysique qui, même si l'on n'est pas armé pour en prendre conscience, se fait sentir dans les profondeurs de l'esprit... Je veux dire le vide, le néant complet de toute valeur absolue et de toute foi en la vérité dans lequel la jeunesse est placée par l'intelligentsia régnante et par une éducation scolaire et universitaire qui, prise en gros, trahit allègrement sa mission essentielle.

Jacques MARITAIN, *Pour une philosophie de l'éducation*, Fayard, 1970

C'est principalement le mal métaphysique qui explique les événements de mai-juin 1968.

À noter que les deux points (ou le point-virgule) sont parfois une ponctuation charnière qui nuance.

3 • ÉVENTUELLEMENT DÉGAGER LE « PLAN » DU PARAGRAPHE

Éventuellement, car en principe les mots-clés et les mots charnières permettent de comprendre l'idée générale du paragraphe. Dans le cas contraire, savoir qu'il y a des « plans types » mais qui ne sont bien évidemment pas matérialisés par des intitulés :
- données, solutions ;
- constat, conséquences ;
- en apparence, en réalité ;
- oui, mais, ou non, mais ;
- données, raisons, solutions ;
- principe, exceptions.

Exemple n° 14

Mais le bouleversement le plus spectaculaire, c'est peut-être celui qui a secoué les cadres de gestion, autrefois parfaitement à l'abri des revers du destin qui affligeaient les moins fortunés. « Pour la première fois au cours de notre histoire, a déclaré le professeur Harold Leavitt, professeur d'administration industrielle et de psychologie, les cadres directeurs semblent menacés par le vieillissement du savoir car, pour la première fois, l'avantage relatif de l'expérience sur les connaissances semble être en perte de vitesse rapide. » Comme il faut plus longtemps pour former un homme aux techniques du management moderne, et comme cette formation, à l'instar de celle des ingénieurs, perd toute valeur en une décennie environ, Leavitt suggère que, dans l'avenir, « il faudra peut-être commencer à envisager des carrières descendantes », et non plus ascendantes... peut-être un homme devra-t-il atteindre le faîte de ses responsabilités très tôt dans sa carrière, puis s'attendre à être affecté à des emplois de plus en plus simples, de moins en moins fatigants.

Alvin TOFFLER, *Le choc du futur*, Denoël, 1974

Dans ce texte, déjà analysé (Chapitre 5), il y a trois parties qui sont nettement distinctes (.../.../...) :
- 1re partie : les données du problème : la crise des cadres gestionnaires ;
- 2e partie : les raisons : le décalage savoir-technique, le vieillissement du savoir ;
- 3e partie : une solution possible : la mise en place de carrières descendantes.

Exemple n° 15

À vrai dire, toute la problématique des droits de l'homme est liée à l'ensemble des grands problèmes qu'affronte l'humanité. Les droits de l'homme sont indivisibles, mais ils sont aussi indissociables des aspirations majeures de notre temps. Il convient, **par conséquent**, de veiller constamment à faire prendre conscience des liens qui unissent les droits de l'homme, le développement, la paix, le désarmement et bien d'autres questions. Une vision aussi large rejoint les réflexions de ceux qui annoncent et encouragent l'élaboration des droits de l'homme de la troisième génération. Si les principes proclamés par la déclaration américaine (1776) ou la Révolution française (1789) définissent (avec quelques différences qui tiennent au fait que la première mettait naturellement l'accent sur les principes propres à garantir et à raffermir l'indépendance nationale) les droits de la **première génération** qui sont les droits civils et politiques, la Révolution d'Octobre (1917) a donné naissance aux droits économiques et sociaux, qui ont été confirmés et élargis par les différents mouvements révolutionnaires survenus au cours du XXe siècle et qui constituent les droits de la **deuxième génération**. Restent à définir, comme cela a déjà été avancé dans certaines instances internationales, les droits de la **troisième génération**. Ces droits seraient conçus comme des droits de solidarité et comprendraient, par exemple, le droit international au développement, le droit à un environnement sain, le droit à la paix, le droit à l'utilisation du patrimoine commun de l'humanité, droits qui ont tous la particularité de refléter une certaine conception humaine de la vie. Y inclure le droit de l'homme à communiquer, formule large qui recouvre aussi le droit d'expression des collectivités locales et des minorités de tous ordres ainsi que le droit des peuples à la réciprocité et à l'échange d'information, paraît tout à fait souhaitable.

Il y aurait trois générations de droits de l'homme :

1re génération : droits civils et politiques (Révolution française et déclaration américaine).

2e génération : droits économiques et sociaux (Révolution russe).

3e génération : droits de solidarité (développement, environnement, paix, droit à communiquer), droits universellement reconnus mais qui restent à définir.

4 • ÉCRIRE SUR UNE FEUILLE DISTINCTE L'IDÉE CENTRALE DU PARAGRAPHE (*cf.* Chapitre 13)

Cette écriture doit se faire à la fin de chaque paragraphe et non pas à la fin de la lecture de l'ensemble du texte. C'est un aspect essentiel de la méthode proposée, car toute la difficulté de la note de synthèse réside en ce qu'elle consiste en une écriture sur une écriture : c'est une recomposition. Il faut trouver des substituts verbaux pour exprimer la même chose mais en plus dense et tout aussi significatif. C'est à ce niveau de la lecture, paragraphe par paragraphe, qu'il y a le plus de chances de réussir dans cette recomposition.

Exemple n° 16

Il y a deux niveaux de l'humanité, et dans le progrès du genre humain, aussi longtemps que tous n'ont pas atteint le second niveau, deux espèces d'hommes. Ceux qui ne se sont pas encore élevés au plein sentiment de leur liberté et de leur indépendance absolue ne se trouvent eux-mêmes que dans la représentation des choses ; ils n'ont qu'une conscience de soi distraite, collée aux objets et composée de la multiplicité de ces objets. Leur image ne leur est renvoyée que, comme par un miroir, par les choses ; si celles-ci leur sont arrachées ils perdent aussi leur être-soi... Tout ce qu'ils sont, ils le sont effectivement devenus par le monde extérieur. Qui n'est en effet qu'un produit des choses ne se verra jamais autrement ; et il aura raison de ne se considérer que comme un produit des choses, aussi longtemps qu'il ne parle que de lui-même et de ses semblables.

FICHTE

Il s'agit d'une opposition philosophique bien connue entre l'avoir et l'être : Il y a des hommes qui sont et des hommes qui ont.

EN PRATIQUE

- La lecture paragraphe par paragraphe est surtout appliquée pour les textes de doctrine et pour les circulaires, pas pour les textes juridiques ou journalistiques qui peuvent être exploités différemment (*cf.* Chapitre 12).
- Dans un souci de fidélité aux idées des textes, il faut donc analyser paragraphe par paragraphe en tenant compte de deux paramètres : tous les paragraphes n'ont pas la même importance dans un texte et tous les documents n'ont pas la même richesse dans un dossier (*cf.* Chapitre 7).
- Préférer une lecture sélective (compréhensive) à une technique de lecture rapide qui risque d'être trop rapide dans ce genre d'épreuve, notamment pour les textes juridiques.
- Les mots-clés d'un paragraphe sont plus souvent les compléments directs, les adjectifs et les adverbes que les sujets et les verbes. .

On écrit « en premier lieu, en deuxième lieu, en troisième lieu » et « en premier lieu, en second lieu » : il y a « deuxième » parce qu'il y a « troisième », et « second » parce qu'il n'y a pas « troisième ».

- Le point à la ligne sépare deux idées, les mots-clés les expriment, les mots charnières qui nuancent les précèdent.

CHAPITRE 7

Tous les paragraphes et les documents n'ont pas la même valeur

Ce qui rend cette épreuve difficile lorsqu'on la découvre, c'est de pouvoir surmonter la contrainte du temps. Il s'agit d'un exercice que tout un chacun pourrait réaliser en cinq, six heures, ou plus, mais qu'il faut faire en général, dans le délai impératif et très rigoureux de trois ou quatre heures. Aussi, est-il bon de savoir que de même qu'il existe des mots-clés dans un paragraphe, il existe des paragraphes clés dans un texte et des documents clés dans un dossier de synthèse. Ces derniers doivent être lus en premier et plus attentivement car ils concentrent l'essentiel des idées. Précisons cependant que ce qui va être développé dans les lignes qui suivent n'est pas une panacée, car il est naturellement préférable de lire tout le dossier. Mais la réalité implique souvent une lecture différenciée des documents.

1 • LA LECTURE DES PARAGRAPHES

Les trois paragraphes clés de tout texte de doctrine sont :
- l'introduction dans laquelle l'auteur annonce le « prétexte » ou de façon générale l'objet de son texte ;
- l'annonce du plan (en fin d'introduction), où l'auteur annonce sa démonstration, les arguments (raisons ou réponses suivant le caractère affirmatif ou interrogatif du prétexte) ;
- le paragraphe de conclusion, par lequel l'auteur vérifie, élargit son prétexte ou interroge compte tenu de sa démonstration.

Ces paragraphes constituent la « substantifique moelle » de tout texte de doctrine. Il faut donc, au mieux les analyser avec précaution, au pire lorsque qu'à la fin du démontage du dossier on est pris par le temps ne lire que ceux-ci : il s'agira alors d'un pis-aller pour ceux qui maîtrisent mal la lecture sélective, et qui permettra de ne pas prendre de temps sur la partie de montage de la note (*cf.* Chapitre 8).

Trois précisions doivent être faites :
- d'abord, dans une moindre mesure, d'autres paragraphes sont « significatifs » dans un texte de doctrine (voir plus loin) : les paragraphes d'annonce des sous-parties ou des subdivisions internes, le ou les paragraphes de transition entre les parties qui permettent, lorsqu'ils existent, de vérifier la cohérence de la démonstration ;

– ensuite, ce postulat, qui permet donc de mieux lire un texte de doctrine, doit être appliqué lors de la rédaction de la note de synthèse elle-même car, dans la lecture qu'opère le correcteur, il y a souvent des degrés dans l'intensité :
  - certains paragraphes sont lus très attentivement (notamment ceux indiqués précédemment),
  - d'autres sont simplement lus,
  - d'autres sont seulement survolés.

  Attention donc à cibler son effort sur les passages « sensibles » de son travail. L'évaluation d'une note de synthèse est pertinente dans le premier et le dernier paragraphe de l'introduction, dans le paragraphe de transition entre les parties et dans le tout dernier paragraphe (*cf.* Chapitre 16) ;

– enfin, il existe *a contrario* des paragraphes moins importants que d'autres, comme ceux de répétition, de transition dans les parties ou d'illustration qu'il est inutile de lire si les idées maîtresses ont été dégagées auparavant. Il y a aussi une majorité de paragraphes qui contiennent des idées, mais qui sont secondaires par rapport au sujet de la synthèse, et donc il faut savoir ne pas lire ces paragraphes dès qu'on les a identifiés comme tels. C'est l'une des clés de réussite dans cette épreuve : oser ne pas lire les paragraphes moins importants par rapport au sujet et donc abandonner des idées secondaires. Dès les premiers mots, il est possible de percevoir un paragraphe qui comprend une idée secondaire, et donc ne pas lire les 15-20 lignes qui suivent pour aller directement au paragraphe suivant. C'est le cas, par exemple, d'un paragraphe commençant par ces mots : « il est une autre donnée moins importante pour expliquer… », ou « subsidiairement, il apparaît que… ».

2 • LA LECTURE DES DOCUMENTS

De même qu'il existe des paragraphes clés dans un texte, il existe des documents clés dans un dossier de synthèse. Aussi, les différentes catégories de documents d'un dossier doivent être classées par ordre décroissant d'importance. Cet ordre est le suivant :

1) les textes de doctrine qui donnent les idées et qui sont en règle générale les plus importants, car il s'agit de faire la synthèse des idées ;

2) les rapports parlementaires (Assemblée nationale, Sénat) qui constituent le plus souvent une synthèse du projet ou de la proposition de loi envisagés dans le dossier. Si le dossier mentionne la loi définitivement votée, il faut faire attention au décalage entre le rapport – rédigé forcément avant l'adoption de la loi – et les dispositions législatives adoptées. C'est la loi qui « dit » le droit, pas le rapport ;

3) les grandes circulaires interprétatives des administrations centrales qui sont souvent une synthèse de la réglementation (lois ou décrets) abordée dans le dossier ;

4) les textes juridiques qui exposent le droit : les lois, les décrets, les ordonnances ; plus rarement les arrêtés, les textes et traités internationaux. Ce sont des documents donneurs d'ordre ;

5) les textes administratifs et parajuridiques qui cernent l'environnement du sujet : les rapports (Conseil d'État, Cour des comptes, commissions...), les documents administratifs (brèves circulaires, notes de service, comptes rendus, procès-verbaux, lettres administratives...), les documents de correspondance (documents internes à l'administration ou adressés par celle-ci à des particuliers) ; les documents parlementaires (propositions de loi, documents préparatoires) ;

6) les articles journalistiques, plus fréquents dans la note de synthèse *stricto sensu*, qui traduisent l'actualité du sujet : le cas échéant, donner la priorité aux articles de presse extraits d'hebdomadaires sur ceux extraits de quotidiens ;

7) les tableaux chiffrés, schémas, graphiques qui permettent la quantification du phénomène envisagé dans le dossier ; éventuellement, les dessins, photos, plans, cartes. Ce sont des documents de travail avec un caractère technique très marqué ; de surcroît, ils se révèlent particulièrement chronophages.

Ces différentes rubriques correspondent à 3 types de documents : les documents généraux (1, 2 et 6), les documents donneurs d'ordre (3, 4 et éventuellement 5) et les documents de travail (7).

Bien évidemment, dans tel ou tel dossier de synthèse, il manquera un ou plusieurs de ces types de documents : il conviendra cependant, après avoir identifié ceux insérés dans le dossier, de les analyser dans cet ordre décroissant d'importance. Il peut même arriver que le dossier de synthèse ne comporte qu'un seul type de document. S'il n'y a que des textes de doctrine, il conviendra quand même de les aborder par ordre décroissant en commençant par les plus récents et ceux dont le titre est le plus proche du libellé du sujet de la synthèse. S'il n'y a que des textes juridiques, on est dans l'hypothèse d'une note de synthèse juridique (voir Chapitre 1). S'il n'y a que des textes journalistiques ou que des tableaux chiffrés, on est en présence d'un dossier qui s'éloigne de ce que doit être cette épreuve. Mais, quelle que soit le cas de figure, les dossiers qui ne comportent qu'un seul type de documents sont très difficiles à exploiter, justement parce qu'il n'est souvent pas facile de faire ce classement décroissant.

En effet, l'ordre chronologique des documents dans un dossier (document 1, 2, 3, 4...) n'est pas – surtout pas - l'ordre logique de leur analyse (*cf.* Chapitre 12) ; l'ordre logique, c'est l'ordre décroissant en allant des documents les plus importants vers les documents les moins importants. Cette évaluation sera opérée au survol du dossier (voir Chapitre 10). Ainsi, en début d'épreuve, le candidat est intellectuellement plus enclin et plus apte à digérer la masse d'informations délivrée dans les textes de doctrine. En fin de phase de lecture seront abordés des documents répétitifs ou secondaires qui n'apportent que peu d'éléments nouveaux. Ces derniers pourront donc faire l'objet d'une lecture rapide.

Il convient d'ajouter :

- que les textes de doctrine sont des articles rédigés par des spécialistes (Professeur de Droit, juriste, Directeur d'administration, médecin, ingénieur...), dans une revue spécialisée (AJDA, RDP, RPDA, Gazette des communes, Revue de droit fiscal...), et en général sous forme de dissertation. C'est une mini-synthèse sur le sujet ou un aspect du sujet ;

– que tous les textes qui constituent les fondements juridiques du dossier s'imposent au candidat, ne doivent être sujets à aucune discussion (sauf éventuellement à respecter la hiérarchie des normes et des degrés de juridiction dans une note de synthèse juridique), nécessitent une analyse minutieuse et se révèlent surtout des paramètres très sélectifs dans la correction car les erreurs juridiques dans un concours administratif sont fatales. Il faut donc faire attention à ne pas réécrire entièrement ces données juridiques, sous peine de risquer des erreurs de droit ; en l'espèce, le « copier-coller » est préférable. À noter enfin que les textes juridiques sont une photographie de l'état du droit à un moment donné : c'est parce que le droit est vivant et évolutif qu'il est recommandé de porter une attention particulière à la date du document et s'assurer que le dossier ne fournit pas d'autres textes plus récents qui annuleraient ou compléteraient les plus anciens ;
– que les textes journalistiques sont écrits par un... journaliste (les articles écrits par un professeur, un haut fonctionnaire, un médecin..., bref un « spécialiste », dans un journal, doivent être considérés comme des articles de doctrine) ; et écrits dans un journal (les extraits d'ouvrages écrits par des journalistes doivent aussi être considérés comme des textes de doctrine). Les textes journalistiques correspondent à des articles de quotidiens, qu'ils soient nationaux ou régionaux, ou des articles d'hebdomadaires, ces derniers contenant généralement plus d'informations, même s'ils sont aussi abondamment illustrés et assez souvent polémiques ;
– que pour les notes administratives, rapports, circulaires et instructions, il faut parfois remettre en cause l'ordre décroissant envisagé ci-dessus : les documents donneurs d'ordre ou de correspondance doivent être analysés prioritairement aux documents généraux ou de travail (*cf.* Chapitre 12) ;
– que la lecture dans l'ordre chronologique de parution des différents documents est une méthode tout particulièrement adaptée pour les sujets qui demandent une synthèse retraçant l'évolution d'un phénomène, d'une situation ou d'une réglementation. Dans cette hypothèse, la lecture chronologique, du plus ancien au plus récent (ou l'inverse) permettra d'identifier le moment charnière de l'évolution qui délimitera la première partie de la seconde partie, avec le plus souvent un plan avant/après.

EN PRATIQUE

- Seule une lecture active du dossier, c'est-à-dire à la lumière du sujet, permet de distinguer l'essentiel de l'accessoire.
- Les débutants en note de synthèse peuvent opter pour une lecture dans l'ordre proposé par le dossier, ce qui présente l'avantage de réduire le risque de mauvaise appréciation de l'importance des différents documents. Mais on ne débute... qu'une fois.
- La sélection des candidats dans cette épreuve est facilitée si les documents importants sont... à la fin du dossier, parfois même avec des documents d'illustration au début pour « attirer » le candidat, et le piéger. Et un dossier de synthèse est encore plus difficilement exploitable si celui qui a fait le dossier décide d'en retirer le document pivot qui, le plus souvent, a constitué le point de départ de confection du dossier.

CHAPITRE 8

La gestion du temps

Savoir gérer les trois, quatre ou cinq heures qui sont imparties au candidat est un atout déterminant dans ce genre d'épreuve. L'expérience montre que l'on a tendance à consacrer trop de temps à l'analyse des documents au détriment du travail de rédaction, à passer plus de temps à lire qu'à écrire. Ce qui risque de se traduire par une copie mal présentée et confuse ou, pire, par une synthèse inachevée (et éventuellement une note éliminatoire).

Il convient donc de travailler avec une montre sous les yeux, de répartir son temps dans les différentes phases, de s'y tenir strictement et de ne jamais revenir en arrière dans son travail.

L'élaboration d'une note de synthèse comprend deux phases distinctes d'une durée sensiblement égale : il faut d'abord démonter, décortiquer, déconstruire le dossier (phase 1) avant de monter, construire, rédiger la note de synthèse (phase 2), chacune de ces phases comportant différentes étapes.

1 • PHASE 1 : DÉMONTAGE DU DOSSIER

1. Lecture du sujet pour déterminer l'objet de la note.
2. Survol du dossier pour la mise en situation et la préparation de l'analyse.
3. Analyse des documents par ordre décroissant d'importance pour aboutir au relevé d'idées.

2 • PHASE 2 : MONTAGE DE LA NOTE

1. Rédaction au brouillon de la conclusion et élaboration du plan détaillé de la note.
2. Rédaction directement au propre de la note.
3. Relecture de la copie et amélioration de la présentation.

À l'exception des synthèses pour la magistrature, l'accès à la profession d'avocat et de quelques rares autres concours où la durée est de 5 heures, le temps imparti dans les autres concours est de 3 ou 4 heures. Il convient alors d'organiser son temps de travail ainsi :

– démontage de la note : 90 minutes (synthèse en 3 heures)
  120 minutes (synthèse en 4 heures)

– montage de la note : 90 minutes (synthèse en 3 heures)
120 minutes (synthèse en 4 heures)

À l'intérieur de chacune des deux phases, la répartition sera la suivante :

Phases		Temps pour 3 heures (en mn)	Temps pour 4 heures (en mn)	Temps pour 5 heures (en mn)
DÉMONTAGE	– lecture du sujet	2-5	2-5	2-5
	– survol du dossier	10-15	20-25	20-30
	– analyse des documents	70-75	90-100	115-120
MONTAGE	– conclusion et plan	10-15	20-25	20-30
	– rédaction	70-75	90-100	115-120
	– relecture	2-5	2-5	5

La répartition entre les différentes phases peut bien sûr varier en fonction de l'épaisseur du dossier, de son caractère technique ou général, du type de sujet et du rythme de travail de chaque individu. Mais il faut faire très attention à cette répartition du temps car si la phase « démontage » est prolongée à l'excès, les idées relevées vont être certes abondantes mais elles ne seront pas mises en valeur par un texte clair et bien construit (faute de temps pour le montage), et si cette première phase est écourtée, la rédaction sera certes travaillée mais avec un contenu insuffisant, voire erroné. Il faut donc un temps égal pour les deux phases en se rappelant qu'il manque toujours quelques minutes supplémentaires pour améliorer n'importe quelle note de synthèse, fût-elle la meilleure !

EN PRATIQUE

- Ne jamais oublier que l'on est noté sur ce que l'on rend (la copie) et non pas sur ce que l'on garde (le relevé d'idées). Ce qui compte, c'est le produit fini.
- Le principal risque de note éliminatoire est la synthèse inachevée.
- Surtout ne pas dégrafer le dossier, car après différentes manipulations, celui-ci sera en désordre et vouloir le reclasser occasionnera une perte de temps et s'avérera par ailleurs impossible lorsque les feuilles sont imprimées recto-verso.
- Ne jamais insérer de brouillon dans une copie : ceux-ci sont en général enlevés et s'ils subsistent, ils sont la preuve évidente que le candidat a mal géré son temps.
- Quatre ou cinq heures ne donnent pas forcément plus de temps que trois heures, car les dossiers sont constitués en fonction de la durée impartie ; ils sont en quelque sorte calibrés pour être trop longs dans un temps trop court.
- Regarder régulièrement sa montre, sinon on ne voit pas le temps passer.
- Avant toute lecture, il faut s'assurer que le dossier est bien complet... ou laisser faire ce travail par un autre candidat.

PARTIE 2

Le démontage du dossier

CHAPITRE 9

La lecture du sujet

L'intitulé du sujet est la première information qu'il faut recueillir scrupuleusement avant toute déconstruction du dossier. On peut éventuellement mieux cerner le sujet si l'on répond (rapidement) à certaines des questions suivantes : qui ? (le thème), à qui ? (le destinataire), quoi ? (définition des termes) quand ? (chronologie), où ? (contexte géographique), comment ? (moyens), combien ? (quantification), pourquoi ? (origines du problème), pour quoi ? (buts poursuivis), jusqu'où ? (enjeux du sujet). Bien que très rapide, cette phase est absolument impérative. Car dégager les mots clés du sujet et cerner précisément leur signification présente trois avantages.

1 • LA LECTURE ATTENTIVE DU SUJET PERMET D'ÉVITER LE RISQUE DE DÉVIATION SUBJECTIVE

C'est effectivement un risque majeur dans la note de synthèse même si, en principe, le libellé des sujets ne comporte pas de piège. L'absence de lecture du sujet (ou une lecture trop superficielle) risque d'entraîner une mauvaise interprétation de celui-ci et, plus grave encore, un risque de déviation par interprétation subjective.

Exemple

Sujet : À partir des documents joints, vous dégagerez dans une note de synthèse les caractéristiques actuelles et les orientations souhaitées de la situation sociale des Français (au sens d'insertion dans la société).

Sur un tel sujet, le risque est que le candidat axe son travail sur le problème de l'emploi (ce thème étant d'actualité) au détriment d'autres aspects de l'insertion sociale : loisirs, famille, mouvements associatifs, politique, syndicalisme, etc. L'insertion sociale est un concept plus large que l'insertion professionnelle.

Ce risque de subjectivité est d'autant plus grand que l'on connaît bien (ou que l'on croit connaître) le sujet. Attention donc à la tendance naturelle à sur-développer ce qu'on connaît ou ce avec quoi on est d'accord et à sous-développer, voire éluder, ce que l'on maîtrise mal ou ce à quoi on est hostile.

Afin d'éviter ce risque, il faut prendre calmement connaissance du sujet sans réagir, favorablement ou défavorablement, par rapport à celui-ci ; au besoin, ne pas hésiter à le reformuler d'une autre manière, puis revenir aux mots-clés du sujet.

Cela est d'autant plus vrai si le sujet est long.

Exemple

Sujet : Le maire de la commune de... souhaite connaître l'évolution et l'état du droit concernant le vote des étrangers en France. Il vous demande de rédiger à son intention une note sur les débats (politiques et juridiques) suscités par ce sujet et clos, en France, par la révision constitutionnelle de 1992.

Dans un tel contexte, le mot « étranger » doit être précisément cerné par le contenu du dossier et il ne faut pas confondre l'immigré (ressortissant non communautaire) et le migrant communautaire. Ce n'est bien évidemment pas un sujet sur le droit de vote des immigrés.

Exemple

Sujet : Les Français manifestent vis-à-vis du monde agricole une attitude ambivalente. Citadins, ils en ignorent les réalités concrètes. Descendants de ruraux, ils gardent avec ce monde d'étroits liens affectifs et aiment à y séjourner.

Aujourd'hui, le monde rural subit une douloureuse « opération vérité » : réaliser qu'on ne représente que 5 % des emplois et 3,4 % du Produit National Brut.

Aussi à partir des données contenues dans le dossier ci-joint, vous êtes chargé(e) de présenter un rapport sur « le nouveau défi rural » pris dans sa globalité.

Il ne s'agit pas d'un sujet sur le monde agricole, l'exode rural, la politique rurale ou l'aménagement du territoire, mais sur le « nouveau défi rural » : il faut donc prendre en compte les guillemets, l'adjectif « nouveau » et le substantif « défi » avec ce qu'il induit (action, compétition, provocation, refus de se soumettre).

Exemple

Sur le problème de l'insertion des handicapés, il peut y avoir différentes formulations possibles :

Sujet : À l'aide des documents communiqués, et en 5 pages maximum, rédigez une note de synthèse *sur l'insertion professionnelle des personnes handicapées en France*.

Les documents faisant références, partiellement ou intégralement, à l'insertion professionnelle des personnes handicapées en Europe ou globalement dans le monde, ne devront en aucune manière apparaître dans les développements de la note (juste quelques lignes éventuellement en introduction), même si le dossier y fait référence.

Exemple

Sujet : À l'aide des documents communiqués, rédigez une note de synthèse sur l'état de la législation de l'insertion professionnelle des personnes handicapées et de sa mise en œuvre pratique.

Dans cette hypothèse, le sujet vous donne le plan du dossier (I et II) et il faudra impérativement le respecter et écarter toutes les données qui ne rentrent pas dans ce cadre préétabli. Donner le plan dans l'énoncé du sujet n'est pas forcément un cadeau car il est parfois beaucoup plus difficile de rechercher des informations précises – en fonction du plan suggéré – dans cette masse de documents, plutôt que de se laisser guider par eux.

Exemple

Sujet : À l'aide des documents communiqués, rédigez une note de synthèse sur l'insertion professionnelle des personnes handicapées.

C'est un thème général, l'ensemble des documents devra apparaître dans la copie, sauf évidemment un document piège qui aborderait par exemple l'insertion professionnelle des jeunes sous diplômés.

Exemple

Sujet : Vous êtes attaché territorial dans la commune de X (18 000 habitants). Le Maire doit recevoir la semaine prochaine des représentants de l'AGEFIPH. Il vous demande à cet effet de lui rédiger une note sur l'insertion des handicapés dans sa commune.

Il s'agit ici d'un rapport avec une mise en situation professionnelle. Noter les indications soulignées dans le sujet qui cernent l'objet de la note, et envisager l'insertion de façon plus générale que sous le seul angle de l'insertion professionnelle. Les données chiffrées, comme la population de la commune de X, ne sont bien évidemment pas anodines, d'autant plus qu'à la fin il est mentionné sa commune...

2 • L'ÉNONCÉ DU SUJET FIXE LES RÈGLES DU JEU

Il faut concevoir le sujet comme un ordre hiérarchique et dès lors respecter impérativement la mise en situation professionnelle et l'objet de la note.

A - La mise en situation professionnelle

Si elle existe, il ne s'agira donc pas d'une note de synthèse *stricto sensu* (*cf.* Chapitre 1). Lorsque l'épreuve (note administrative, rapport, cas pratique...) place fictivement le candidat dans une situation administrative, il faut absolument en tenir compte sous peine de se rendre coupable de défauts importants sur le fond et la forme. Doivent être pris en considération :

- ***la place qui vous est attribuée dans une hiérarchie administrative*** : attaché territorial, chef de bureau, rédacteur, attaché d'administration centrale, directeur de cabinet d'un préfet, d'un maire, etc. Le profil professionnel qui vous est imparti doit être intégré dans votre note ;
- ***le service administratif concerné*** : sur un même dossier, la synthèse peut être présentée sous des angles différents suivant que la note est adressée au ministère de l'Industrie, ou à la Direction générale des impôts. L'aspect jeu de rôle est parfois non négligeable, car chaque structure administrative a tendance à faire prévaloir sa mission particulière et l'argumentation doit toujours être adaptée au destinataire (tout en respectant les seules données du dossier) ;

– ***le destinataire de la note*** : plus le destinataire est élevé dans la hiérarchie administrative, moins la note doit contenir de procédures, de mécanismes, de détails techniques et plus elle doit être courte (4 ou 5 pages manuscrites au maximum). Entre un chef de bureau qui a besoin d'informations concrètes et détaillées et un ministre qui a besoin d'éléments d'information, concis mais néanmoins précis, il faut savoir faire la distinction.

Exemple

Un préfet auprès duquel vous effectuez un stage vous a fait parvenir la demande suivante : « Je dois présider le mois prochain un colloque universitaire sur la décentralisation organisé dans notre département. Pourriez-vous rédiger à mon intention une note sur les débats concernant le problème de la décentralisation en France ? Vous soulignerez en particulier la permanence des interrogations sur cette question ». Vous disposez de la documentation ci-jointe. Rédigez la note en dégageant les quelques points autour desquels le préfet pourrait structurer son exposé.

Ici la mise en situation et le libellé du sujet sont déterminants.

• Il faut rédiger la note à la place du préfet, et donc utiliser la première personne du singulier qu'emploiera le préfet dans son exposé.

• Il s'agit d'un colloque où seront présents des universitaires et des chercheurs et non d'une entrevue avec une section syndicale. En tenir compte dans le ton et le contenu du message.

• Il ne s'agit pas d'une conférence sur la décentralisation de nos jours mais d'un exposé introductif sur la permanence de cette question (les documents joints – notamment les extraits d'ouvrages de Taine, Durkheim, Tocqueville, Duguit – rendaient d'ailleurs évidente la seule approche historique).

Il peut même arriver – mais cela reste rare – que le sujet soit formulé ainsi : « à l'aide notamment des documents ci-joints... » ; dans cette hypothèse, il est possible d'introduire dans la note des éléments hors dossier (nouvelle réglementation, événements intervenus depuis la date de confection du dossier, données chiffrées actualisées) à condition que ceux-ci soient en phase avec le sujet. Mais une telle épreuve s'éloigne de la note de synthèse et du paramètre d'objectivité.

B - L'objet de la note

L'objet de la note est précisé par le sujet et ses mots-clés : ainsi, il convient de différencier selon l'énoncé les sujets suivants :

{ – *L'évolution de la décentralisation*
– *La décentralisation*

{ – *Le nomadisme*
– *Le stationnement des nomades*
– *L'accueil des gens du voyage*

- *L'enfant dans le monde*
- *L'enfance malheureuse dans le monde*
- *Les droits de l'enfant en France*

- *L'égalité des hommes et des femmes dans la fonction publique*
- *L'égal accès des hommes et des femmes dans la fonction publique*

- *À l'aide des documents ci-joints, exposez les problèmes de...*
- *À l'aide des documents ci-joints, exposez le problème de...*

Entre le pluriel et le singulier, la direction de recherche dans le dossier est différente.

- *Attaché principal dans la commune de..., le maire vous demande...*
- *Attaché principal auprès du maire nouvellement élu de la commune de..., celui-ci vous demande...*

Dans le second sujet, il faut penser à un axe bilan-prospective.

- *Synthèse sur l'évolution du phénomène d'exode rural*
- *Synthèse sur l'évolution du phénomène actuel d'exode rural*

Dans le second sujet, et compte tenu des documents fournis, l'axe présent-avenir du monde rural sera l'ossature de la note (et non l'axe passé-présent que le premier sujet sous-entend).

Dans l'énoncé d'un sujet de synthèse tous les mots comptent, même ceux qui sont sous-entendus. C'est ainsi que l'on considère que dans un sujet de synthèse sur « le travail à temps partiel », « le malaise des banlieues » ou « la politique culturelle de l'État », il faut envisager – sauf dispositions contraires dans l'énoncé du sujet – ces différents thèmes en France et au moment où le concours a lieu. La dimension comparée et la dimension historique ne doivent pas être développées (*cf.* Chapitre 17) – ce qui est particulièrement vrai pour les dossiers de synthèse juridique où seul le droit positif doit être exposé –, à moins que le sujet ne l'exige. Ainsi, sur l'interruption volontaire de grossesse, on peut avoir 2 types de sujets.

- *Faites la synthèse de ces documents relatifs à l'interruption volontaire de grossesse.*

ou

- *Faites la synthèse de ces documents relatifs à l'évolution législative en matière d'interruption volontaire de grossesse.*

Dans la seconde hypothèse, tous les textes législatifs et réglementaires doivent être pris en considération dans les développements, alors que dans la première hypothèse, seul le droit positif doit être présenté.

3 • L'ÉNONCÉ DU SUJET PEUT SUGGÉRER UN PLAN

C'est un avantage important que d'avoir un plan indiqué ou suggéré dans le sujet : en effet, il est souhaitable, lors d'une épreuve de synthèse, d'avoir le plan sommaire de sa note le plus tôt possible (*cf.* Chapitre 13). Si tel est le cas, il faut reprendre le plan indiqué ou suggéré, de préférence pas avec les mêmes mots, mais en respectant les deux ou trois axes énoncés. Ce n'est malheureusement pas toujours le cas et il convient d'envisager les différentes possibilités.

Sujet n° 1 : *Faites la synthèse des documents ci-joints.*

Dans ce cas, le sujet est à découvrir dans le dossier et la problématique à inventer. Ce type de sujet est apparu quelquefois dans des concours judiciaires et dans certains concours financiers.

La simple lecture des titres des textes de doctrine ou des textes juridiques permet de trouver le substantif répété qui est le dénominateur commun qui correspond au sujet. Il conviendra alors de donner un titre, le plus précis possible, à la note de synthèse.

Sujet n° 2 : *Faites la synthèse de ces documents relatifs à l'hospitalisation d'office des aliénés.*

Pas de plan indiqué, mais il apparaît déjà que ce qui aura trait dans le dossier à l'hospitalisation à la demande d'un tiers peut être éliminé.

Sujet n° 3 : *Appelé à participer à un colloque sur l'avenir des régimes de sécurité sociale, votre chef de service souhaite disposer d'informations synthétiques sur les problèmes de financement de ces régimes. à l'aide des documents du dossier joint, vous exposerez, en quatre pages maximum, quelles sont les difficultés soulevées par la question du financement des retraites et quelles sont les solutions susceptibles d'y être apportées par les pouvoirs publics.*

Il s'agit là d'un plan indiqué nettement ; parfois le plan est seulement suggéré.

Sujet n° 4 : *Il vous est demandé de rédiger à partir du dossier ci-joint, une note de synthèse sur la procréation médicalement assistée et les conséquences du vide juridique actuel au regard des libertés publiques.*

La conjonction de coordination « et » sépare deux axes de développement. Ainsi :

Sujet n° 5 : *Dans une synthèse de quatre pages environ, dégager à partir des documents ci-joints les problèmes posés par la protection de l'environnement et les grandes lignes des actions envisagées dans ce domaine.*

Sujet n° 6 : *Faites la synthèse de ces documents relatifs aux contrôles et vérifications d'identités.*

La conjonction de coordination suggère le plan en révélant qu'il y a une différence entre les deux types de procédures. Faire attention cependant car le « et » est une conjonction qui sert moins à séparer qu'à relier : « *La Cour de Justice de l'Union européenne et ses attributions* » est un sujet qui conduit à exposer « *les attributions de la Cour de Justice de l'Union européenne* ».

Mais il arrive que le plan soit mal suggéré et qu'il s'agisse même de véritables impasses.

Sujet n° 7 : *Votre maire va recevoir prochainement une délégation d'une ville d'outre-mer. Avant cette visite, il souhaite mieux connaître les difficultés économiques et sociales rencontrées par les DOM, notamment dans la perspective de la construction européenne.*

Il vous demande de lui remettre un rapport sur la base des documents suivants :

En réalité, le plan souhaité (et souhaitable) était : le constat des difficultés économiques et sociales; les réponses nationales et communautaires. Et non pas le plan : il y a des difficultés spécifiques aux DOM; qui risquent d'être aggravées avec l'Union européenne.

Sujet nº 8 : *Rédigez une note faisant le point sur l'aide humanitaire, ses structures, ses problèmes, son insertion dans les actions conduites par les pouvoirs publics.*

Sujet nº 9 : *Rédigez une note de synthèse décrivant les objectifs, le contenu, les niveaux et conditions d'utilisation de ce dossier relatif à l'illettrisme.*

Ce plan, plus que suggéré, laisse perplexe bien des candidats mais, d'après les observations du jury, les objectifs doivent être précisés en introduction, le contenu correspond au développement, les niveaux et conditions d'utilisation doivent être signalés en conclusion.

Notons enfin que la lecture attentive du sujet permet de faire un survol efficace du dossier. Ayant présent à l'esprit les mots-clés du sujet, le candidat, lors du survol du dossier, disposera d'une « loupe » qui grossira les passages directement en rapport avec ce qui est demandé et d'une « paire de ciseaux » qui lui permettra d'éliminer tout ce qui est inutile ou en marge du sujet. C'est pour cela qu'il est souhaitable de recopier le sujet de synthèse sur une feuille de papier que l'on place devant soi pour l'avoir présent à l'esprit pour toute la durée de l'épreuve, car la lecture des documents du dossier éloigne plus ou moins du sujet; par ailleurs, la compréhension d'un sujet n'est pas immédiate : c'est la lecture des documents qui va l'éclairer et permettre d'en comprendre toutes les subtilités.

EN PRATIQUE

- Le sujet est la première grille de lecture du dossier et permet le quadrillage efficace des différents documents.
- Ne pas perdre un instant et se lancer directement dans la lecture des documents après avoir survolé le sujet accroît le risque de déviation subjective. L'imprégnation du sujet est le préalable indispensable avant toute analyse.
- Dans l'énoncé du sujet, « dans la société contemporaine » veut dire depuis 1914; « dans la société actuelle » depuis 1968; « dans nos sociétés » dans les sociétés occidentales.
- Ne jamais réagir « comme un étudiant » (et exposer tout ce qui est dans le dossier systématiquement), ni comme un simple candidat puisque dans cette épreuve (en dehors de la note à caractère général) le candidat est déjà fictivement un fonctionnaire bien déterminé.
- Dans ce cas, faire attention à la mise en situation professionnelle (auteur de la note, destinataire de celle-ci, problèmes soumis) : plus le degré de précision est important, plus il faut le prendre en considération et se demander quelle influence la réalité professionnelle proposée peut avoir sur la note.
- Par rapport au critère d'objectivité, il faut savoir que l'on est plus à l'aise avec un dossier dont on connaît mal la matière qu'avec celui dont la matière est connue et attractive. D'une certaine façon, la note de synthèse est une épreuve rassurante car il y a plutôt de quoi être satisfait si le sujet déroute par sa nouveauté.

CHAPITRE 10

Le survol du dossier

Il ne s'agit pas dans cette phase (de 10-15-20 minutes, ou 3,4 ou 5 heures, suivant la durée de l'épreuve) d'une lecture intégrale du dossier mais d'une première prise de contact. En effet, si pour se repérer il faut prendre un peu de hauteur ou de recul, pour comprendre un dossier de synthèse il faut avoir une vue d'ensemble de celui-ci. Il s'agit en quelque sorte d'un vol de reconnaissance, qu'il ne faut surtout pas ne pas faire en espérant gagner quelques minutes de plus dans l'analyse du dossier qui s'avérerait alors moins efficace et moins objective.

Le survol du dossier se fait en deux étapes.

1) En premier lieu, il convient d'analyser le bordereau des pièces, c'est-à-dire la liste des documents présentés sur la première page après le sujet. En principe chaque document est numéroté et on en mentionne l'auteur, le titre, l'origine, la date et le nombre de pages. Plusieurs indications peuvent être dégagées du bordereau de pièces :

- le nombre de documents : moins il y a de documents (3, 4, 5), et plus il y a de chances qu'ils soient tous importants; plus il y a de documents (12, 13, 14...), plus il y a risques qu'il y en ait de moins importants par rapport à l'objet de la note, qu'il y ait des documents répétitifs, des documents d'illustration, voire des documents-pièges;
- le nombre de pages peut renseigner sur le temps d'analyse (et la vitesse) à y consacrer. Mais attention à ne pas tirer de conclusions trop hâtives : en effet cela dépend aussi du contenu de chaque document, de son intérêt par rapport au sujet, de la typographie;
- les titres des documents sont des indicateurs non négligeables quant au contenu et à l'esprit général du dossier, notamment pour les articles de doctrine;
- l'origine : les articles de doctrine en provenance de revues ou d'ouvrages spécialisés présentent en général un degré de précision, un niveau d'information et d'intérêt plus importants que les documents « grand public »;
- l'auteur : la connaissance de celui-ci implique parfois de considérer certains de ses propos avec distance s'ils sont trop marqués d'excessivité ou de subjectivité;
- la date de parution des documents permet un reclassement et une lecture chronologique. Il est préférable de commencer par analyser le document le plus récent car il peut contenir un résumé des idées essentielles des documents plus anciens et révéler par la suite le caractère redondant et caduc de certaines informations délivrées par les autres documents.

L'analyse des champs lexicaux du bordereau des pièces peut permettre, avant même l'analyse des documents, de se faire une idée assez précise du dossier, voire de trouver un plan ; chaque titre de document est en effet un micro résumé des pages qui suivent et les mots-clés de celui-ci permettent de dégager les axes problématiques du sujet. Il convient donc de faire « parler » le bordereau des pièces grâce aux indices qu'il fournit en dégageant les mots-clés (essentiellement les substantifs). Par ailleurs, il faut aussi prendre en considération les dates de publication d'un article, la date d'un texte juridique, la nature des documents, le document pivot, les éventuels documents pièges ou documents discordants (voir plus loin).

Bien sûr, tous les dossiers ne se laissent pas aussi aisément percer. Il n'en demeure pas moins qu'à défaut de donner LE plan, cette « astuce » peut permettre de dégager une piste qui s'avère souvent fiable.

Exemple pour cette synthèse sur « la violence télévisée et les enfants »

Doc. 1 « Choix des **programmes** par les **enfants** et **socialisation** », M. White Riley et J. White Riley Jr., *Une approche sociologique de la recherche en communications*, **Public Opinion Quarterly, vol. XV, 1951**, p. 449-453, 456 [extraits].

Doc. 2 « Les **risques** induits par la **télévision** de **l'addiction** à **l'identification** », E.-E. Maccoby, *L'impact de la télévision sur les enfants d'âge scolaire*, Public Opinion Quarterly, vol. XV, 1951, p. 441-442 [extrait].

Doc. 3 « Les racines de la **délinquance juvénile** : **des relations familiales** perturbées », W. Schramm, J. Lyle et E.-B. Parker, *La télévision dans la vie de nos enfants*, Stanford Univ. Press, Stanford, **1961**, p. 165-166 [extrait].

Doc. 4 « Quel **lien** entre **scènes de violence** et **comportement des jeunes spectateurs** ? », A. Glucksmann, *Les effets sur les jeunes des scènes de violence au cinéma et à la télévision*, Haut Comité de la jeunesse, ministère de la Jeunesse et des Sports, **1965**, p. 40-41, 64 [extraits].

Doc. 5 « Le **décodage des émissions télévisées** par les **enfants** », A. Martinez, L*a violence à la télévision, état des connaissances scientifiques,* Ottawa, 1991.

Doc. 6 « Quelle **perception de la réalité** à travers la **télévision** ? », D. Buckingham, *Children Talking Television : The Making of Television Literacy*, Londres, Falmer Press, 1993, p. 240-241 [extraits].

Doc. 7 « Une **croisade idéologique** contre la **violence dans les médias** », T. Gitlin, *Des images à tout casser*, The American Prospect, vol. V, n° 16, déc. 1994, p. 4-6 [extraits].

Doc. 8 « **Indices de violence** des **programmes américains** », G. Gerbner, *Pouvoir et danger de la violence télévisée in Les Cahiers de la sécurité intérieure*, Institut des hautes études de la sécurité intérieure (IHESI), Doc. fr., Paris, 1995, p. 38, 44-45.

Doc. 9 « Une définition de la **violence** ». D. Frau Meigs, *Violence commise, violence subie* in *Violence et télévision, l'exemple canadien*, Paris, 1997.

Doc. 10 « L'effet de la **violence médiatique** sur les **enfants** », J. Groebel, *Étude mondiale de l'Unesco sur la violence dans les médias*, Unesco, Paris, 19 fév. 1998, p. 1-5 [extraits].

Doc. 11 « **Dénoncer la télévision**, nier le **malaise social** », G. Dagnaud, *La Télé bouc émissaire* in *Le Monde des débats*, Paris, oct. 1999 [extraits].

Doc. 12 « Un **déplacement du débat** », D. Buckingham, *Des abus informatiques ? Repenser les effets des médias sur les enfants, in Des effets néfastes : le débat Médias/Violence* (M. Barker et J. Petley [dic.]), Londres, Routledge, 2001, p. 70, 75-76 [extraits].

Doc. 13 « **Violence télévisée** et **risques de délinquance ultérieure** », J.-G. Johnson, P. Cohen, E.-M. Smailes, S. Kasen, J.-S. Brook, *Consommation télévisuelle et comportement agressif à l'adolescence et à l'âge adulte*, in Science, vol. 295, n° 5564, mars 2002, p. 2469-2471 [extraits].

Par la simple analyse du plan et avant même d'avoir survolé le dossier, il est possible de dégager de grandes lignes en effectuant les regroupements suivants :

- ***Constat de la violence*** : scènes de violence ; violence dans les médias ; violence médiatique ; indice de violence ;
- ***Impact sur les enfants*** : risques ; Addiction ; Identification ; comportement des jeunes spectateurs ; relations familiales ; conception de la réalité ; décodage des émissions ; perception de la réalité ;
- ***Problème social*** : déplacement du débat ; malaise social ; délinquance juvénile ;
- ***Combat contre les programmes violents*** : dénoncer la TV ; croisade idéologique.

Remarque *: Les quatre premiers documents datent des années 1950, tous les autres des années 1990 et des débuts 2000.*

Les deux premiers documents sont extraits du même **Public Opinion Quarterly**.

Ces éléments sont intéressants puisqu'ils traduisent des inquiétudes déjà anciennes ayant mené à des études sur la question de la violence à la télévision et de son impact sur les enfants. L'on peut également imaginer que, plus de 60 ans après, les tendances observées se sont amplifiées et les réactions hostiles également.

À partir de ces regroupements, il est possible d'ébaucher un plan tel que celui ci-après :

I. PROGRAMMES TV VIOLENTS ET RISQUES POUR LES JEUNES SPECTATEURS

A. Constat de programmes violents à la TV

B. Impact sur les enfants (identification, relations familiales, délinquance...)

II. IMPACT RÉEL DE LA TV SUR LA DÉLINQUANCE JUVÉNILE

A. Croisade contre les méfaits des programmes TV (guerre contre les programmes violents)

B. Malaise social (TV alibi ?, dénonciation de la violence TV)

2) En second lieu, le survol du dossier lui-même qui consiste en un travail d'identification à partir de tous les repères visuels possibles. Le travail de repérage et d'écrémage s'opère de trois façons :

- les titres;
- les sous-titres, surtitres et intertitres;
- les chapeaux introductifs (très fréquents dans les articles de doctrine et de presse souvent avec une typographie différente des développements et qui constituent des mini-résumés);
- les paragraphes clés : introduction, annonce de plan, conclusion (lecture rapide);
- les mots soulignés, les mentions en caractères gras ou en italique qui généralement appuient les idées importantes;
- les encadrés dans les développements ou en annotation marginale;
- la date des documents (surtout s'il s'agit de textes juridiques) et leur origine (notamment pour les règles de droit et la jurisprudence).

Le survol du dossier présente quatre avantages qu'il est indispensable d'optimiser : organiser son temps dans la phase lecture-analyse qui va suivre, dégager ou améliorer le plan de synthèse; vérifier la concordance des textes par rapport à l'énoncé du sujet; évaluer les différents documents afin de les classer par ordre décroissant d'importance.

1 • LA RÉPARTITION DU TEMPS

Le survol du dossier permet de répartir son temps pour la phase suivante d'analyse des documents et cela compte tenu de trois critères : la pertinence des documents par rapport au sujet, la longueur de ceux-ci et bien sûr leur nombre.

Exemple 1

Supposons l'hypothèse idéale d'un dossier comprenant quatre articles de doctrine de cinq pages chacun. Répartir son temps dans l'analyse signifie 20 mn par document (78 mn divisé par 4, soit plus ou moins 20 mn par document). Si l'on ne se tient pas à ce rythme, 25 minutes ou plus seront consacrées à chacun des 3 premiers documents et il ne restera plus que 3 minutes pour survoler le dernier document, pourtant aussi important que les autres.

Mais les dossiers de synthèse ne sont malheureusement pas faits d'hypothèses idéales et la répartition du temps ne consiste pas en une simple division.

Exemple 2

40 minutes pour les documents 1 et 5 (2 textes de doctrine qui constituent les documents de base), 20 minutes pour les documents 2, 3 et 6, 10 minutes pour les documents 4 et 7 (1 tableau et 1 article de presse).

Il conviendra ensuite de se tenir à cette répartition du temps sous peine d'empiéter sur la phase de montage de la note.

2 • LA RECHERCHE DU PLAN

Le survol du dossier permet de dégager un plan ou de l'affiner si celui-ci a déjà été proposé dans le sujet ou perçu dans le bordereau des pièces. Cela sera possible par la lecture des intitulés des différents articles du dossier et si l'on a présent à l'esprit toute une série de « plans-bateaux » ou plutôt de clivages types ou d'axes inévitables pour présenter pratiquement n'importe quel thème abordé dans une note de synthèse (*cf.* Chapitre 15). Mais même s'il est sécurisant pour cette épreuve d'avoir un plan le plus tôt possible, il faut faire attention à ne pas trop se précipiter dans l'acquisition d'un plan définitif que l'analyse ultérieure du dossier pourrait révéler peu pertinent.

Lors du survol du dossier, pour la recherche du plan, il peut être utile d'avoir présent à l'esprit le clivage : ***définition, causes, conséquences, solutions*** : sur des thèmes comme l'illettrisme, la violence scolaire, les addictions, le travail clandestin ou la peur alimentaire, si le dossier fait une approche synthétique de ces phénomènes, ces 4 dimensions devraient être abordées.

À défaut de trouver un plan, le survol du dossier peut permettre de dégager la ligne de synthèse, c'est-à-dire l'idée-maîtresse du dossier qui constituera le fil d'Ariane des développements de la note. C'est autour de cette ligne de synthèse qu'après l'analyse des documents, il faudra trouver le plan.

3 • L'ADÉQUATION DU DOSSIER AU SUJET

Le survol du dossier permet de vérifier l'adéquation des documents ou des parties de documents au(x) thème(s) proposé(s) dans l'énoncé du sujet. Il s'agit :

- d'éliminer une lecture plus attentive des documents ou des passages n'ayant pas ou peu de rapport avec le sujet proposé. Les documents-pièges sont en principe assez rares, mais si tel était le cas, il ne faut pas tomber dans le piège. Le document piège est un document qui n'a manifestement rien à voir avec le sujet : ce fut le cas par exemple avec la réglementation de la fermeture des débits de boissons dans une synthèse sur l'hospitalisation d'office des aliénés, le statut juridique du sang dans un dossier sur la publicité comparative, la parité hommes-femmes dans une synthèse sur l'emploi de la langue française. Il convient d'ignorer totalement un tel document et surtout de ne pas tenter de l'intégrer dans la note. Pour les autres documents, des passages peuvent ne pas être pertinents par rapport à l'objet de la note de synthèse. En effet, il arrive souvent qu'involontairement (difficulté dans un texte d'isoler les passages se rapportant directement au sujet) ou délibérément (afin de vérifier la capacité du candidat à distinguer l'essentiel de l'accessoire), le dossier comporte des éléments inutiles. Considérer que, de manière générale, les articles de doctrine sont presque toujours plus vastes que le sujet;
- de répertorier les documents clés qui constituent autant de « synthèses séparées » des différents thèmes ou sous-thèmes du sujet donné. Le choix du ou des documents de base est souvent primordial : ce sera l'article le plus complet par rapport au sujet, le mieux structuré, le plus actuel (le dernier document en date peut récapituler les informations antérieures contemporaines des autres documents). Ce document « dominant » est souvent celui qui a constitué le point de départ de l'auteur du dossier de synthèse;
- d'isoler le document qui souvent apporte une optique originale voire déconcertante (approche critique) par rapport à l'esprit général du dossier. C'est un document à ne pas ignorer car il est à la fois dans le dossier et dans le sujet. Et il faut même savoir le valoriser dans sa note puisque son optique « anormale » exprime une idée qui se démarque de l'esprit général du dossier. Ce document discordant traduit souvent l'opinion ou marque la préférence de l'auteur du dossier.

Éliminer l'accessoire, repérer l'essentiel, isoler l'original, tel est l'objectif du survol du dossier. On y parviendra en ayant présentes à l'esprit les questions suivantes :

- S'agit-il d'un dossier homogène ou d'un ensemble de documents hétéroclites (quant aux dates, au genre et au ton) ?
- Quels sont les passages ou les documents qui ciblent le sujet, qui aident à traiter le problème et ceux qui sont marginaux ?
- Les documents sont-ils en majorité abstraits et théoriques ou plus concrets, plus factuels ?

Ces questions permettent de repérer la place que chaque document occupe dans l'ensemble (dossier + sujet).

4 • L'ÉVALUATION DES DIFFÉRENTS DOCUMENTS

Tous les documents d'un dossier de synthèse ne sont pas d'un intérêt égal et sont plus ou moins en phase avec le sujet : certains peuvent être essentiels, d'autres répétitifs ou intéressants seulement sur quelques paragraphes, voire quelques lignes. L'objet du survol est de porter un regard croisé sur les différentes pièces du dossier afin de pouvoir les confronter. En effet, il faut partir de cette hypothèse que la note de synthèse est « plus vraie » que chaque document pris isolément, puisque chacun est éclairé par les autres et que le tout éclaire mieux l'objet de la note que chaque partie du dossier.

Il convient donc de se rappeler que l'ordre chronologique du dossier n'est pas l'ordre logique pour le démontage de celui-ci (*cf.* Chapitre 7), et qu'il faut donc analyser les documents par ordre décroissant d'importance : on commence par les plus essentiels et on se réserve pour la fin du démontage (la fatigue et l'urgence commençant à se faire sentir) les documents secondaires.

Rappelons cet ordre en fonction du type de synthèse :

- pour une note de synthèse *stricto sensu*, une note de synthèse juridique (et parfois une note administrative) :
  - les textes de doctrine et grandes circulaires (et parmi ceux-ci, le plus important et le plus « synthétique » (celui dont le titre se rapproche le plus du libellé du sujet),
  - les textes juridiques (lois, décrets, arrêtés, circulaires brèves, jurisprudence),
  - les textes journalistiques,
  - les tableaux, schémas, graphiques, dessins, plan, carte ;
- pour un rapport, une circulaire, une instruction, une lettre :
  - les documents donneurs d'ordres,
  - les documents de correspondance,
  - les documents généraux,
  - documents de travail.

Il faut déconstruire le dossier de synthèse en sachant que souvent (donc pas toujours), celui-ci est construit avec la démarche suivante. D'abord le constat d'un problème de société, d'un phénomène nouveau, d'une difficulté dans un secteur quelconque (à travers des articles journalistiques et/ou de doctrine). Ensuite des propositions d'amélioration, des suggestions de solutions (au moyen d'enquêtes ou de rapports de commission). Puis la présentation de textes législatifs et réglementaires, accompagnés éventuellement d'une circulaire. Enfin, des commentaires sur l'application du nouveau dispositif (articles journalistiques, plus rarement textes de doctrine). Bien évidemment les différents documents ne sont pas présentés dans cet ordre. Il faut reconstruire.

L'évaluation des différents documents d'un dossier doit donc se faire dans cette phase de survol en se concentrant sur la source, la date, les titres, les intertitres, les noms d'auteurs et les débuts de paragraphe.

Cela permettra de ***distinguer*** :

– le(s) document(s) pivot(s) où se trouve l'essentiel des informations sur une question et qui, en principe, se lisent aisément, tels que des circulaires ministérielles ou des articles de fond émanant de revues spécialisées ;

– les documents complémentaires qui ne précisent que certains aspects du dossier, en abordant une dimension comparée, sociologique, juridique, financière, sociale ;

– les documents redondants qui répètent des informations déjà lues dans d'autres textes. Ne pas s'y attarder, sauf s'ils permettent de mieux les comprendre ;

– les documents parasites (assez rares) qui ne présentent aucun intérêt sinon celui de piéger ou faire perdre du temps.

EN PRATIQUE

• Le survol du dossier est une phase de réflexion : il ne faut pas commencer à prendre des notes.

• L'épaisseur du dossier n'est pas le critère d'un dossier difficile : un dossier d'accès facile est toujours plus volumineux qu'un dossier technique. Par ailleurs, des textes courts peuvent être denses et abscons et des textes plus longs aérés et clairs.

• Si la reproduction d'un document est de mauvaise qualité, se dire que s'il est maintenu dans le dossier malgré ce défaut, c'est sans doute qu'il a été jugé comme peu important.

• Le document de référence n'est pas forcément le plus long ni le premier dans le bordereau des pièces.

• Toutes les pièces d'un dossier n'ont pas la même valeur par rapport au sujet : tenir compte de leur origine, de leur date, de leur signature.

Il existe souvent un document dominant (constituant une synthèse partielle du sujet) et parfois un document discordant (par rapport à l'esprit général du dossier). Penser d'abord à repérer et à exploiter le premier dans l'analyse et à valoriser le second dans l'exposé.

• Pour le survol d'un texte qui n'est pas structuré, il faut insister sur le début et la fin du texte car l'auteur doit y présenter respectivement le thème et son orientation puis la thèse et sa conclusion.

• Pour évaluer différents articles de doctrine et trouver le plus « synthétique », il faut tenir compte simultanément de la date (le plus récent est le plus important car il peut résumer ou rendre inutiles les idées développées dans des articles plus anciens) et du titre (le plus important est celui dont le titre s'apparente le plus au libellé du sujet).

• Sachant qu'un dossier a été construit, il faut d'abord le déconstruire, puis le reconstruire à travers la note.

CHAPITRE 11

La lecture active du dossier

Cette troisième étape du démontage, beaucoup plus longue (plus du tiers du temps imparti), doit aboutir à un relevé précis des idées (*cf.* Chapitre 13) permettant ensuite de rechercher ou d'affiner le plan.

Il s'agit en réalité d'un exercice plus technique qu'on ne le croit car dans le cadre d'un concours administratif (temps limité, espace réduit, émotivité, fatigue), on ne lit pas comme d'habitude. Il est indispensable d'avoir présent à l'esprit que la grande majorité des informations clés se situe généralement dans une minorité de documents et de paragraphes contenus dans le dossier. C'est la « règle des 80/20 » qui veut qu'en synthèse 80 % des informations nécessaires à la confection de la note se trouvent dans seulement 20 % du dossier. Il ne faut pas tout lire, seulement bien lire. Il y a ici une obligation de résultat et, comme cela a déjà été souligné, savoir lire en synthèse c'est à la fois savoir ne pas lire – il faut pratiquer une lecture sélective – et savoir ne pas relire, c'est-à-dire avoir une prise de notes efficace.

1 • LA LECTURE SÉLECTIVE

Pour aboutir à une meilleure information sur un texte, il faut utiliser les trois degrés de toute lecture active : le survol, l'analyse, la synthèse.

A - Le survol

En quelques secondes, il doit permettre de dégager l'intitulé du texte, sa longueur, sa structure (introduction, développement, conclusion), les transitions, le type de document. Il s'agit là d'un nouveau vol de reconnaissance.

B - L'analyse

C'est ce qui permet de distinguer les parties d'un tout et de réduire en propositions simplifiées ce qui est complexe. Ce travail se fait paragraphe par paragraphe, en tout cas pour les plus importants (*cf.* Chapitre 7) car ceux-ci sont en principe l'unité du raisonnement. En effet, la phrase n'est qu'une étape du raisonnement, le paragraphe étant le développement de celui-ci. Il convient donc, paragraphe par paragraphe (*cf.* Chapitre 6) :

– de souligner les mots-clés (mots-synthèses) qui constituent la « cible » à laquelle conduit la phrase ;

– d'entourer les mots charnières qui traduisent une nuance, une opposition, une énumération ;
– éventuellement de dégager le plan du paragraphe ;
– de résumer l'idée générale de celui-ci en préférant la précision sur le fond à une formulation stylistique (car ce n'est pas encore le stade de la rédaction).

L'analyse conduit donc à sélectionner l'information nécessaire pour traiter le sujet et l'on est plus efficace dans cette sélection si, simultanément, on élimine à bon escient :
– les redondances et les répétitions qui ne traduisent qu'un effet d'insistance de la part de l'auteur avec un contenu informatif identique ;
– l'illustration qui n'est certes pas négligeable (elle peut avoir une valeur didactique), mais dont le volume est trop important pour figurer dans une synthèse ;
– les arguments ou précisions secondaires qui traduisent un niveau informatif mineur et n'améliorent pas la compréhension du raisonnement.

Il faut toujours opérer une lecture orientée des textes, c'est-à-dire ne sélectionner que la matière en phase avec le sujet de synthèse : ne pas oublier que cette lecture sélective est conditionnée en amont par l'analyse du sujet qui fixe les orientations, et qu'elle doit permettre en aval la construction du plan.

C - La synthèse

Il s'agit là de relire ses annotations et de refaire un tout à partir de celles-ci. Il faut donc extraire de ses annotations des oppositions, des analogies, des groupes, des séries. Ce travail de synthèse sera facilité si l'on a présent à l'esprit les différents types de plan possibles :

– ***le plan démonstratif***, qui peut correspondre à quatre mouvements logiques dans l'enchaînement des idées :
  • mouvement inductif : du fait particulier à l'idée générale,
  • mouvement déductif : du fait général au fait particulier ; du principe à la conséquence ; de la cause à la manifestation,
  • mouvement syllogistique : en trois temps, majeure (tous les hommes sont mortels), mineure (or, Socrate est un homme), conclusion (donc Socrate est mortel),
  • mouvement analogique : c'est le raisonnement par comparaison (*cf.* aussi le raisonnement *a contrario*) ;
– ***le plan descriptif :***
  • mouvement dialectique : thèse, antithèse, synthèse,
  • mouvement chronologique : description des étapes qui se succèdent dans le temps,
  • le plan descriptif *stricto sensu* : les données, les solutions,
  • plan de type journalistique : il part d'un fait, d'un événement que l'on intègre dans un cadre plus général, le prétexte se situant en conclusion.

2 • LA PRISE DE NOTES

Dans cette épreuve, la seule mémoire étant en principe incapable d'intégrer tous les éléments du dossier, il faut avoir recours à la prise de notes afin de garder les traces de l'analyse. Il convient donc de posséder une « mémoire de papier » et surtout ne pas résumer successivement et séparément sur quelques feuilles de brouillon chaque document pris isolément (sauf si l'on applique la méthode des colonnes, voir *supra*). Bref, il ne faut pas faire de brouillon, mais s'aider de repères visuels et prendre des notes pertinentes.

A - Il ne faut pas faire de brouillon

Pour cette épreuve, on ne peut pas envisager, dans le temps imparti, la rédaction de brouillon au sens classique du terme. En effet, en dehors de la conclusion (*cf.* Chapitre 19), le brouillon s'avère dangereux pour deux raisons :

- c'est une perte de temps puisque cela conduit en fait à rédiger deux fois et à risquer fortement de rendre une copie au propre inachevée voire avec le brouillon (présomption de note éliminatoire) ;
- c'est d'une utilité superflue car en général on ne recopie pas un brouillon mais on tente de l'améliorer en modifiant, ajoutant ou retirant certains passages : on refait le brouillon... au propre.

Dans cette épreuve où l'on a par définition peu de temps pour écrire, il est évident qu'on en a encore moins pour réécrire.

Il faut prendre des notes sur un relevé d'idées (*cf.* Chapitre 13). En effet, sept ou huit feuilles de brouillon à la fin de l'analyse des documents maintiennent l'inconvénient du dossier : les feuilles sont les unes sur les autres et dans le cadre d'un concours administratif, on n'a en général pas la place pour les étaler. Il est donc souhaitable de faire le relevé sur une feuille double, format européen, car d'une part cette contrainte dans l'espace force à être synthétique, d'autre part cela donne à l'issue de la phase de démontage une vision synoptique du dossier, une vision à plat comportant le maximum d'informations sur la même page. Penser enfin à n'écrire que sur le recto, jamais sur le verso.

B - Il faut s'aider de repères visuels

Une lecture active implique que le texte soit souligné, entouré, qu'il y ait des flèches et des accolades. C'est ce qui rendra le dossier exploitable si l'on a besoin de préciser le relevé d'idées (chiffre, formule, illustration pertinente). Mais il faut impérativement que seul l'essentiel se distingue par ces repères visuels : trois ou quatre par page, jamais trente. Il ne faut en effet pas trop souligner car une telle démarche implique nécessairement une relecture, ce qui ne constitue pas un gain de temps, sauf si l'information est essentielle.

Trois précisions peuvent être apportées sur ces repères visuels :

- il est préférable de ne pas utiliser de surligneur fluorescent car on a tendance à en abuser, la mise en valeur est uniforme sauf à utiliser des couleurs différentes par exemple pour surligner d'une couleur les idées principales et d'une autre les idées secondaires (mais est-ce bien le moment de colorier ?), et surtout cela incitera plus tard au recopiage ;
- l'annotation marginale dans le dossier est un repère visuel pratique qui permet par la suite de retrouver tel ou tel élément d'information que l'on a du mal à situer avec sa seule mémoire ;
- il faut limiter ces repères au strict minimum car à partir du moment où un ensemble significatif d'informations a été extrait d'un texte, il faut le réécrire immédiatement sur le relevé d'idées.

En effet, l'idéal – jamais atteint – consiste à ce que tout soit sur le relevé d'idées, sans avoir dans la phase de montage de la note à revenir au dossier, sauf pour les passages très informatifs d'un texte qui devront presque intégralement figurer dans la note et que l'on peut, par économie de temps, ne pas écrire une première fois dans le relevé d'idées (par exemple, des données chiffrées pertinentes).. Cette hypothèse concerne aussi les documents juridiques ou à caractère administratif dont les informations doivent être mentionnées dans la note sans prendre le risque d'une réécriture qui pourrait se traduire par des approximations juridiques.

C - Il faut prendre des notes pertinentes

Les notes ainsi relevées doivent être efficaces, c'est-à-dire opérationnelles quand on les exploitera plus tard dans la partie montage de la synthèse. En effet, pendant la rédaction de la note, il faut absolument se dispenser de revenir au dossier parce que les notes sont mal prises.

Aussi, il faut :

- écrire le plus lisiblement possible les idées relevées (ou du moins pouvoir se relire) ; par la suite sans improviser d'abréviations personnelles mais en utilisant au mieux celles que l'on pratique habituellement ;
- vérifier à ce moment-là l'orthographe des noms propres (personnes et lieux), la signification des sigles et acronymes ; l'exactitude des chiffres cités ;
- achever précisément ses phrases car il sera plus difficile, et surtout plus long, de les reformuler dans la phase montage de la note (*cf.* Chapitre 18) ;
- ne pas hésiter à ne pas prendre de notes mais se contenter d'une annotation marginale pour les passages que l'on peut écrire directement à partir du dossier, notamment les passages juridiques. Le gain de temps peut être important.

Il faut se rappeler que sur un vecteur temps de 3 heures, on rédige une note sur le relevé d'idées à un moment T1, mais on devra utiliser cette prise de notes parfois plus de 100 minutes après (moment T2) dans la phase de rédaction : il faut qu'au moment T2 l'information relevée au moment T1 soit intégralement exploitable pour être consignée dans la copie.

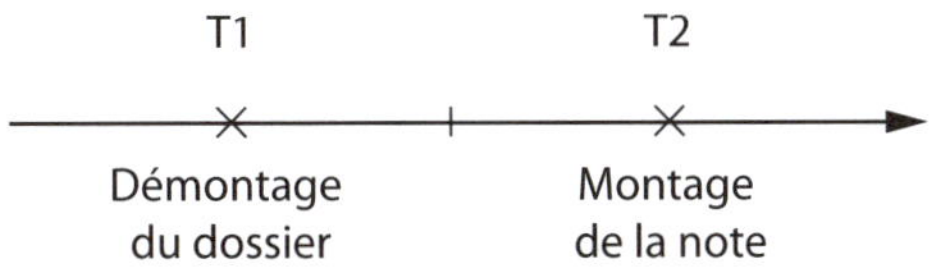

Cette lecture active du dossier de synthèse permet donc l'analyse des textes, analyse qui doit être adaptée en fonction des différentes catégories de documents.

EN PRATIQUE

- La prise de notes est un moment clé où l'on réussit ou l'on rate l'épreuve.
- Sauf à avoir une très bonne maîtrise des techniques de lecture rapide, préférer une lecture attentive mais sélective car de nombreux documents (lois, règlements, jurisprudence) se prêtent mal à la démarche de la lecture active.
- Si l'on comprend mal un passage, on peut opérer un retour en arrière (parfois inévitable), mais aussi essayer d'aller voir plus loin pour trouver une explication, dans le même texte, voire dans un autre document qui abordera – plus clairement – le même point.
- Les idées principales sont en général en début de paragraphe et il faut s'y attarder plus que sur le reste.
- La lecture sélective repose sur deux procédés à mettre en œuvre simultanément : le ***repérage*** et l'***écrémage***. Le repérage permet de trouver l'information précise dont on a besoin dans un texte ; l'écrémage vise à réduire le nombre de mots lus sans nuire à la compréhension du texte.

CHAPITRE 12

L'analyse selon les documents

Tous les documents d'un dossier de synthèse n'ont pas la même importance, soit en tant que tels, soit compte tenu du sujet. Il convient donc d'en faire la lecture dans un certain ordre (*cf.* Chapitre 7) et une analyse différente selon que l'on se trouve face à des textes de doctrine, des textes juridiques, des textes journalistiques ou des documents de travail (tableaux, schémas, graphiques...).

Mais le principe essentiel de l'analyse est qu'elle doit d'abord porter sur le ***document dominant***. Il y en a (presque) toujours un :

- soit un article de doctrine le plus exhaustif par rapport au sujet (c'est-à-dire dont le titre se rapproche le plus du libellé du sujet) ou le plus récent, l'idéal étant bien sûr d'avoir un article exhaustif et récent;
- soit un rapport parlementaire (Assemblée nationale ou Sénat) qui est à la fois une mini-synthèse du sujet/problème de société et un résumé de la législation envisagée. Attention cependant au fait que la loi définitivement votée peut se différencier sur certains points du rapport parlementaire forcément rédigé en amont;
- soit une circulaire interprétative qui constitue très souvent la synthèse de la réglementation et sera donc l'objet principal de la seconde partie ou sous-partie de la note de synthèse.

L'analyse de l'un de ces documents dominants permettra de dégager d'emblée les principaux aspects du sujet; c'est bien sûr celui qu'il faudra lire très attentivement car il délivrera un maximum d'informations, et l'analyse, dans un second temps, des documents moins importants permettra un passage rapide sur les indications redondantes ou superflues.

1 • LES TEXTES DE DOCTRINE

Ils sont primordiaux car ce sont eux qui expriment les idées et il faudra donc les analyser en appliquant les postulats 1 et 2 (*cf.* Chapitres 5 et 6).

Pour ces textes de doctrine qui sont construits mais souvent longs, il faut absolument faire une analyse paragraphe par paragraphe en se souvenant :

- que les mots charnières peuvent accélérer la compréhension en révélant le prétexte ou en annonçant la démonstration (*cf.* Chapitre 6);
- que le mot-clé permettant de découvrir l'idée essentielle d'un paragraphe inductif est à la fin et au début pour un paragraphe déductif;
- qu'il y a des liens d'opposition ou de confirmation entre les paragraphes.

Ces documents sont fondamentaux dans une note de synthèse *stricto sensu* ou juridique, mais à manier avec précaution dans les autres types d'épreuves sur dossier (note administrative, rapport) surtout lorsqu'ils expriment des thèses opposées ou originales.

2 • LES TEXTES JURIDIQUES

Les textes juridiques (les lois, décrets et arrêtés, ainsi que la jurisprudence), lorsqu'ils existent, sont naturellement essentiels car ils constituent l'aboutissement du processus que traduit le phénomène de société envisagé. Ils ne doivent conduire à aucune erreur d'interprétation. D'une façon générale, il convient d'abord d'en vérifier l'origine, l'objet et la date au regard du principe de la hiérarchie des normes : les modifications, les abrogations, les retraits peuvent tempérer ou annuler certains de ces documents. Deux situations sont possibles :

– ***ces textes juridiques sont préalablement expliqués dans un texte de doctrine, un rapport parlementaire ou une circulaire qui auront été lus en premier***. Dans ce cas, il est inutile de les lire en détail puisque les apports essentiels de ces lois ou règlements auront été dégagés par un « spécialiste », mais il convient de ne pas les ignorer dans sa note de synthèse en signalant les articles pertinents dégagés dans le document qui les commente ;
– ***ces textes juridiques sont isolés***, n'ayant fait l'objet d'aucun commentaire inséré dans le dossier. Ce sera le cas en présence de documents juridiques très récents (l'actualité justifiant le choix du problème de société qui vient de donner lieu à une nouvelle réglementation), ou en fonction de l'exigence des jurys dans les notes de synthèse juridique. Il faudra alors procéder à l'étude de ces documents en vérifiant d'abord leur chronologie. Deux solutions sont possibles :

  • il apparaît que certains documents législatifs ou réglementaires s'abrogent les uns les autres ou que certaines décisions jurisprudentielles provenant de degrés de juridiction différents sont cassées ou annulées. Dans ce cas, toujours commencer par les textes ou les décisions les plus récents en tenant compte de la hiérarchie des normes, puisque, sauf dispositions contraires dans le sujet (synthèse sur l'évolution législative de...), seul le droit positif doit être exposé ou appliqué,

  • tous les documents sont applicables : il faut les exploiter en respectant la hiérarchie des normes.

Lorsque les textes juridiques doivent être analysés dans un dossier, il faut le faire avec la rigueur la plus absolue car ils vont fonder votre démonstration. Il convient de distinguer :

– ***les lois, décrets et arrêtés rédigés sous forme d'articles***. Dans une synthèse, en temps limité, il est impératif de ne pas faire de glose analytique, mais de lire :
  • très attentivement le premier tiers de ces textes (notamment les tout premiers articles) qui pose les principes de base et éclaire la suite de la réglementation,

• plus rapidement le deuxième tiers, plus détaillé, et qui expose les structures, les procédures et les mécanismes institués. En fonction du sujet de synthèse, ces aspects de réglementation plus pointus peuvent apparaître le plus souvent superflus, mais exceptionnellement utiles,
• en diagonale le dernier tiers qui comporte les dispositions transitoires et finales; mais vérifier et tenir compte des éventuelles abrogations ou dates d'entrée en vigueur (dans l'hypothèse d'une législation à application différée);

- ***les circulaires, instructions, rapports*** :
• pour les circulaires d'inégal intérêt : soit elles sont purement interprétatives sur un point précis de la réglementation (en 15-20 lignes), soit elles font la synthèse d'une réglementation (2-10 pages). Dans cette dernière hypothèse, leur importance est fonction du sujet et du contenu du dossier qui impliqueront d'exposer ces dispositions dans la seconde partie ou seulement dans une sous-partie. Leur analyse est, en général, plus facile car il s'agit de documents structurés,
• les instructions sont toujours d'une importance « quasi doctrinale » car elles assurent une exécution uniforme des décisions prises par l'administration centrale. Quand elles existent, dans les notes administratives ou les rapports, elles doivent être lues en premier,
• les rapports : alors que la circulaire et l'instruction circulent dans le sens de la hiérarchie descendante, le rapport suit toujours le sens de la hiérarchie ascendante; néanmoins, lorsqu'un tel document existe dans un dossier, il constitue souvent une synthèse partielle du sujet. Il faut confronter le titre du rapport, celui du sujet et le contenu du dossier;

- ***la jurisprudence, constitutionnelle, administrative, judiciaire, voire européenne ou communautaire***. Il suffit d'extraire le point de droit qui y est évoqué puisqu'en général ces documents sont insérés dans le dossier à titre d'illustration. Ce point de droit se trouve à la fin de la motivation de la décision et/ou au début du dispositif, le rappel des faits et de la procédure, ainsi que le raisonnement du juge étant, sauf exception, secondaires par rapport au sujet. Mais pour les notes de synthèse juridiques, il faut procéder à une analyse plus rigoureuse en tenant compte de la date et de la formation juridictionnelle (premier degré, appel, cassation) qui a rendu la décision.

3 • LES TEXTES JOURNALISTIQUES

Ces articles révèlent l'intérêt, l'actualité, la problématique du thème envisagé dans le dossier. Il faut faire attention à leur caractère souvent polémique et abondamment illustré. Il suffit alors de lire rapidement les différents paragraphes et de se contenter d'une lecture attentive du titre, éventuellement du surtitre, du sous-titre (souvent les articles, notamment du *Monde*, du *Figaro* ou de *Libération* par exemple, sont précédés d'un « chapeau introductif » dans lequel l'auteur résume lui-même l'idée principale qu'il va développer), des intertitres. Lire aussi le dernier paragraphe, le raisonnement du journaliste étant le plus souvent inductif, l'auteur peut préciser son idée à la fin de sa démarche.

Ces textes serviront pour la rédaction de l'introduction car c'est au début d'une note que doit être signalée l'actualité du sujet, ou ils pourront illustrer par un exemple pertinent tel ou tel propos. Il faut éviter d'utiliser les articles journalistiques pour la conclusion car ils peuvent conduire à des dérapages subjectifs ou nuire à l'« apaisement » qui doit caractériser la fin d'une note.

À noter :

- qu'un article journalistique est un article écrit par un journaliste dans un journal (exemple : les documents n° 1, 14 et 15 dans le dossier sur l'emploi de la langue française). Il faut donc mettre à part les articles écrits par des spécialistes dans un journal (document n° 9 dans le dossier sur l'emploi de la langue française) et, le cas échéant, les extraits d'ouvrage écrits par des journalistes. Ces deux derniers types de documents doivent être classés en articles de doctrine, mais le plus souvent, notamment pour les seconds, ce ne sont pas ceux qui délivrent l'information la plus importante par rapport au sujet;
- il arrive quelquefois que l'article journalistique soit extrait d'un hebdomadaire *(Le Point, L'Express...)*. Dans cette hypothèse (document n° 8 dans le dossier sur l'emploi de la langue française), l'analyse doit être plus attentive que pour les articles extraits de quotidiens, le niveau d'informations étant supérieur, surtout si le dossier comporte peu d'articles de doctrine. Il convient cependant de faire attention à leur côté polémique et très illustré;
- avec l'accès aux sites Internet des grands quotidiens, les articles journalistiques sont souvent imprimés directement à partir du site web du journal. Le langage HTML, s'il simplifie la mise en page tout en évitant de fastidieuses photocopies, ne simplifie pas la tâche du candidat car la présentation formelle de ces articles rend la lecture plus difficile. Il n'y a pas toujours de chapeau introductif, d'intertitres ou de passages en encadré qui, avec un support « papier », suffisaient à une compréhension rapide de l'idée développée.

4 • LES DOCUMENTS DE TRAVAIL

Il s'agit des tableaux, graphiques, schémas, dessins, plans, cartes... (c'est l'exemple, en partie, du document n° 2 dans le dossier sur l'emploi de la langue française).

Parfois mis dans le dossier à titre d'illustration, il convient de ne pas se laisser absorber par leur lecture car ils sont souvent « attrayants » mais leur caractère technique les rend parfois difficiles à déchiffrer. Deux cas de figure sont envisageables :

- s'il s'agit d'un document inséré dans un texte de doctrine ou un texte journalistique, il convient de l'ignorer, de ne pas se perdre dans les abscisses et les ordonnées d'un graphique car les conclusions de celui-ci sont la plupart du temps reprises dans l'article qui l'accompagne; les tableaux, les graphiques et schémas sont insérés pour confirmer l'idée dégagée dans le texte;
- s'il s'agit d'un document séparé, après avoir vérifié son adéquation par rapport au sujet, il faut bien évidemment l'exploiter en sachant que si l'on a isolé un tableau de statistiques ou un graphique, c'est qu'il contient des informations majeures.

Exploiter un tel document dépendra de sa nature. Pour les tableaux, graphiques, histogrammes, camemberts (diagramme, statistique) et schémas, il conviendra de trouver la donnée médiane principale et de l'éclairer par deux données extrêmes. Pour les dessins, plans et cartes, ils sont en principe purement de l'illustration, mais s'ils ont été insérés dans le dossier, c'est sans doute parce qu'ils devraient l'être aussi dans la note, évidemment avec une référence minimale que l'on dégagera en se laissant guider par le problème que les autres documents ont éclairé.

EN PRATIQUE

- Attention à ne pas se laisser absorber dans la lecture des premiers documents (souvent trop généraux), car la fatigue et le temps joueront contre le candidat dans les documents ultérieurs (parfois plus techniques). Appliquer le principe suivant lequel – mais il y a des exceptions – les derniers documents d'un dossier sont plus importants que les premiers.
- Dans les développements d'une synthèse, il ne faut exposer que le droit qui est (le droit positif), pas celui qui n'est plus (les textes abrogés peuvent éventuellement être signalés en introduction), ni celui qui n'est pas encore (signaler la date ultérieure d'entrée en vigueur). Sauf si le sujet porte sur l'évolution législative ou réglementaire de…
- Si dans un dossier il y a une loi et sa circulaire d'application, en règle générale, il faut privilégier la lecture de la loi si le sujet impose de s'en tenir à des grands principes, et lire plutôt la circulaire s'il faut dégager un point très particulier.
- Il est très rare qu'une page de texte – même de doctrine – exprime plus de deux ou trois grandes idées.

CHAPITRE 13
Le relevé d'idées

L'analyse des différents documents par ordre décroissant d'importance doit aboutir à la fin de la période de démontage à un relevé d'idées.

Quatre méthodes sont possibles pour que le relevé d'idées aboutisse à une prise de notes efficace, c'est-à-dire que le travail « lecture – analyse – synthèse » soit fait en même temps (méthodes 1, 2 et 3). Compte tenu des méthodes de travail et de raisonnement de chacun, de l'expérience et des spécificités de chaque dossier, on peut se trouver dans l'impossibilité de mettre en œuvre ces trois premières méthodes; une quatrième est alors utilisable. On peut donc envisager :

- la méthode thématique ;
- la méthode de la croix ;
- la méthode des tableaux récapitulatifs ;
- la méthode des colonnes.

1 • LA MÉTHODE THÉMATIQUE

Il s'agit de relever dans le dossier proposé, lors d'un survol très attentif et plus long du dossier (20 minutes pour 3 heures), les différents thèmes abordés et qui naturellement varient. Par exemple pour un dossier sur « Le phénomène prostitutionnel en France », il est possible de dégager cinq thèmes :

- la définition de la prostitution ;
- le statut de celle-ci ;
- les délits qui lui sont liés (racolage, outrage aux bonnes mœurs, proxénétisme) ;
- la quantification du phénomène et de la criminalité occasionnée ;
- les réponses sociales et les moyens de lutte.

Ces cinq thèmes correspondront alors à cinq espaces différents sur le relevé d'idées (une feuille double ou deux feuilles simples), espaces dans lesquels seront notées les idées qui correspondent au thème. Un sixième espace sera délimité pour relever les idées d'introduction, de transition entre les deux parties (voire les trois parties) et de conclusion.

Relevé d'idées de la méthode thématique :

Définition de la prostitution	**Quantification du phénomène**		
Statut juridique	**Réponses publiques, pénales et sociales**		
Délits annexes	**Introduction**	**Transition**	**Conclusion**

Cette méthode peut être délicate à mettre en œuvre dans le peu de temps imparti, car elle implique *a priori* un certain « sens du plan » car il faut découvrir seulement à la lecture du sujet et au survol du dossier les différents thèmes dont les intitulés ne peuvent pas être naturellement établis à l'avance, contrairement à la méthode des tableaux récapitulatifs. Mais à partir du moment où ces thèmes sont dégagés – la lecture des champs lexicaux du bordereau des pièces –, le plan de la note est facile à établir.

2 • LA MÉTHODE DE LA CROIX

Ce relevé d'idées consignera les données choisies pour constituer le corps de la note qui sera rédigée dans la seconde phase de l'épreuve. La préparation de ce document fait perdre un peu de temps mais s'avérera utile au moment de la rédaction, car cela permet de visualiser l'ensemble du contenu du dossier.

Ce relevé d'idées suppose :

- que l'on numérote (en haut à droite) toutes les pages du dossier, de 1 à 32 par exemple (si ce n'est déjà fait) ;
- que l'on ait déjà une idée de plan, non seulement les deux grandes parties, mais également chacune des sous-parties ;
- que l'on dispose d'une feuille double (ou deux feuilles simples) sur laquelle sera dessiné le schéma page ci-contre ;
- que l'on se contente de repérer l'idée dans le dossier en la soulignant ou en cochant une annotation marginale avec l'attribution d'un numéro ; dans le relevé d'idées, seuls la page et ce numéro doivent être reportés dans la bonne case.

Par exemple pour un sujet sur le clonage humain, si le survol du dossier a fait apparaître un clivage donné (définition/débat) – solutions (existantes/envisagées) :

	A	B
I Les DONNÉES : les enjeux sociétaux	**Les différents types de clonage** 7.1 8.1 9.2 7.2 8.2 … 4.1 12.3	**Le débat** 1.2 10.2 2.2 14.3 10.1 20.1
II Les SOLUTIONS : l'encadrement juridique	**Le cadre juridique existant** 10.3 13.1 12.1 13.2 12.2 …	**Le cadre juridique envisagé** 5.1 9.1 10.1 19.1 6.1 … **Introduction** 4.2 5.1 **Conclusion** 6.1

Lecture du relevé : le B du II correspond à la case en bas à droite; une case supplémentaire est prévue pour l'introduction et la conclusion. Il ne reste plus désormais qu'à remplir ces différentes cases de la façon suivante : lors de l'analyse des documents, il faut donc cocher chaque idée en y affectant un numéro qui sera noté sur le relevé d'idées.

Exemple

4.1 = idée n° 1 de la page 4,

12.3 = idée n° 3 de la page 12.

Ainsi, lorsque le relevé d'idées sera rempli avec ces références chiffrées, toutes les idées auront été classées; il ne restera plus qu'à traduire ces chiffres avec la rédaction.

L'avantage principal réside dans la rapidité accélérée du démontage du dossier puisqu'il ne faut pas écrire les idées mais juste les repérer. La répartition du temps entre les deux phases « démontage montage » ne sera plus dans un rapport de 50/50 mais plutôt de 33/66. Cette méthode présente néanmoins certains inconvénients pour les novices en synthèse :

- elle présuppose l'existence d'un plan assez précis (2 parties et 2 sous-parties) dès l'analyse du dossier puisqu'il faut pouvoir inscrire les chiffres dans les bonnes cases et lire correctement ce tableau (mais cela sera facilité si le sujet suggère un plan);
- n'ayant pas procédé « à une écriture sur une écriture », lors de la prise de notes, on est tenté, au moment de la rédaction, de reprendre des phrases entières du dossier; or la mise en forme de la note doit être personnelle et le risque de paraphrase est important;
- elle implique, durant le montage de la note, un va-et-vient constant entre ce relevé d'idées, le dossier et la copie.

Aussi est-il possible d'envisager une variante de la méthode de la croix en ne passant plus par le canal des chiffres, mais en consignant directement les idées dans les bonnes cases.

Cependant, l'exigence d'un plan précis lorsque l'on aborde cette phase d'analyse est toujours maintenue.

3 • LA MÉTHODE DES TABLEAUX RÉCAPITULATIFS

Il convient, dans cette méthode, de qualifier, d'identifier, le sujet (cf. Chapitre 15) qui peut correspondre à quatre rubriques :

- l'exposé d'un problème;
- l'exposé d'une réglementation;
- la présentation d'un organisme;
- l'exposé d'une évolution.

Si le sujet peut être situé dans l'une de ces quatre hypothèses, il faut avoir envisagé de structurer les relevés d'idées sur une feuille double découpée en 6 cases égales (ou 2 feuilles simples découpées en 3 cases égales). Ces cases varieront selon la nature du sujet.

A - L'exposé d'une situation

Avec les exemples suivants : la nouvelle pauvreté, le partage du travail, l'illettrisme, la délinquance en milieu urbain, les sectes, la peur alimentaire, la mondialisation; les violences scolaires, l'immigration en Europe, l'eau, le monde carcéral, les addictions, les violences conjugales, le cannibalisme, la Télévision numérique terrestre, l'e-administration, les SDF, le dopage dans le sport, l'insécurité routière, les défis économiques du système éducatif français, la grippe aviaire, le phénomène des bandes, le harcèlement moral, la vidéosurveillance.

Le relevé d'idées peut comprendre 6 points :

- la situation elle-même : définition et ampleur ;
- les différents points de vue ;
- les causes de la situation ou du phénomène ;
- les problèmes et les conséquences ;
- les propositions de remèdes ou les solutions déjà adoptées ;
- les précautions nécessaires ou les conditions de réussite.

B - L'exposé d'une réglementation

Avec les exemples suivants : le revenu minimum d'insertion, la loi sur le surendettement, la loi relative à la limitation des dépenses électorales et à la clarification du financement des activités politiques, le pacte civil de solidarité, la réforme de fonction publique territoriale, la déontologie dans les métiers de la sécurité, les droits de l'enfant, la justice pénale internationale, le principe de précaution, la délinquance des mineurs, la création du bracelet électronique, l'obligation de réserve des fonctionnaires, la lutte contre le tabagisme, les contrôles et vérifications d'identité, la délinquance des mineurs, la réglementation du stationnement des nomades, les interceptions de correspondances téléphoniques, les paris en ligne, les lois mémorielles.

Le relevé d'idées peut comprendre ces 6 points :

– les circonstances et le contexte de la réglementation ;
– le contenu et les acquis de la réglementation ;
– le champ d'application, principes, conditions, exceptions et limites ;
– les insuffisances ou difficultés d'application ou d'interprétation ;
– les propositions et modifications souhaitables ou adoptées ;
– les précautions nécessaires ou les conditions de réussite.

C - La présentation d'un organisme

Avec les exemples suivants : la Commission Nationale Informatique et Liberté, le Comité National Consultatif d'Éthique pour les Sciences de la Vie et de la Santé, la Commission d'Accès aux Documents Administratifs, la haute autorité de lutte contre les discriminations et pour l'égalité (HALDE), l'UNESCO, les Organisations non gouvernementales (ONG).

Le relevé d'idées peut comprendre ces 6 points :

– les circonstances et le contexte de sa création ;
– les principes posés, le contenu et les acquis ;
– les moyens (financement, personnel) ;
– le statut et son fonctionnement, les structures et les attributions ;
– le bilan : aspects positifs et négatifs ;
– les propositions, les modifications souhaitables.

D - L'exposé d'une évolution

Avec les exemples suivants : la montée de l'intégrisme, le déclin des valeurs morales traditionnelles, la dénatalité, l'évolution du principe de laïcité dans l'enseignement public, le développement de l'énergie éolienne, le réchauffement climatique, l'emploi de la langue française.

Le relevé d'idées peut comprendre ces 6 points :

– la situation au départ ;
– les divers facteurs explicatifs de l'évolution ;
– les conséquences et les manifestations ;

– les paramètres nouveaux à prendre en compte ;
– les précautions à prendre ou les conditions à respecter ;
– les propositions de solution ou solutions.

Il va de soi que ces différents tableaux récapitulatifs et leurs rubriques varient en fonction des sujets et du contenu du dossier. Mais les connaître à l'avance (on peut en inventer d'autres) permet lors de l'épreuve un effort conceptuel obligeant à ne relever une information qu'après l'avoir identifiée en fonction des différentes cases, qui d'ailleurs, sur tel ou tel dossier, peuvent rester pour certaines d'entre elles vierges d'annotations. Cela revient à faire plusieurs sous-synthèses qu'il conviendra, ensuite, d'ordonner autour d'un plan cohérent.

4 • LA MÉTHODE DES COLONNES

Elle présente l'avantage, non négligeable, de relever toutes les idées du dossier sans avoir une idée préconçue du plan et peut même permettre d'en trouver un, ou d'affiner celui-ci si l'on en possède déjà un.

Il s'agit de tracer autant de colonnes qu'il existe de documents dans le dossier proposé, plus une.

Exemple (*pour un dossier comprenant sept documents*) :

Doc 1	Doc 2	Doc 3	Doc 4	Doc 5	Doc 6	Doc 7	
....	....	14.1	....	....	....	....	Introduction
....	....	....	....	....	....	....	....
....	....	....	....	....	....	....	....
							....
....	....	....		....		....	
....	....	....		....		....	Transition
....	....	....		....		....	....
2.1						25.1	
	....	....		....			
	....	....		....			Conclusion
	....	....		....			....
							....
							....
	....						
	....						

....
.... : idée extraite des documents.

Exemple (*pour un dossier comprenant douze documents*) :

Doc 1	Doc 2	Doc 3	Doc 4	Doc 5	Doc 6	
....	....	....	....	....	....	1 ....
....	....	....	....	....	....	2 .... 3 ....
Doc 7	Doc 8	Doc 9	Doc 10	Doc 11	Doc 12	

Dans la dernière colonne : les trois cases permettent de répertorier les idées pour l'introduction de la note, la transition entre les parties et la conclusion.

Trois remarques :

- chaque document sera donc analysé par ordre décroissant d'importance (*cf.* Chapitre 12) et les idées essentielles seront directement écrites en faisant l'effort d'une écriture personnelle dans la colonne correspondant au numéro du document analysé. De plus, lors de cette lecture, on peut trouver des idées d'introduction, de transition ou de conclusion qu'il faut alors reporter dans les cases idoines de la dernière colonne ;
- il faut trouver le juste milieu entre deux principes : le premier, qui est de ne pas craindre de sélectionner trop d'idées, quitte à en élaguer par la suite ; et le second, qui consiste à ne pas systématiquement remplir les colonnes car le relevé d'idées serait difficilement exploitable dans la phase montage de la note. Se rappeler qu'il vaut mieux être clair en ne disant pas tout ;
- néanmoins, certaines données relativement complexes peuvent ne pas se prêter à une notation abrégée suffisamment explicite pour être exploitée dans la rédaction. On peut parfois améliorer le relevé d'idées, quelle que soit la méthode utilisée, en matérialisant l'idée par un renvoi chiffré : la mention 14.1 signifiera la première idée de la page 14 (du document 3 dans l'exemple ci-dessus). Mais il ne faut le faire qu'exceptionnellement afin de ne pas tomber dans le va-et-vient systématique relevé d'idées au dossier. Ces annotations marginales font gagner du temps pour les textes juridiques dont il convient souvent de recopier les points de droit sans réécrire afin de ne pas risquer le contresens ou l'approximation.

Il est souhaitable, lors des entraînements et galops d'essais, de tester ces différentes méthodes, de les adapter à ses habitudes de raisonnement et à son rythme de travail, et en tout cas de ne pas les découvrir et les improviser le jour du concours.

EN PRATIQUE

- Il faut être le plus soigneux possible lors de la prise de notes et fixer immédiatement sur un relevé d'idées les éléments essentiels que le texte a révélés. En effet, l'épreuve étant impartie dans une durée limitée, il faut savoir qu'il est difficile de reprendre une idée formulée à un moment donné parce que la poursuite de l'analyse du dossier dégagera de nouvelles idées qui, progressivement, remplaceront les précédentes dans l'esprit du candidat.
- Il est aussi possible de limiter le relevé d'idées à 3 feuilles : une pour l'introduction et la conclusion, une pour la première partie, une pour la deuxième partie. Cela présuppose d'avoir dégagé un plan I/II à la fin du survol du dossier.
- Les différentes méthodes de relevé d'idées présentées ne sont bien évidemment pas les seules et elles se prêtent à de nombreuses combinaisons : relevé écrit, relevé chiffré, annotations marginales dans le dossier. Il appartient à chacun d'élaborer sa propre technique en fonction de ses dispositions. Et on ne connaît ses dispositions qu'à travers la répétition d'exercices.

PARTIE 3

Le montage de la note

CHAPITRE 14

Le plan de synthèse

Le plan d'une note de synthèse constitue le vecteur du raisonnement, d'où son importance quant à l'évaluation d'une copie de synthèse. Si toute note de synthèse comprend une introduction, des développements et une conclusion (*cf.* Chapitre 3), le plan n'est que la structure de la démonstration comprise dans les développements. C'est ce que le correcteur cherchera en premier car c'est ce qui va l'aider à comprendre la démarche et à préciser déjà le sens de sa notation. Avec les appréciations suivantes : « les deux idées essentielles du dossier sont correctement dégagées » ou « il n'y a aucun plan apparent » ou « le plan apparent n'est pas suffisamment explicite » ou « la seconde partie est hors sujet ». Il vaut mieux rendre une copie qui évite les trois dernières réactions.

La recherche du plan est une phase souvent difficile qui peut aller jusqu'à un risque de blocage dans cette épreuve. Il convient alors de préciser que :

- le plan peut être suggéré dans l'énoncé du sujet, auquel cas il faut s'y tenir car le sujet est ici similaire à un ordre hiérarchique, quitte à regrouper certaines questions afin d'éviter toute subdivision exagérée, et de préférence en ne reprenant pas mot pour mot le plan suggéré, mais en faisant un effort de vocabulaire pour présenter les deux ou trois axes indiqués ;
- même si le plan n'est pas suggéré dans l'énoncé du sujet, il ne faut pas oublier que la démonstration est préfabriquée puisque l'auteur du dossier a dû mettre celui-ci en harmonie avec le sujet. On peut alors concevoir dans cette hypothèse que le plan est suggéré implicitement, soit dans le sujet, soit dans l'agencement et le contenu des différents documents. Sur un même dossier, il y a peu de liberté pour faire le plan car, en dehors des notes de synthèse sur les phénomènes de la société, il faut toujours répondre à la problématique du sujet.

Mais quel que soit le cas de figure, il est impératif à la lecture du sujet, au survol du dossier ou pendant l'analyse des documents, de dégager un plan. On sera aidé dans cette tâche si l'on a présent à l'esprit différents plans types ou plus exactement différents types de plan (*cf.* Chapitre 15).

Tout plan de synthèse comprend des intitulés numérotés et soulignés qui doivent présenter certaines caractéristiques.

1 • LA MATÉRIALISATION DU PLAN

Si certains membres du jury – minoritaires il est vrai – conseillent de « marquer » le plan seulement par des décrochements, il n'en demeure pas moins que pour être facilement visible, un plan doit être évidemment lisible. La remarque selon laquelle le plan matérialisé est superflu parce que le correcteur est tout à fait capable de trouver le plan si le devoir est bien construit est une remarque aussi prétentieuse qu'irréaliste. En effet, pour trouver ce plan qui n'est pas visible, le correcteur devra faire un effort supplémentaire (et parfois vain) en faisant le travail que le candidat n'a pas fait. Il convient donc de matérialiser celui-ci par des intitulés de parties et de sous-parties numérotées et soulignées.

Ainsi : Partie I.

Sous-partie A.

Sous-partie B.

Partie II.

Sous-partie A.

Sous-partie B.

et non pas : A.

I.

II.

B.

I.

II.

car vous risquez de ne pas faciliter le travail du correcteur qui, en principe, s'attend à des chiffres romains pour les parties et des lettres capitales pour les sous-parties ;

ni : 1.

1.1.

1.1.1.

1.1.2.

1.2.

2.

2.1.

2.2.

car bien qu'il s'agisse d'une numérotation identifiante très prisée dans certaines administrations, elle est plutôt réservée aux politologues ou aux scientifiques, pas aux littéraires et encore moins aux juristes qui ne trouvent pas forcément évident (même s'ils le comprennent !) qu'un paragraphe 3 succède à un paragraphe 2.2.3. et précède un paragraphe 3.1.

Mais, afin de ne pas avoir une copie qui se présente sous la forme d'un catalogue, d'un plan détaillé parsemé d'intitulés, trois consignes doivent être respectées :

- il ne faut matérialiser le plan que par des intitulés de parties et de sous-parties à l'exclusion de toute autre subdivision (1, a, *, etc.). En effet, le plan de chacune des sous-parties (dans lesquelles les idées ne doivent pas être jetées en vrac) apparaît au travers :
  - des mots charnières qui énumèrent (*cf.* Chapitre 6),
  - des locutions restrictives : sous réserve que... ; à l'exclusion de... ; en dépit de... ; dans la mesure où...,
  - des mots charnières qui annoncent une conséquence : pour ces motifs ; à cet effet ; dans le but de ; par suite ;
- il faut ménager des transitions entre les différentes parties (par un paragraphe) et aussi entre les sous-parties (par une simple phrase en fin de paragraphe). Ces transitions traduisent un effort dans la rédaction et une cohérence de la démonstration. Les mots charnières qui nuancent seront ici sollicités : mais, cependant, en revanche, toutefois, dans ces conditions, et pourtant...
- dans certaines circonstances (notes plus brèves dans les concours B, recommandations des jurys de certains concours, voire difficultés à trouver des intitulés), on peut se dispenser d'intitulés de sous-parties, mais il serait préférable, afin de faciliter la lecture, de faire apparaître les deux ou trois axes d'une partie en indiquant seulement en début de marge A, B ou C.

2 • LES CARACTÉRISTIQUES DES INTITULÉS

Les intitulés de synthèse sont l'un des tout premiers paramètres de correction. Afin de ne pas risquer de points négatifs dès la première prise de contact avec la copie, il serait souhaitable que les intitulés traduisent une démonstration à la fois logique, équilibrée, simple, originale, explicite, exhaustive. Concilier ces qualités est un pari difficile mais il faut le tenter.

A - Logique

Il faut en effet veiller à ce que les deux ou trois parties se succèdent dans un ordre logique. Les éléments exposés en premier lieu doivent permettre d'expliquer ce qui suit. S'il est évident qu'il faut traiter les données d'un problème avant les solutions, les causes d'un phénomène avant les manifestations, les structures d'un organisme avant les attributions, le principe avant les exceptions, ce souci de logique est parfois bafoué avec des sujets ou des dossiers dont le plan possible n'est pas aussi tranché.

Toute bonne synthèse doit être dictée par un impératif de progression :

- la première partie est souvent statique et descriptive, il s'agit de l'analyse de la situation, des problèmes, des données du constat, des causes. Cela doit permettre d'aborder une phase explicative permettant de dégager la problématique (description – explication – problématique) ;

– la seconde partie est le plus souvent dynamique et stratégique : il s'agit de dégager les conséquences, les divers points de vue, les manifestations, les solutions envisagées ou envisageables, les conditions et précautions nécessaires.

Dans un souci de logique ou pour satisfaire à une mode, de nombreuses copies relient les intitulés des parties de la note par des points de suspension.

Exemple

Pour un dossier de synthèse sur la réforme de l'orthographe :

I. L'enseignement est malade...

II. ... On soigne l'orthographe.

En dehors du ton peu administratif et du caractère presque désinvolte de tels intitulés, le recours à ces points de suspension doit être manié avec précaution, car le lien entre les deux intitulés n'est pas toujours évident ou alors il est trop évident et cet artifice n'apporte rien de significatif. Sauf cas exceptionnel, il est souhaitable d'utiliser ces points de suspension seulement au brouillon pour vérifier la cohérence du plan : si ces deux intitulés peuvent être accolés dans une seule phrase logique, cela signifie en principe que le plan l'est aussi.

B - Équilibré

Le contenu et par suite la longueur de chacune des parties doivent être équilibrés. Il s'agit essentiellement d'éviter un déséquilibre trop important, par exemple :

– première partie : 4 pages ;
– seconde partie : 1 page.

Les deux problèmes doivent être d'égale importance. À noter que pour l'ordre de présentation des problèmes ou des arguments, il est parfois recommandé de pratiquer la règle de l'intérêt croissant, c'est-à-dire de commencer toujours par les faits et raisons les moins importants pour arriver à ceux qui sont les plus marquants. Cela peut effectivement dynamiser le message, mais pour les passages juridiques, il faut préférer la démarche inverse et asséner les arguments stratégiquement les plus forts avant les arguments accessoires ou mineurs, aller systématiquement du principal au secondaire.

Ce souci d'équilibre sera également assuré si les intitulés ont une longueur identique, s'ils se « répondent l'un à l'autre ». Il ne faut pas faire :

I. Les causes de ce phénomène sont désormais bien cernées.

II. Solutions.

Mais II. *Les remèdes à ce phénomène sont difficilement efficaces.*

C - Simple

Il faut rechercher un plan permettant à la fois pour l'auteur une rédaction facile et pour le lecteur une compréhension aisée. La simplicité du plan est une garantie de clarté au stade de l'élaboration et d'efficacité au stade de la communication. Il faut donc qu'à la seule lecture du plan (parties et sous-parties) on puisse percevoir l'essentiel des problèmes qui sont développés. Ne pas oublier que la note de synthèse est un outil de travail pour son destinataire, une aide à l'information ou à la décision; il convient donc de ne pas tenter un plan brillant et subtil mais qui se révélerait obscur. Celui-ci doit être fonctionnel et ne pas compliquer les problèmes, car le démontage du dossier a permis de décanter, d'analyser et d'ordonner les thèmes et sous-thèmes.

C'est ce souci de simplicité qui explique que les conseils habituellement dispensés de préférer un plan en deux parties pour cette épreuve sont tout à fait pertinents. Les deux parties sont la traduction d'une manière de penser et de structurer typiquement française contrairement aux Anglo-Saxons pour qui l'articulation logique peut impliquer 10, 15 ou 17 parties s'il y a 10, 15 ou 17 problèmes. le plan en deux parties illustre un raisonnement binaire plus clair et plus concis car s'il n'est pas à rejeter systématiquement, le plan en trois parties est souvent réductible à deux. Par ailleurs, le plan en deux parties est d'une construction plus facile, les deux blocs sont plus aisément équilibrés; les regroupements d'idées sont moins artificiels; le risque de répétitions est bien moindre que dans un plan en trois parties.

D - Original

Tout en restant simple, le plan doit être original, c'est-à-dire qu'il ne faut pas faire celui que la majorité des candidats fera. Si très souvent les deux ou trois axes des notes de synthèse sur un même dossier seront identiques – car le plan aura été préfabriqué par l'auteur du dossier –, l'originalité consistera alors, avec ces mêmes axes, à utiliser des mots différents, plus personnels, plus synthétiques.

Pour cela, il faut « habiller » les intitulés :

- ne pas faire le plan « données-solutions » suggéré dans l'énoncé du sujet mais le plan « causes-remèdes »;
- ne pas faire le plan hier-aujourd'hui-demain (inévitable avec tel ou tel dossier) mais :
    - la présentation et l'explication d'une situation,
    - les problèmes qu'elle entraîne et les solutions envisagées.

Une manière originale – et souvent payante – consiste dans l'emploi de l'infinitif dans les intitulés. Ainsi pour une synthèse sur « les enjeux de l'intercommunalité » au lieu d'un plan classique du style... :

- les enjeux économiques et financiers;
- les enjeux administratifs et politiques;

... préférer une approche plus percutante :

– « *regrouper les communes pour une meilleure efficacité* » ;
– « *renforcer la transparence pour plus de démocratie* ».

Mais l'originalité réside surtout dans le caractère explicite des intitulés.

E - Explicite

Les intitulés des parties constituent la synthèse de la synthèse : l'idéal est donc de rédiger en deux ou trois lignes la synthèse de cinq à six pages de notes. Il faut que les intitulés soient significatifs en ne les réduisant pas à un seul mot mais en rédigeant une courte phrase comportant au minimum un adjectif ou un adverbe, au maximum un verbe.

Exemple

a) Pour un dossier sur l'obligation de réserve des fonctionnaires,
ne pas faire : – sens ;
– portée ;
mais plutôt : – *une définition ambiguë ;*
– *des implications spécifiques.*

b) Pour un dossier sur le vieillissement de la population française,
ne pas faire : – le constat ;
– les conséquences ;
– les solutions ;
mais plutôt : – *le vieillissement de la population française est un phénomène qui devrait s'accentuer ;*
– *les incidences de ce phénomène nécessitent une intervention des pouvoirs publics.*

c) Pour un dossier sur la nouvelle pauvreté,
ne pas faire : – les causes ;
– les remèdes ;
mais plutôt : – *l'apparition de la nouvelle pauvreté résulte de facteurs à la fois conjoncturels et structurels ;*
– *la persistance du phénomène exige à la fois des mesures ponctuelles immédiates et une action en profondeur.*

F - Exhaustif

Cela signifie que toutes les annotations d'un relevé d'idées doivent pouvoir trouver leur place dans les parties et sous-parties. Il ne doit pas y avoir d'oubli, de redites et chevauchements, de parachutage.

En effet, le plan étant le vecteur du raisonnement, celui-ci doit être guidé par un fil directeur qui doit progressivement amener le correcteur à la conclusion choisie. Pour être exhaustif, le relevé d'idées doit être validé, c'est-à-dire que les notes doivent être relues et confrontées une nouvelle fois au sujet, existence de problèmes marginaux ? de zones d'ombre ? de répétitions ? Les idées synthèses doivent alors être clairement appariées en établissant des rapports de convergence, d'enchaînement, d'opposition, de complémentarité... C'est cette dernière mise au point qui permettra ensuite de dégager les grands axes de la note, passage obligé vers l'élaboration définitive du plan de synthèse.

EN PRATIQUE

- Le plan est le seul moyen qui existe pour présenter une démonstration cohérente. C'est un atout essentiel pour la compréhension.
- Respecter la règle de l'intérêt ou de l'argument croissant qui veut que l'on réserve au second point (paragraphe, sous-partie et partie) ce qui est le plus intéressant, le plus important pour entraîner la conviction du lecteur. Cependant, utiliser la méthode inverse dans le domaine juridique où il est préférable de commencer par les points principaux avant d'arriver aux points secondaires.
- Un plan trop détaillé est à proscrire car il risque de n'être pas progressif mais purement descriptif et alourdi de transitions artificielles.
- L'utilisation d'intitulés de parties et sous-parties ne doit en aucun cas dispenser des transitions qui traduisent l'articulation logique de la démonstration.
- La logique qui doit être respectée dans l'ordre des parties doit l'être également dans le classement des idées au sein de chaque partie et de chaque sous-partie.

CHAPITRE 13

Les différents types de plan

Même s'il n'existe pas de plan passe-partout pour la note de synthèse – le libellé du sujet et le contenu du dossier laissant souvent peu de liberté au candidat –, il est souhaitable d'avoir présent à l'esprit des plans classiques, des subdivisions inévitables qui peuvent permettre d'ordonner aussi bien l'ensemble de la note que les parties, sous-parties et paragraphes.

Cet ordonnancement peut se faire selon des clivages classiques ou, le cas échéant, en fonction des types de sujet.

1 • SELON LES CLIVAGES CLASSIQUES

La démarche didactique pour démontrer, réfuter, convaincre, opposer, proposer, analyser sera facilitée par le recours à des clivages simples mais qui ont fait la preuve de leur efficacité, à la stricte condition de les habiller par des idées. Citons entre autres :

- Données – Solutions
- Causes (situation – problèmes) – Remèdes (points de vue – solutions)
- Constat – Conséquences – Solutions
- Causes – Manifestations

  Causes – Manifestations – Solutions
- En apparence – En réalité

  (proche du) Oui – Mais, Non – Mais, (ou) Théorie – Pratique, (ou) En droit – En fait
- Principes – Exceptions
- Principes – Limites
- Solutions répressives – Solutions préventives
- Causes principales – Causes secondaires

  Causes lointaines – Causes immédiates

  Causes structurelles – Causes conjoncturelles (circonstancielles)
- Principes posés – Structures instituées
- Structures – Attributions

- Principes – Structures – Attributions
- Droits garantis – Garantie des droits
- Contenu – Application – Conséquences
- Objectifs – Moyens, Intérêts – Limites
- Hier – Aujourd'hui – Demain
- Avant – Après
- Le bilan – Les perspectives
- Avec – Sans
- L'action – La réaction
- La continuité – Le changement
- Pour – Contre
- Les avantages – Les inconvénients
- Les convergences – Les divergences
- Individuel – Collectif
- Endogène – Exogène
- Se rappeler que les données, les causes, les solutions, les conséquences, les objectifs, les limites, les manifestations... peuvent être classés sur un plan : économique, politique, social, culturel, moral, idéologique, juridique, technique ; et chacun de ces adjectifs peut qualifier les substantifs précédents.
- Préférer au plan SVP (Sens-Valeur-Portée) le plan SPRI : Situation (définition, enjeu du problème) – Problème (énoncé de celui-ci) – Résolution (exposé de la solution) – Information (explications techniques de la solution). Mais regrouper en 2 ou 3 parties.

Connaître à l'avance toutes ces possibilités de structuration permet à la fois de mieux lire les différents textes du dossier (*cf.* Chapitre 11) et permet surtout de mieux présenter sa note. Sur ce dernier point, il faut souligner que le plan de synthèse ne correspond pas à un catalogue de ces clivages qui doivent subir des aménagements et être masqués par des idées qui seules peuvent rendre un plan dynamique (*cf.* Chapitre 14).

2 • EN FONCTION DES TYPES DE SUJET

Malgré l'infinie variété des sujets de synthèse, il est fréquent que ceux-ci rentrent dans l'une des catégories suivantes :
– sujets « dynamiques » ;
– sujets « statiques » ;
– sujets « problèmes » ;
– sujets « politiques ».

Si l'on réussit à établir un diagnostic du sujet, c'est-à-dire si l'on a pu le faire rentrer dans l'une de ces catégories (en soulignant qu'il peut y avoir des recoupements : un sujet-problème peut être dynamique ou statique), le travail de recherche du plan sera facilité si l'on connaît les constructions préfabriquées en fonction des types de sujet.

A - Plan de sujets « dynamiques »

Les sujets dynamiques sont ceux qui demandent de présenter un problème qui se situe dans une perspective d'évolution.

Exemple

- le déclin de la démocratie représentative,
- la montée (ou la diminution) du chômage,
- l'évolution du travail au noir en France,
- la dénatalité,
- le réchauffement climatique.

■ Pour ces sujets, deux possibilités de plan se présentent, sous réserve bien sûr du libellé du sujet qui peut donner d'autres indications et du contenu du dossier.

1) Soit le tableau récapitulatif (*cf.* Chapitre 13) :

   - situation actuelle ;
   - facteurs explicatifs de l'évolution ;
   - conséquences ;
   - paramètres nouveaux ;
   - propositions de solutions ou solutions adoptées ;
   - précautions nécessaires ou conditions de réussite.

2) Soit le plan « Pourquoi ? – Comment ? »

■ La réponse synthétique à ces deux questions doit permettre la rédaction des intitulés des parties, si évidemment le dossier aborde le pourquoi et le comment de l'évolution.

Ainsi, sur l'évolution ou le développement du travail au noir en France :

I. Pourquoi le travail au noir ?

   - Définition selon la loi
   - Raisons économiques
     - montée des prélèvements sociaux
     - faible rémunération du travail manuel
     - système fiscal injuste
   - Raisons sociologiques
     - chômage
     - rigidité de la réglementation
     - immigration clandestine
     - accroissement du temps libre

- contestation du contenu du travail
- laxisme du juge

II. Comment le travail au noir ?

C'est-à-dire quels sont les conséquences et les moyens de lutte possibles ?

- Les conséquences
  - positives (rôle d'amortisseur économique et social de la crise, satisfaction des besoins)
  - négatives (fraude fiscale, augmentation du coût social et financier)
- Les moyens de lutte
  - contrôle plus strict
  - sanctions accrues
  - création d'emplois

■ Et l'on s'aperçoit que le travail au noir est un phénomène difficilement préhensible (I), qui aboutit à des situations logiquement répréhensibles (II).

B - Plan de sujets « statiques »

Les sujets statiques sont ceux qui doivent présenter une institution ou un phénomène stable.

Exemple

- le médiateur de la République,
- l'accès des administrés aux documents administratifs,
- la délinquance juvénile,
- le rôle du Premier ministre sous la Ve République,
- l'institution préfectorale,
- l'obligation de réserve des agents publics,
- la CNIL,
- les ONG.

■ Ici aussi deux possibilités avec les mêmes réserves que précédemment (en fonction du sujet et du contenu du dossier).

1) Pour présenter un organisme : le tableau récapitulatif (*cf.* Chapitre 13) :

- contexte ;
- objectifs, missions ;
- moyens (financement, personnel) ;
- statut, fonctionnement ;
- bilan positif-négatif ;
- propositions, modifications.

2) Pour présenter un phénomène qui n'est pas envisagé dans une perspective d'évolution : le plan « à deux égards ».

Les dossiers de synthèse portant sur les problèmes politiques, économiques, sociaux et culturels de la France contemporaine contiennent très souvent deux niveaux de références :

- niveau collectif – niveau individuel ;
- intérêt général – intérêts privés ;
- État – individu ;
- Administration – administrés ;
- services publics – usagers;

et, de façon plus précise, suivant les dossiers :

- hôpital – malades ;
- système scolaire – élèves ;
- service judiciaire – magistrats ;
- hiérarchie administrative – agents.

■ Ces deux niveaux de références peuvent permettre d'ordonner les différentes rubriques du dossier, en reprenant des clivages classiques.

Ainsi, pour un sujet sur la délinquance en milieu urbain :

I. L'individu face à la délinquance
- les causes
- les manifestations

II. L'État face à la délinquance
- la prévention
- la répression

■ Ensuite, il convient d'habiller les intitulés de synthèse pour les rendre plus explicites. Par exemple :

I. Les explications conjoncturelles de la délinquance urbaine : urbanisme collectif, rétrécissement de l'espace, société de consommation, conditions de travail (chômage et travail des deux parents entraînant une moindre disponibilité de ceux-ci pour l'éducation des enfants), mauvaise utilisation des forces de police...

II. Les solutions structurelles à la délinquance urbaine : décentralisation de la prévention et de la lutte contre la délinquance, droit de regard des élus locaux sur les activités de police, travail d'intérêt général, développement de l'îlotage...

C - Plan de sujets « problèmes »

Les « sujets problèmes » sont ceux qui concernent l'exposé d'une situation.

Exemple
- la nouvelle pauvreté,
- la place du citoyen dans le mouvement de décentralisation,
- le partage du travail,
- la justice (ou l'injustice) fiscale,
- le phénomène des bandes,
- la mondialisation.

■ Il faut utiliser la technique du tableau récapitulatif (*cf.* Chapitre 13) :

- l'exposé du problème ;
- les différents points de vue ;
- les causes ;
- les conséquences ;
- les propositions de remèdes ou les solutions déjà adoptées ;
- les précautions nécessaires et les conditions de réussite.

■ Ainsi, pour un sujet de synthèse sur la drogue dans le monde :

- l'exposé du problème : les profits de la drogue et le financement des guerres notamment au Moyen-Orient et en Asie du Sud-Est d'une part, un ballon d'oxygène économique pour certains pays du Tiers Monde;
- les conséquences : essai de réglementation internationale et nationale : loi du 31 décembre 1970 sur le statut du toxicomane; loi du 12 juillet 1990 autorisant la levée du secret bancaire;
- les propositions de remèdes : la prévention, la dépénalisation (thèse des abolitionnistes), les produits de substitution;
- les précautions nécessaires : la tolérance ne doit pas être une démission devant les trafiquants.

■ Ces différentes rubriques peuvent aboutir au plan suivant :

I. La drogue est une donnée politique et économique mondiale que le droit international a difficilement cantonnée.

II. La lutte contre la toxicomanie est aujourd'hui en France l'enjeu d'un débat de société entre prévention et répression.

D - Plan de sujets « politiques »

Les « sujets politiques » sont ceux qui conduisent à présenter une politique, une réglementation.

Exemple
- le Revenu minimum d'Insertion,
- le droit applicable à l'informatique,
- les lois mémorielles,
- la limitation des dépenses électorales,
- la politique de la formation professionnelle dans la fonction publique.

■ Il faut utiliser la technique du tableau récapitulatif (*cf.* Chapitre 13) :

- circonstances et contexte de la réglementation ou de la politique ;
- contenu et acquis de la réglementation ou de la politique ;
- champ d'application, exceptions, limites ;
- insuffisances, difficultés d'application ou d'interprétation ;
- propositions et modifications souhaitables ou adoptées ;
- précautions nécessaires ou conditions de réussite.

■ Ainsi, pour un sujet de synthèse sur le dispositif RMI / CI-RMA :

- contexte de la loi du 1er décembre 1988;
- contenu de la loi : amélioration des conditions de vie des bénéficiaires;
- multiplicité des acteurs (État, collectivités locales, instances diverses), source de dysfonctionnements, faiblesses des moyens, non-respect de la logique d'insertion du RMI;
- loi du 29 juillet 1992 : clarification des rôles respectifs de chaque intervenant, amélioration des possibilités d'insertion, renforcement du dispositif de lutte contre l'exclusion sociale;
- loi du 18 janvier 2005 : création du CI-RMA (Contrat Insertion Revenu Minimum d'Activité), contrat de travail à durée déterminée destiné à faciliter l'insertion sociale et professionnelle des bénéficiaires du RMI rencontrant des difficultés particulières d'accès à l'emploi.

■ Ces différentes rubriques peuvent aboutir au plan suivant :

I. Les problèmes révélés par l'application initiale
   A. La complexité du dispositif institutionnel
   B. L'inadaptation du dispositif insertion
II. Les modifications apportées par la loi nouvelle
   A. La clarification des compétences
   B. La consolidation du contrat insertion

Ces différents types de plan ne sont bien sûr donnés qu'à titre indicatif : il peuvent ne pas coïncider avec le libellé du sujet et le contenu du dossier. Si tel est le cas, il ne faut surtout pas tenter maladroitement de recopier ces plans, mais faire un effort de réflexion afin de construire son plan qui, il est vrai, constitue l'apport personnel de chaque candidat.

Quoi qu'il en soit, avant de passer à la rédaction de la note, il faut être en possession d'un plan très détaillé afin d'éviter les risques d'erreurs, de répétitions et d'oublis. Par ailleurs, la présence sécurisante d'un tel plan permet une meilleure rédaction, car l'on prêtera plus d'attention à l'écriture, à la présentation, au style, à la précision du vocabulaire.

EN PRATIQUE

- Il ne faut jamais décalquer purement et simplement le plan d'un des documents (même le plus synthétique), car le libellé du sujet et la confrontation avec les autres documents ont nécessairement modifié la démonstration spécifique à ce document.
- Par maladresse ou manque de temps, la seconde partie est la plus difficile à réaliser alors qu'elle s'avère souvent la plus importante par le niveau d'information qu'elle doit contenir (solutions, règlementation).
- Présenter les arguments secondaires avant les arguments principaux, les points négatifs avant les points positifs, les objections avant les approbations.
- Le meilleur plan sera toujours celui qui est en exacte adéquation avec la problématique du sujet : il est donc souhaitable d'arrêter définitivement le plan détaillé dans la phase de montage (après l'analyse), et non prématurément dans la phase de démontage.
- S'il y a la possibilité de plusieurs plans, il faut penser au destinataire dans l'hypothèse d'une note administrative ou d'un rapport et adopter celui le mieux à même de dégager l'enjeu du problème posé.
- Il faut toujours valider son plan, c'est-à-dire vérifier que toutes les idées relevées préalablement peuvent y figurer, et vérifier qu'à l'intérieur de chaque élément du plan, il y a bien des idées du dossier à placer.

CHAPITRE 16

La présentation formelle

La présentation formelle de la note est la première impression du correcteur. En dehors de l'écriture (*cf.* Chapitre 3), il s'attachera d'abord à vérifier deux paramètres selon la nature de l'épreuve : le respect du formalisme des notes administratives et la structuration d'ensemble de la note.

1 • LE RESPECT DU FORMALISME DES NOTES ADMINISTRATIVES

Pour certains écrits administratifs (instruction, rapport, lettre à un administré, note administrative), il doit y avoir un chapeau introductif qui n'est pas exigé dans la note de synthèse *stricto sensu*. La présentation formelle pour ces écrits administratifs doit respecter des principes très précis. Schématiquement[1], il faut distinguer le document administratif d'information (note administrative, rapport) de la lettre qui exige des mentions particulières différentes. Ce formalisme n'a rien de superflu car il permet une identification rapide des documents et un classement efficace. Dans le cadre d'un concours administratif (*a fortiori* dans un concours interne), on est en droit d'exiger des candidats la connaissance de cette présentation, certes formalisée, mais qui peut subir des variations d'une administration à l'autre. Il convient donc de s'en tenir aux schémas types qui vont être indiqués, en se référant pour les concours internes aux pratiques propres de chaque administration.

A - Le document administratif d'information

Contrairement à la lettre, une telle note ne comporte ni formule d'appel, ni formule de politesse mais obligatoirement les mentions suivantes :

- ***le timbre** :* placé dans l'angle supérieur gauche de la feuille, il indique l'administration ou le service d'où provient le document : ministère, service, division ou bureau ;
- ***le lieu d'origine et la date*** dans l'angle supérieur droit ;
- ***la suscription** :* en tête, au milieu du document, indiquera la personne destinataire du document : note à... (quand le destinataire est un subordonné) ; note pour... (quand le destinataire est un supérieur) ; mais plus fréquemment, note à l'attention de... précisée par la fonction du destinataire ;
- ***l'objet** :* précisément délimité, il doit être mentionné immédiatement sous la suscription.

1. Pour plus de détails, *cf.* Sims (M.), *Manuel de méthodes*, Économica, 2e édition, 1997, pp. 105 à 142 et annexes 7 à 13.

Éventuellement mentionnées sous l'objet :

- *les pièces jointes ;*
- *les références, essentiellement les Lois et Décrets.*

Ne pas oublier à la fin du devoir de mentionner :

- *la fonction ;*
- ***la signature*** : tous les documents administratifs sont signés, mais cette signature peut être nantie au préalable de mentions particulières, selon que c'est le détenteur légal de l'autorité qui signe ou un fonctionnaire signant par délégation, par autorisation ou par ordre. Une mention doit alors préciser la qualité et la nature des pouvoirs du signataire.

Noter qu'il ne faut pas :

- mentionner de date, fût-elle celle du jour de l'épreuve. Mais être vigilant : dans certains cas, le contexte de la situation exposée peut conduire à préciser cette date ;
- réécrire la liste des huit documents. On peut après « pièces jointes : 8 documents », insérer la mention références et, le cas échéant, ne citer que les textes juridiques du dossier (loi, décret) ;
- signer au risque de « désanonymer » la copie. Mettre : fonction, nom, signature.

Dans le cadre d'un concours administratif, quelques précisions doivent être apportées avec le modèle suivant.

Sujet : *Vous êtes Attaché Principal dans la commune d'Ormières (27 500 habitants). Votre Maire vous demande de rédiger une note analysant l'état de la législation applicable aux communes, relative à la transparence financière et à la limitation des dépenses électorales.*

Mairie D'ORMIÈRES [1] Ormières, le... [2]

Note à l'attention de
Monsieur le Maire.

Objet : Application aux communes de la législation relative à la transparence financière de la vie politique et la limitation des dépenses électorales.

P. J. : 8 documents [3]
Réf. : Loi du .../.../...

DEVOIR

L'Attaché Principal [4]
Signature

.../... [5]

1. Pas de renseignements dans le sujet quant à la division ou au service.
2. Ne pas mentionner de date, fût-elle celle du jour de l'épreuve. Mais être vigilant : dans certains cas, le contexte de la situation exposée peut conduire à préciser cette date.
3. Ne pas réécrire la liste des 8 documents. On peut après « pièces jointes : 8 documents », insérer la mention références et, le cas échéant, ne citer que les textes juridiques du dossier (loi, décret, arrêté, circulaire...).
4. Ne pas signer au risque de « désanonymer » la copie. Mettre : fonction, signature, nom.
5. .../... indique qu'il y a une autre page : sa présence n'est pas indispensable dans une copie.

Parfois les dossiers dans certains concours demandent aux candidats de ne pas fournir de telles mentions. Ces *nota bene* sont le fait de l'administration qui organise le concours, pas de l'auteur du dossier qui, s'il a fait l'effort de vous mettre dans une situation professionnelle fictive, appréciera que vous jouiez le jeu et respectiez un tel formalisme administratif.

B - La lettre

Avec quelques nuances, les mentions sont situées aux mêmes endroits mais elles varient en fonction du type de lettre.

Par ailleurs, s'agissant d'une lettre, il est évident que le plan sera plus sommaire : se contenter d'une entrée en matière (rappel de la demande, indication sommaire du plan), de développements certes structurés mais sans intitulés (mots charnières et décrochements), d'une conclusion qui propose des solutions, indique une position.

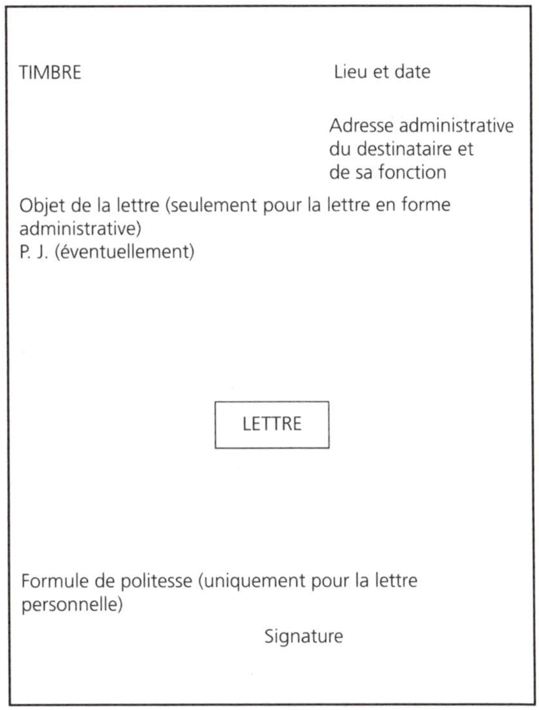

Ces mentions doivent en effet être modulées suivant la nature de la lettre :

- ***pour la lettre en forme administrative :*** comme la note, elle comporte un objet, des références et éventuellement des pièces jointes. À la différence des lettres dites « personnelles », la lettre administrative ne comporte pas de formule de politesse. L'usage veut enfin que l'on emploie la première personne;
- ***pour la lettre en forme personnelle :*** ce type de document reste le plus utilisé lorsqu'il s'agit de correspondre avec un particulier. Dans ce cas : la lettre commence par une formule d'appel (« Monsieur », « Madame », « Mademoiselle ») comprenant le titre du destinataire (« Monsieur le Président »); elle ne comporte pas d'objet; elle s'achève par une formule de politesse.

Tous ces conseils – certes rapides – ne concernent pas la note de synthèse *stricto sensu* dont la présentation formelle sera essentiellement jugée sur la structuration de la copie.

2 • LA STRUCTURATION DE LA NOTE

La note de synthèse doit être axée autour d'un plan. Celui-ci doit impérativement comprendre :
- une introduction (maximum 15 % de la note) ;
- des développements (de préférence en deux parties, 40 % de la note chacune) ;
- une conclusion (maximum 5 % de la note).

Il est important de « visualiser » la présentation d'une note de synthèse.

TITRE

PARAGRAPHE D'ATTAQUE

L'attaque doit être incisive et pertinente afin de créer une impression favorable dès la première phrase ; elle indique si l'on a bien compris le sujet.

MASSE THÉORIQUE

La masse théorique doit éclairer en quelques mots ce qui sera développé tout en restant brève (une quinzaine de lignes), sans inclure les idées précises dont la place est dans le corps de l'exposé.

ANNONCE DES PARTIES I ET II

L'annonce de plan constitue en soi une réponse précise à la question posée par le libellé du sujet. Préférer une annonce de plan littéraire.

PARTIE I

ANNONCE DES SOUS-PARTIES A ET B

Rédiger une phrase à l'intérieur de laquelle il faut mettre, au moment opportun, entre parenthèses (A) et (B), éventuellement (C).

A. Titre *A*

Il ne faut pas rédiger dans un ensemble compact sans paragraphes ni alinéas, car le mouvement de la pensée n'est pas perceptible ; mais il ne faut pas non plus abuser des retours à la ligne, car ils hachent le développement d'une même idée que le correcteur doit alors recomposer.

Il ne faut pas rédiger dans un ensemble compact sans paragraphes ni alinéas, car le mouvement de la pensée n'est pas perceptible ; mais il ne faut pas non plus abuser des retours à la ligne, car ils hachent le développement d'une même idée que le correcteur doit alors recomposer.

B. Titre *B*

Il ne faut pas rédiger dans un ensemble compact sans paragraphes ni alinéas, car le mouvement de la pensée n'est pas perceptible ; mais il ne faut pas non plus abuser des retours à la ligne, car ils hachent le développement d'une même idée que le correcteur doit alors recomposer.

Il ne faut pas rédiger dans un ensemble compact sans paragraphes ni alinéas, car le mouvement de la pensée n'est pas perceptible ; mais il ne faut pas non plus abuser des retours à la ligne, car ils hachent le développement d'une même idée que le correcteur doit alors recomposer.

TRANSITION

Le paragraphe de transition permet de vérifier la cohérence de la démonstration, autrement dit la logique du plan.

PARTIE II

ANNONCE DES SOUS-PARTIES A ET B

Rédiger une phrase à l'intérieur de laquelle il faut mettre, au moment opportun, entre parenthèses (A) et (B), éventuellement (C).

A. Titre *A*

Il ne faut pas rédiger dans un ensemble compact sans paragraphes ni alinéas, car le mouvement de la pensée n'est pas perceptible ; mais il ne faut pas non plus abuser des retours à la ligne, car ils hachent le développement d'une même idée que le correcteur doit alors recomposer.

Il ne faut pas rédiger dans un ensemble compact sans paragraphes ni alinéas, car le mouvement de la pensée n'est pas perceptible ; mais il ne faut pas non plus abuser des retours à la ligne, car ils hachent le développement d'une même idée que le correcteur doit alors recomposer.

B. Titre *B*

Il ne faut pas rédiger dans un ensemble compact sans paragraphes ni alinéas, car le mouvement de la pensée n'est pas perceptible ; mais il ne faut pas non plus abuser des retours à la ligne, car ils hachent le développement d'une même idée que le correcteur doit alors recomposer.

Il ne faut pas rédiger dans un ensemble compact sans paragraphes ni alinéas, car le mouvement de la pensée n'est pas perceptible ; mais il ne faut pas non plus abuser des retours à la ligne, car ils hachent le développement d'une même idée que le correcteur doit alors recomposer.

XXX

MASSE DE BILAN

Pendant de la masse théorique, ce paragraphe (2-3 lignes maximum) est en quelque sorte la « thèse de la synthèse ».

CONCLUSION

Ce paragraphe (5-6 lignes maximum) ne doit pas fermer le devoir, mais élargir ou interroger dans une perspective optimiste d'avenir.

Immédiatement, en survolant la copie, des défauts majeurs peuvent apparaître :

- introduction disproportionnée : trop courte (5-6 lignes) avec le risque de développements confus, alourdis de passages superflus, de sujet mal cerné par l'absence de masse théorique ou mal annoncé ; trop longue (2-3 pages) car l'introduction ne doit pas faire les développements.
- développements déséquilibrés I (60 %), II (20 %) : avec l'aveu de l'inégale importance sur le fond des deux parties par rapport au sujet, ou avec une seconde partie bâclée ;
- ou absence de conclusion : devoir inachevé et aucun aboutissement intellectuel de la démonstration.

Se rappeler également que les copies ne sont pas parcourues par le correcteur avec le même degré d'intensité dans la lecture.

Certains passages sont lus très attentivement : la phase d'attaque car c'est l'annonce du prétexte ; l'annonce du plan car c'est l'annonce de la démonstration ; le paragraphe de transition car c'est la vérification de la cohérence de la démonstration (*cf.* chapitre 18) ; le dernier paragraphe de conclusion car c'est la vérification (et l'élargissement) du prétexte. Ce sont les paragraphes clés de tout devoir.

D'autres sont lus tout simplement quand ils existent : la masse théorique, les annonces de sous-parties, les transitions et conclusions partielles, la masse de bilan.

D'autres enfin sont survolés – ce qui ne signifie pas non lus –, car le correcteur peut bénéficier de points d'ancrage (cf. Chapitre 18) ; il cherche surtout ce qui ne va pas et au bout de la dixième copie aura repéré dans quels passages des développements se situent les erreurs sur le fond qui sont impardonnables et donc sévèrement sanctionnées.

Faire très attention à ces trois degrés de lecture du correcteur (même s'il l'avoue rarement !) : il y a certains paragraphes où il ne faut pas faire de fautes d'orthographe, de français ou d'erreurs sur le fond.

Cette structuration de la note appelle quatre séries de remarques :

- il faut rédiger une brève introduction pour annoncer A et B et ne pas « parachuter » les sous-parties; il faut toujours des transitions pour passer à de nouveaux développements;
- un paragraphe ne fait pas 2-3 lignes mais peut consister en une demi-page;
- la conclusion partielle d'une sous-partie se confond avec la transition, et celle de la seconde partie n'est pas utile puisqu'elle précède la masse de bilan (*cf.* Chapitre 19);
- les proportions entre les trois blocs (introduction, développements, conclusion) varient en fonction du type d'épreuve : s'agissant d'une lettre, d'une circulaire, d'une instruction, l'introduction doit être brève; s'agissant d'un rapport, la conclusion, qui selon le sujet doit proposer des solutions, est nécessairement plus développée.

Toute note de synthèse – mais cela est vrai aussi pour d'autres épreuves – doit traduire la démarche suivante.

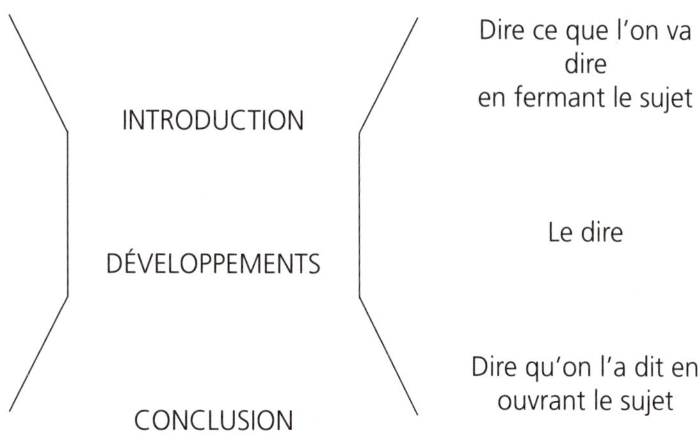

EN PRATIQUE

- La note de synthèse a une fonction d'information sur le contenu du dossier (d'où l'importance de l'introduction) et une fonction incitative de communication (d'où l'importance de la conclusion).
- Adapter le style au destinataire du document : un supérieur fait connaître, rappelle, attire l'attention ; un subordonné appelle l'attention ou rend compte.
- Rédiger un devoir, c'est comme visiter une maison : on entre par la porte (phrase d'attaque), on ferme les petites fenêtres, pour éviter les courants d'air (masse théorique), on ouvre deux ou trois grandes fenêtres pour éclairer (annonce du plan) la pièce centrale que l'on explore (développements) sous tous ses aspects (exhaustivité), avant de fermer la porte (conclusion).
- En matière de présentation formelle, l'habit fait la note.
- L'introduction permet de cerner le problème que l'on expose sous deux ou trois aspects afin d'arriver à une conclusion.
- Ne jamais écrire en clair « introduction », « développements », « conclusion ».

CHAPITRE 17

L'introduction

Toute création doit fournir une entrée en matière : cela s'appelle prélude ou ouverture pour une œuvre musicale, préface ou avant-propos pour un ouvrage, introduction pour une copie. C'est un des moments clés de la correction, car après le survol de la copie, c'est à ce stade que le correcteur va se faire une opinion souvent définitive du devoir.

Bien que certains conseillent une introduction de quelques lignes pour entrer tout de suite dans le vif du sujet, il apparaît préférable d'étoffer cette introduction qui doit comprendre trois parties distinctes : la phrase d'attaque, la masse théorique et l'annonce du plan. Trois parties, car l'introduction sert à présenter le sujet, susciter l'intérêt, faire admettre la démonstration. Afin de ne négliger aucune de ces trois fonctions, un système mnémotechnique appelé R.EX.AN. est parfois suggéré :

*R.*appeler

*EX.*pliciter

*AN.*noncer

Il n'existe en effet qu'une structure d'introduction composée de trois idées. Une première idée qui sert de contact et de préambule à la note en situant le thème dans un contexte général afin de susciter l'intérêt du lecteur (***Sujet amené***). Une deuxième idée qui va préciser l'orientation du sujet, sa problématique, son intérêt (***Sujet posé***). Une troisième idée qui indique le parcours que l'on entend suivre dans la démonstration (Sujet divisé).

Sujet amené, sujet posé, sujet divisé. Toute introduction doit donc comprendre trois paragraphes : le premier qui rappelle le sujet par la phrase d'attaque ; le deuxième qui l'explicite dans une masse théorique ; le troisième qui le structure par l'annonce du plan.

1 • LA PHRASE D'ATTAQUE

L'attaque est un « moment de séduction ». Elle doit être incisive et pertinente afin de créer une impression favorable dès la première phrase ; elle indique si l'on a bien compris le sujet. Quatre défauts sont à éviter :

– absence de phrase d'attaque ;
– introduction qui « part de trop loin » ;

Exemple
Pour un dossier sur la délinquance dans les villes, partir de l'urbanisation dans le monde.

– introduction qui « part de trop près » ;

Exemple
Pour un dossier sur la démographie française, partir de l'arrêt de l'immigration algérienne en 1974.

– introduction-truisme qui énonce un lieu commun ;

Exemple
La récente loi du... a modifié la législation antérieure...

Pour éviter ces défauts fréquents, la phrase d'attaque doit reprendre l'énoncé du sujet proposé. Il existe deux façons d'attaquer une note de synthèse :

– phrase d'attaque « par le haut » : procédé classique qui permet d'aller du général au particulier (démarche déductive) ;

Exemple
Pour un dossier sur les procréations médicalement assistées, partir de la théorie des libertés individuelles et du droit à l'intégrité physique (problème général qui doit être dans le dossier) pour aller aux problèmes de l'insémination artificielle et de la fécondation *in vitro* (problème particulier qui constitue le sujet).

– phrase d'attaque « par le bas » : procédé journalistique qui permet d'aller du particulier au général (démarche inductive).

Exemple
Pour un dossier sur le malaise des banlieues, partir de la création d'un ministère de la Ville ou de la dotation de solidarité urbaine (problème particulier qui doit être dans le dossier) pour aller vers le problème des grandes villes (problème général qui est le sujet).

En tout état de cause, les problèmes généraux ou particuliers qui amènent le sujet doivent être extraits du dossier pour respecter le critère d'objectivité (*cf.* Chapitre 3).

2 • LA MASSE THÉORIQUE

La deuxième fonction de l'introduction est d'expliciter le problème évoqué, de mieux cerner celui-ci. C'est la partie qui va étoffer l'introduction et dont les idées seront puisées dans le dossier lors de l'analyse détaillée. Elle doit éclairer en quelques mots ce qui sera développé tout en restant brève (une douzaine de lignes), sans inclure les idées précises dont la place est dans le corps de l'exposé.

Les idées de la masse théorique peuvent correspondre à sept rubriques, mais, bien évidemment, suivant les dossiers proposés, il n'y en aura que deux ou trois maximum :

- ***problèmes secondaires ou à la marge du sujet :*** il convient de les éliminer ici afin de ne pas alourdir les développements. Montrer qu'ils ont été perçus mais qu'ils n'apportent rien de déterminant dans la démonstration. Se rappeler que l'on ne fait pas la synthèse du dossier, mais la synthèse du dossier par rapport au sujet ;

Exemple

Pour un sujet sur l'hospitalisation d'office des aliénés, éliminer les procédures d'hospitalisation à la demande d'un tiers ou volontaire.

- ***actualité du sujet :*** que l'on trouvera dans les articles journalistiques (à moins qu'ils aient été utilisés pour une phrase d'attaque ;

Exemple

Pour un sujet sur les lois mémorielles, mentionner la polémique entre la France et la Turquie à propos de la pénalisation de la négation des génocides, dont le génocide arménien.

- ***intérêt théorique***, voire philosophique du thème abordé. C'est dans l'introduction, si cela est possible, qu'il faut « élever le débat », mettre en valeur le sujet, la problématique. C'est une rubrique où il est essentiel de faire figurer, notamment dans les synthèses portant sur des sujets administratifs : la « problématique » ; celle-ci consiste souvent à mettre en avant la difficile conciliation entre l'ordre et la liberté, entre l'intérêt général poursuivi par l'administration et les intérêts particuliers, entre l'évolution et l'éthique. Dans une note de synthèse, souligner l'intérêt du sujet, c'est relever la pertinence de la commande, c'est-à-dire la pertinence du thème abordé dans le dossier ;

Exemple

Pour un sujet sur la vidéosurveillance, insister sur le fait que la généralisation des caméras est le prolongement d'une société disciplinaire bafouant le droit à l'intimité.

- ***références historiques :*** les aspects historiques du problème doivent être éliminés dans l'introduction (sauf sujet sur « l'évolution de... ») ;

Exemple

Pour un sujet sur le phénomène des bandes dans la France d'aujourd'hui, rappeler l'existence des Apaches ou de la bande à Bonnot au début du vingtième siècle.

– ***références dans l'espace :*** c'est-à-dire un bref exposé des situations rencontrées dans d'autres pays (si, bien sûr, la dimension comparée est contenue dans le dossier et si le sujet n'envisage la synthèse qu'en France) ;

Exemple

Pour un sujet sur les violences scolaires en France, exposer brièvement le document (éventuel) présentant ce phénomène aux États-Unis ou dans un pays de l'Union européenne.
Si le dossier comporte différents documents donnant des exemples de violences scolaires dans plusieurs pays et que le sujet précise « en France », il ne faudra pas se contenter de 4 ou 5 lignes en introduction, mais placer les idées de ces documents dans les développements. Parfois, le contenu d'un dossier précise un sujet hâtivement formulé !

– ***définition du sujet lui-même :*** lorsqu'il aborde un thème précis, technique (ex. : dossier sur l'intercommunalité, le port du bracelet électronique, l'intercommunalité, la grippe aviaire, la gestion des salariés confirmés, les lois mémorielles, la lutte contre les effets des addictions) ;

Exemple

Pour un sujet sur le port du bracelet électronique, définir ce qu'est précisément ce mécanisme (qui n'est pas un bracelet !) et comment le système fonctionne.

– ***quantification du phénomène :*** il convient de donner les chiffres dans cette partie de l'introduction, ce qui permet de mieux poser le problème (ex. : dossier sur le phénomène prostitutionnel, l'insécurité routière, sur le travail au noir, le revenu minimum d'insertion), sauf pour les dossiers de synthèse démographiques et économiques pour lesquels les chiffres seront surtout dans les développements.

Exemple

Pour un sujet sur le suicide, les données chiffrées (*a fortiori* si elles sont sous-estimées) traduisent la gravité d'un phénomène relativement marginalisé dans le débat public.

3 • L'ANNONCE DU PLAN

Enfin, la troisième fonction de l'introduction est d'annoncer le plan, ce qui constitue en soi une réponse précise à la question posée par le libellé du sujet ; c'est aussi le résumé de la synthèse et il ne faut la rédiger qu'après avoir élaboré un plan très détaillé.

À ce moment-là, il convient d'éviter les annonces trop abruptes :

– employant une forme personnelle (sauf pour la lettre administrative) : je verrai le problème de... et je développerai ensuite... (*idem* pour le « nous » et le « on ») ;
– employant une forme trop voyante : dans un premier temps sera décrit... puis dans un second temps seront examinés... ; ou dans une première partie..., dans une seconde partie... ;

– employant une forme trop convenue : il conviendra de présenter le problème de... avant d'envisager les différentes solutions possibles ; il semble souhaitable de... ; et surtout il apparaît très judicieux de... (!).

La meilleure solution est de faire une annonce de plan littéraire : c'est-à-dire qu'il faut rédiger une phrase à l'intérieur de laquelle on mettra, au moment opportun, entre parenthèses I et II (ou III).

Exemples

- Si les causes de ce phénomène sont désormais bien cernées (I), les remèdes mis en œuvre sont difficilement efficaces (II).
- De création récente, cette politique répond à des objectifs bien délimités et ouvre de nouvelles perspectives ; aussi dans le souci d'enrayer le phénomène de... (I), les pouvoirs publics doivent réagir en organisant... (II).
- Atteignant une dimension politique et économique mondiale (I), le phénomène de la drogue, souvent vainement cerné par le droit (II), est aujourd'hui l'objet d'un nouveau débat de société (III) entre les abolitionnistes et les prohibitionnistes.

De plus, il est souhaitable de faire preuve d'une certaine subtilité dans l'annonce du plan, c'est-à-dire qu'il ne faut pas que les mots utilisés à ce moment-là soient systématiquement repris dans les intitulés.

Exemple 1

Après cette annonce de plan (pour une synthèse sur la procréation médicalement assistée) :

« Les progrès de la médecine ont permis l'apparition du droit à la fécondité (I), mais le législateur refuse toujours de le réglementer (II) ».

- Éviter d'adopter les intitulés suivants :

I. L'apparition du droit à la fécondité
II. Le refus du législateur de le réglementer

- Choisir plutôt :

I. *Une liberté avec la médecine*
II. *Une liberté sans le droit*

Exemple 2

Après cette annonce de plan (pour une synthèse sur le phénomène religieux en France) :

« C'est le principe de laïcité qui situe le fait religieux dans la société française : la séparation de l'Église et de l'État (I) va de pair avec la liberté des cultes (II) ».

- Ne pas faire :

I. La séparation de l'Église et de l'État
II. La liberté des cultes

- Mais plutôt :

I. *Une place cantonnée par le principe de séparation de l'Église et de l'État*
II. *Une place valorisée par le principe de liberté des cultes*

C'est bien le même plan, mais les intitulés ne répètent pas l'annonce.

EN PRATIQUE

- Ne pas annoncer le plan sous forme interrogative. L'épreuve ne doit pas poser des questions au destinataire de la note mais lui apporter des réponses.
- L'introduction ne doit pas comporter d'idées qui logiquement ont leur place dans les développements : tout ce qui est information, explication ou démonstration doit figurer dans les parties.
- À la fin de l'introduction, n'annoncer que les parties I et II, jamais les sous-parties, qui se sont annoncées le moment venu, après l'intitulé de chaque partie.
- Dans une copie, le « je » correspond à du langage commercial et le « nous » à un pluriel bien singulier.
- Se souvenir que la note de synthèse s'adresse en principe à un lecteur non averti du dossier : c'est la raison pour laquelle l'introduction sert à rappeler le sujet, l'expliciter, et annoncer ce qui est nécessaire à sa compréhension.

CHAPITRE 18

Les développements

Ordonnés autour d'un plan apparent, les développements d'une note de synthèse constituent 80 % de la copie. C'est pour le correcteur qui aborde la énième copie la partie la plus fastidieuse, car elle est longue et presque toujours répétitive par rapport aux copies précédentes. En effet, l'épreuve consiste à faire la synthèse des idées essentielles de dossiers par définition identiques pour tous les candidats, eux-mêmes ayant suivi une formation quasiment identique. Ayant déjà une certaine idée de la notation, car le survol de la copie, la lecture des intitulés de synthèse et de l'introduction lui auront permis d'apprécier l'essentiel des paramètres de correction (*cf.* Chapitre 3), le correcteur va maintenant affiner son jugement. Pour cela, il aura des degrés d'intensité variables dans la lecture (*cf.* Chapitre 16) s'attachant aux paragraphes clés et à ceux, tout à fait significatifs, qui ont déjà fait l'objet, dans les copies précédentes, de contresens, d'approximations, de mauvaises interprétations. Les erreurs sur le fond sont toujours décelées facilement parce qu'elles se répètent dans les copies : inexactitude sur tel point du droit, risque de déviation subjective à telle occasion, de propos hors sujet sur tel aspect, d'analyse superficielle de thèmes complexes. Aussi est-il souhaitable « d'aider » le correcteur dans son travail en faisant en sorte d'être lu facilement et en écrivant correctement, les deux objectifs étant naturellement liés.

1 • UNE LECTURE FACILE

L'écriture et la présentation sont un moyen de communication avec autrui et notamment avec le correcteur (*cf.* Chapitre 3). Il est alors souhaitable de respecter quelques règles qui augmentent la facilité et la rapidité de compréhension du message transmis par le candidat au correcteur, tout en évitant certains artifices peu satisfaisants.

A - Ce qu'il faut faire

Afin de ne pas obliger le correcteur à un décryptage systématique de la copie, il convient :

- ***d'aérer la présentation*** en ménageant des espaces, car cela donne une impression d'aisance notamment si l'on distingue les paragraphes et les alinéas : les premiers sont espacés par une ligne, les seconds sont matérialisés par un simple retour à la ligne et un retrait. Des lignes espacées présentent un double avantage pour le candidat et pour le correcteur : pour le candidat elles facilitent d'éventuelles corrections lors de la relecture ; pour le correcteur, elles lui permettent d'échapper quelques instants à l'emprise de l'écriture, surtout si celle-ci est difficilement lisible ;

- ***de fixer les points forts*** de la note de synthèse : en effet, la correction des développements passe par une lecture plus rapide de ceux-ci. La lecture n'est pas régulière (mot à mot), mais procède par bond en cherchant des points d'ancrage. On ne lit vraiment que lorsque l'œil est arrêté et rares sont les correcteurs qui ont le temps de s'arrêter. Aussi, ces points d'ancrage seront repérés plus aisément s'il y a des dates de lois, des noms propres, des références jurisprudentielles, des organismes, car ces mentions s'identifient par des chiffres ou des lettres capitales qui distinguent de leur environnement (l'écriture romaine) ces points essentiels. Mais attention à ne pas abuser de ces artifices, car les points d'ancrage d'une lecture rapide sont surtout les mots-clés ;
- ***d'accorder une attention particulière à la transition entre les parties***. En effet, ce paragraphe de transition, lorsqu'il existe, permet de vérifier la cohérence de la démonstration, autrement dit la logique du plan. Ce paragraphe de transition doit se présenter ainsi :

....
....
....
....
DONC =

Résumé conclusion de la Partie I : ____________________

Annonce de l'idée de la Partie II : = :

Et = = = = = = = doit être conséquent à ____________.

Ce paragraphe de transition présente un double intérêt : d'une part, il rend ostensible l'enchaînement des idées en assurant la liaison entre les niveaux de démonstration ; d'autre part, il assure la fluidité de la lecture en évitant les parachutages ou les brusques changements de thèmes.

D'une façon générale, il faut soigner les transitions. En effet, en l'absence de celles-ci, le correcteur considérera que l'ordonnancement du plan est aléatoire et qu'il s'agit seulement d'un travail de juxtaposition/composition, au lieu d'un raisonnement structuré et maîtrisé que seule l'utilisation systématique de phrases de transition/articulation permet.

B – Ce qu'il ne faut pas faire

Pour faciliter la lecture d'une copie, il convient cependant de ne pas utiliser des procédés pourtant très répandus :

- ***souligner les passages importants***. Il ne faut pas souligner les phrases ou les mots les plus importants pour l'argumentation : en plus de traduire une certaine forme de paresse intellectuelle sous prétexte d'une volonté de clarté, cela s'avère un artifice maladroit qui met implicitement en cause la perspicacité du correcteur et/ou qui en tout cas sera perçu comme tel. Le soulignage peut seulement être utilisé pour le titre du sujet, les titres de parties (éventuellement des sous-parties) afin de mieux les dégager ;

- ***renvoyer aux numéros des documents***. Un tel procédé n'est en général ni souhaité, ni surtout souhaitable : cela entraîne une présentation peu satisfaisante, avec de trop nombreuses parenthèses qui hachent la lecture ; cela peut laisser à penser que le correcteur a besoin d'une telle référence pour vérifier dans le dossier que telle idée y est bien exprimée. Mais ce renvoi est à proscrire surtout parce qu'éviter de se reporter au dossier est précisément la finalité poursuivie par la note de synthèse.

  Mais ce renvoi est parfois préconisé dans certains concours (notamment les concours judiciaires ou parajudiciaires et certains concours du ministère de l'Éducation nationale) et il convient d'y souscrire : « Comme l'a rappelé le Premier ministre dans sa déclaration de politique générale (doc. n° 3), l'accès à la fonction publique... » Si le sujet donne comme consigne de renvoyer aux numéros de documents, il est souhaitable de placer ces références en fin de paragraphe - et pas au milieu des phrases - pour ne pas en gêner la lecture ; et surtout de faire souvent référence à deux documents (doc. n° 2 et 9), voire trois (doc. n° 1, 3 et 7), ce qui traduit, à l'évidence, un esprit de synthèse dans la construction du paragraphe à l'aide de plusieurs documents ;
- ***mentionner l'auteur du texte de doctrine dont est extraite l'idée*** (« selon l'opinion du Professeur X... »). Il faut opter pour une formulation personnelle de cette idée. Sinon, la rédaction peut s'orienter vers un commentaire « comme le dit fort justement le Professeur X... » ou « contrairement à la thèse soutenue par X, il apparaît que… » ;
- ***parachuter une succession de paragraphes***. Il convient de rythmer l'exposé par des transitions de préférence placées à la fin du paragraphe et non par un retour à la ligne. Pour cela, il faut éviter les transitions naïves : « Il faut maintenant envisager le problème de... » ; « Après avoir vu la question du... » ; et préférer des transitions plus dynamiques : « Tels sont les objectifs tracés par... ; bien qu'encore à peine formalisés, ils laissent entrevoir cependant des perspectives nouvelles... ». Pour un exposé plus clair, penser aussi à exposer au début de chaque sous-partie l'idée qui sera développée.

2 • UNE EXPRESSION CORRECTE

Tout candidat doit avoir présent à l'esprit qu'il écrit pour être lu et non pas pour son plaisir, ni surtout pour être relu. En situation de concours, il faut être compris dès la première lecture.

> « Ce que l'on conçoit bien s'énonce clairement,
> Et les mots pour le dire arrivent aisément. »
>
> (Boileau, *Art poétique*).

Formule sans doute plus facile à appliquer dans un distique que dans une note de synthèse sur l'abandon du monopole communal du service extérieur des pompes funèbres !

Et en synthèse, on peut dire que c'est souvent lorsque l'on conçoit mal que les mots arrivent aisément sous la forme de paraphrases, de stéréotypes, de digressions.

Pour rédiger correctement les développements, il convient, en complément des exigences de style (*cf.* Chapitre 3) de :

- ***rédiger de façon réfléchie et non spontanée :*** en ne commençant la rédaction qu'après l'adoption définitive et détaillée du plan de synthèse ; en ne rédigeant un paragraphe qu'après avoir maîtrisé toutes les phrases de celui-ci ; en concevant la phrase dans sa totalité avant d'en écrire le début ;
- ***éviter les phrases interrogatives :*** qui provoquent souvent une césure dans le cours de la pensée et révèlent un artifice qui tente de masquer une lacune dans la démonstration, puisque la synthèse consiste essentiellement à apporter des solutions ;
- ***rythmer l'exposé :*** en alternant les phrases brèves qui ponctuent, soulignent, concluent ou expriment une idée simple et des périodes plus longues à propos d'un sujet plus difficile ou plus nuancé. Là encore, le rôle syntaxique et sémantique de la ponctuation doit être rappelé : l'articulation et le rythme de l'énoncé seront facilités par le bon usage du point-virgule ou des deux points. Mais attention de ne pas en abuser : le point-virgule ne peut séparer que deux « phrases grammaticales » à l'intérieur d'une même phrase logique ; les deux points marquent une coordination logique entre la partie de l'énoncé qui les précède et celle qui les suit ;
- ***prohiber le psittacisme*** c'est-à-dire la répétition mécanique des phrases à la manière d'un perroquet et la technique du « manteau d'Arlequin » (qui consiste à aller du dossier à la note en se contentant de seulement « couper-coller » ou « copier »). De tels procédés privent le travail d'une unité de style : la synthèse, comme le résumé de texte, est une écriture sur une écriture. Il ne faut donc pas recopier des extraits entiers de documents, mais les réécrire, préférer les allusions aux citations, quitte à reprendre exceptionnellement telle ou telle formule brève, jugée intéressante, en ayant l'honnêteté de la signaler entre guillemets.

EN PRATIQUE

- Le contenu d'un dossier correspond à une banque de données brutes, le libellé du sujet aux stipulations précises d'un cahier des charges : tout développement hors sujet peut entraîner une note éliminatoire. Pas de hors sujet, pas de hors dossier.
- L'épreuve consiste dans la synthèse du sujet par rapport au dossier et la synthèse du dossier par rapport au sujet.
- Il faut essayer de résumer au début de chaque paragraphe l'idée qui sera développée, afin d'être plus clair et de rester fidèle à la logique du propos.
- Le mieux étant l'ennemi du bien, les phrases courtes sont à privilégier et les tournures interrogatives, exclamatives ou emphatiques à bannir.

CHAPITRE 19

La conclusion

Temps fort de la note de synthèse, la conclusion est la « signature virtuelle » de l'auteur de la copie : elle est à la fois la réponse dégagée par l'analyse du dossier à la question et le reflet de la personnalité du candidat. Aussi, certains correcteurs prêtent leur première attention à la conclusion pour avoir immédiatement une appréciation qui s'avère souvent pertinente. Mais en règle générale, c'est l'ultime élément d'appréciation du correcteur... Or, cette ultime et délicate étape est souvent bâclée compte tenu du manque de temps et de la fatigue accumulée, notamment pour les candidats qui sont issus d'une formation juridique où la conclusion est – malheureusement – peu pratiquée.

1 • CE QU'IL NE FAUT PAS FAIRE

De très nombreux défauts sont fréquemment décelés en conclusion :

- *absence de conclusion :* qui résulte le plus souvent de manque de temps ; le travail ne sera pas alors considéré comme bouclé, mais comme bâclé, en laissant une fâcheuse impression de laisser-aller, d'insuffisance, d'amputation. Par ailleurs le correcteur sera ainsi alerté sur le fait que la seconde sous-partie risque d'être traitée de façon superficielle : or, le B du II est souvent un aspect stratégiquement important en synthèse avec les solutions ou la législation en vigueur ;
- *la conclusion-résumé :* qui ne fait que répéter, en quelques lignes hâtivement rédigées, ce qui a été précédemment développé et n'apporte rien de nouveau. C'est une répétition inutile et implicitement un aveu d'impuissance ;
- *la conclusion-rattrapage :* qui émet une idée forte contenue dans le dossier pour tenter de compenser de médiocres développements en relançant la démonstration. Si un point a été oublié, négligé ou insuffisamment développé, il ne faut pas le faire apparaître en conclusion, car le candidat fera lui-même la preuve de sa carence dans les développements. Mieux vaut intégrer ce point dans la partie à laquelle il se rapporte, quitte à utiliser la technique de la note en marge ou du renvoi en bas de page. Une copie suffisamment aérée peut permettre une telle correction ;
- *la conclusion masquée :* parfois conseillée pour certains travaux universitaires. La phrase de chute est située à la fin du B. II. et doit rejoindre l'idée contenue dans la phrase d'attaque. Certes, la boucle est bouclée, mais il ne s'agit pas d'une vraie conclusion, plutôt une sorte de point final faisant pendant à l'introduction. En tout état de cause, elle est insuffisante pour une note de synthèse. Et maladroite, car elle risque de ne pas être perçue et le travail sera considéré comme inachevé, ou elle sera perçue et sa présence sera considérée comme un refus de conclusion ;

- *la conclusion erronée :* assez fréquente et sans doute due à la fatigue du candidat qui, par une chute brillante, tente en quelque sorte le « tout pour le tout ». La conclusion n'est ni un pari, ni un acte de prophétie : les risques d'erreurs, notamment dans les synthèses juridiques, sont importants et fortement sanctionnés à ce moment de la correction ;
- *la conclusion personnelle :* une synthèse est par définition frustrante puisqu'il faut s'en tenir aux idées du dossier qui ne sont pas forcément celles partagées par le candidat. Dans des dossiers portant sur des problèmes de société comme l'interruption volontaire de grossesse, l'immigration ou l'homoparentalité, certaines notes laissent transparaître des idées personnelles, même si elles ne sont pas formulées de façon tranchée. Ce risque est d'autant plus grand si la conclusion s'appuie sur un texte journalistique dont le caractère souvent polémique peut faire réagir ;
- *la conclusion pessimiste :* les dossiers de synthèse abordent souvent des problèmes de société tels que le chômage, le partage du travail, les enfants dans le divorce, la précarité, la montée des solitudes... Or une conclusion doit être porteuse d'avenir et cette ultime partie du devoir est une phase d'apaisement. Pas de catastrophisme ou de défaitisme en conclusion, en insistant sur les problèmes au détriment des remèdes ; mais pas d'angélisme non plus en adoptant la démarche inverse. Reprendre le ou les points importants de l'argumentation en mettant en avant leur pertinence ou leur justesse. Tout en soulignant, le cas échéant, le caractère relatif ou limité de la réponse fournie au sujet, compte tenu de tel ou tel élément.

2 • CE QU'IL FAUT FAIRE

La conclusion constitue l'aboutissement normal de la démonstration : il faut, par les développements, parvenir au terme annoncé dans l'introduction. Cette partie du devoir doit être soignée et précise. C'est pour cela qu'il faut rédiger la conclusion au brouillon au début de la phase de montage de la note. De plus la contrainte temps est ainsi éludée : à quelques minutes de la fin de l'épreuve, il suffira de la recopier, au besoin en négligeant la fin de la seconde partie. Cela vaut mieux que de rendre un brouillon qui révèle, avant toute correction, la défaillance du candidat.

La conclusion, matérialisée seulement par un décrochement en fin de développement, comprend deux temps et se traduit donc par deux paragraphes :

- *la masse du bilan :* c'est le pendant de la masse théorique, et ce premier paragraphe constitue en quelque sorte la thèse de la synthèse, le « ramassis », c'est-à-dire l'idée principale qui domine tout le dossier. Énonçant le résultat le plus marquant de la confrontation entre les différents documents et le sujet, la masse de bilan clôt le raisonnement en délivrant la substance, l'idée fondamentale. Elle commence par une phrase du style : « Au terme de cette présentation, il apparaît donc que le problème central est celui de... » ou « En définitive, l'essentiel est... ». Ainsi le correcteur sera à même de pouvoir aborder le « vrai » paragraphe de conclusion ;
- *la conclusion proprement dite :* en principe, elle ne doit pas fermer le devoir, mais élargir ou interroger dans une perspective optimiste d'avenir.

Si l'on élargit, il faut le faire avec l'idée émise dans la conclusion de l'article de doctrine le plus synthétique (c'est-à-dire dont l'intitulé se rapproche le plus du sujet), mais cette idée devra ou pourra être façonnée ou modulée par le contenu d'autres documents. Une telle conclusion sera facilitée si l'on trouve une « idée-choc » exprimée en deux ou trois mots (ne jamais conclure en citant une longue phrase extraite du dossier) autour de laquelle sera bâtie la dernière phrase. Le tout sans que l'affirmation soit tranchée ou catégorique, car la conclusion requiert prudence et maturité.

Si l'on interroge, on ne peut le faire qu'avec une question soulevée dans le dossier, sous peine de ne plus être objectif, et sans utiliser la forme interrogative. La conclusion fournit souvent au candidat l'occasion de montrer que la solution ponctuelle qu'il a dégagée n'est pas sans remettre en cause d'autres aspects plus généraux (libertés, intérêt général, éthique, démocratie, égalité...).

La longueur d'une conclusion varie suivant le type de synthèse :

- elle n'excède pas une dizaine de lignes pour les notes de synthèse *stricto sensu*, les notes de synthèse juridiques, les notes administratives ;
- elle est plus brève pour la lettre en forme administrative et la lettre personnelle : se contenter d'une formule finale qui ne doit comporter aucune ambiguïté et être rédigée avec le ton administratif souhaitable : « J'attache un intérêt tout particulier à ce que ce problème soit résolu dans le sens de... » ou « Je vous remercie de me tenir au courant des dispositions que vous prendrez ou des difficultés rencontrées dans l'exécution des mesures concernant... ». Rappelons que, contrairement à une lettre en forme personnelle (*cf.* Chapitre 16), la lettre administrative ne comporte pas de formule de politesse ;
- elle est plus longue pour le rapport si le sujet exige de donner des solutions, de faire des suggestions ou des propositions. Dans cette hypothèse, il convient de ne pas proposer une seule solution en ne laissant aucune liberté au destinataire (supérieur hiérarchique), de ne pas proposer plusieurs solutions en le laissant se débrouiller, mais d'en proposer plusieurs tout en recommandant l'une d'entre elles, mais de façon argumentée.

EN PRATIQUE

- Si l'introduction ne doit pas déflorer les développements, la conclusion ne doit pas les refaire.
- La conclusion doit être synthétique (récapitulative) et prospective (ouverture sur l'avenir).
- Il faut placer en conclusion une idée ou un fait qui n'a pas sa place dans les développements mais qui mérite pourtant d'être abordé, car il éclaire le débat sous un autre angle ou l'ouvre sur une autre réflexion.
- Quelle que soit la conclusion, il ne faut pas faire apparaître une position tranchée qui risque d'être perçue comme trop catégorique et laisser une impression de rigidité d'esprit.
- Il faut rédiger la conclusion au début du montage de la note car il est essentiel de savoir où l'on va avant de définir comment y aller (par le choix du plan). De plus, cela évitera de l'improviser à la fin de l'épreuve dans la fatigue et la précipitation.

CHAPITRE 20

Avant et à la fin de l'épreuve

La difficulté d'une note de synthèse est bien sûr ressentie pendant l'épreuve. Mais il faut savoir que la clé de la réussite se trouve dans le travail de préparation quelques mois auparavant et celui de relecture quelques minutes avant la fin de l'épreuve.

1 • QUELQUES MOIS AVANT L'ÉPREUVE

La seule lecture des ouvrages méthodologiques sur la note de synthèse ne suffit pas aux futurs candidats pour dominer cette épreuve. Tout dépend du degré de préparation de ceux-ci car seul un entraînement régulier permet de progresser, s'il est effectué dans les conditions exactes du ou des concours envisagés.

En effet, l'expérience répétée de l'épreuve permet au candidat :

- de mieux gérer le temps imparti le jour du concours en ayant acquis le sens de la durée de l'épreuve par des galops d'essai dans le temps limité prévu par le(s) concours;
- de tester les différentes méthodes proposées, toutes susceptibles de nombreux aménagements personnels, notamment pour la technique du relevé d'idées (*cf.* Chapitre 13), et d'adopter définitivement celle qui est la mieux maîtrisée;
- de s'habituer à rédiger directement au propre à partir d'un relevé d'idées, sans avoir recours au brouillon qui occasionne une perte de temps inutile au détriment de la réflexion;
- d'accélérer sa vitesse de lecture : il faut s'entraîner à lire vite et bien en appliquant deux principes:
  • éviter la lecture syllabique ou mot à mot et s'habituer à voir des ensembles plus importants au sein desquels les mots clés et les mots charnières constituent des points d'ancrage,
  • éviter d'articuler, même de façon muette, car l'œil va toujours plus vite que les muscles utilisés pour la parole et l'audition même intérieure d'un mot est plus longue que sa simple perception;
- de ne pas être surpris par le type de sujet, sa formulation ou l'épaisseur du dossier, différents de ce qui avait été envisagé.
  Il faut donc choisir – dans la mesure du possible – le type de dossier adapté au(x) concours envisagé(s). Si l'on peut se procurer les annales des précédents concours, on aura une utile connaissance de la nature des épreuves, forcément différente pour

un concours des Finances publiques, des Affaires sanitaires et sociales, de la Culture, de la Magistrature, de la Fonction publique Territoriale, de la Gendarmerie ou du Ministère des Affaires étrangères;
- de tenir compte enfin de la correction des copies rendues en galop d'essai, de prendre conscience de ses principaux défauts afin de ne pas les renouveler, de confronter sa note de synthèse et le corrigé proposé en modèle en réfléchissant sur les points de divergence.

Il est donc essentiel de se préparer à cet exercice si particulier durant quelques mois, mais les quelques minutes précédant la remise de la copie peuvent aussi être déterminantes.

2 • QUELQUES MINUTES AVANT LA FIN DE L'ÉPREUVE

La relecture est une étape indispensable. Il faut avoir la volonté de s'arrêter d'écrire pour relire. Cela peut permettre de gagner quelques points ou surtout de ne pas en perdre : les ratures (propres) corrigeant telle inexactitude ou incorrection ne sauraient être reprochées au candidat (sauf abus). En effet, la correction orthographique et grammaticale ne dépend pas que de l'état des connaissances du candidat ou de son émotivité le jour de l'épreuve. Elle est souvent le signe d'une absence de relecture.

Il faut, de préférence, relire deux fois sa copie :

- une fois dans le sens du texte, pour corriger la construction des phrases, les omissions ou répétitions de mots, la ponctuation, la concordance des temps et autres incorrections grammaticales;
- une fois à l'envers, en commençant donc par le dernier paragraphe : cette lecture « différente » sera consacrée aux accords (adjectif, participe passé, verbe) et aux fautes d'orthographe que l'on peut malheureusement qualifier de classiques : doublement de la consonne ou non, h ou non, y ou i. Ne pas oublier non plus de compléter ou d'améliorer l'accentuation (« l'événement a été fêté » est préférable à « l'evenement a ete fete ») et la ponctuation.

EN PRATIQUE

- Les incorrections grammaticales et orthographiques sont fort logiquement sanctionnées car, à qualité égale, il convient de donner une meilleure note à la copie qui témoigne d'une bonne maîtrise de la langue française et de ses usages.
- Il faut aller jusqu'au bout de l'épreuve et ne pas partir alors qu'il reste quelques dizaines de minutes : ce temps supplémentaire ne peut qu'améliorer une copie.
- Il ne sert pas tant d'écrire que de bien écrire.
- Il faut également respecter les signes orthographiques que constituent les cédilles, les trémas, les accents aigus, graves ou circonflexes.
- Seul un entraînement répété à la note de synthèse permet d'intérioriser les conditions matérielles et les exigences intellectuelles de l'épreuve. La meilleure garantie de succès réside dans la répétition d'efforts méthodiques. Pour cette matière, la qualité dépend de la quantité.

PARTIE 4

Dossiers

CHAPITRE 21

Dossier commenté n° 1

Durée : 4 heures

Affaire d'État depuis l'ordonnance de Villers-Cotterêts (1539), l'usage et le rôle de la langue française sont perçus de manière passionnelle par les Français. Patrimoine commun de plus d'une cinquantaine de nations réparties sur les cinq continents, langue diplomatique, langue de travail aux Nations unies, le français voit pourtant son statut et son influence aujourd'hui fortement menacés.

À partir des documents suivants, il vous est demandé de rédiger une synthèse sur « l'emploi de la langue française ».

Document 1 : « La francophonie dans presque tous ses États », *Le Quotidien de Paris*, 17 février 1986.

Document 2 : « La Francophonie en 2008, 2010 et 2012 », Direction générale de la Francophonie, www.dglf.culture.gouv

Document 3 : X. Deniau, « La francophonie », Que sais-je ?, PUF.

Document 4 : Loi n° 75-1349 du 31 décembre 1975 relative à l'emploi de la langue française.

Document 5 : Circulaire du 12 avril 1994 relative à l'emploi de la langue française par les agents publics.

Document 6 : Conseil constitutionnel, D.C. 29 juillet 1994.

Document 7 : Loi n° 94-665 du 4 août 1994 relative à l'emploi de la langue française.

Document 8 : « Le français, miroir des français », *L'Express*, 28 mars 1986.

Document 9 : « Réflexion sur le français », *Le Figaro*, 26 février 1999.

Document 10 : Rapport du Sénat, 6 avril 1994 (extraits).

Document 11 : Circulaire du 6 mars 1998 relative à la féminisation des noms de métier, fonction, grade ou titre.

Document 12 : Service du dictionnaire de l'Académie française, note, 1998.

Document 13 : Claude Duneton, *La mort du français*, Plon, 1999.

Document 14 : *Le Monde*, 19 mars 2005.

Document 15 : « Les femmes ont désormais une case en moins », Le bien public, le 22/02/2012.

DOCUMENT 1

Le Quotidien de Paris, 17/2/1986

La francophonie dans presque tous ses États

À l'initiative de la France, les représentants de quarante-deux pays ou régions se retrouvent à partir d'aujourd'hui à Versailles. À l'ordre du jour : les grands problèmes internationaux, la diffusion du français et la coopération 1

• La République retourne chez Louis XIV dans les occasions qu'elle veut fastueuses, « historiques ». C'est donc à Versailles que se retrouveront, ce matin, les représentants des quarante-deux pays conviés au premier sommet de la francophonie. Une absence de marque pour l'Afrique : l'Algérie qui entend, peu sagement, marquer ainsi les profondes contradictions culturelles qui l'agitent. Deux présences remarquées pour l'Asie : le Laos et le Vietnam, tous deux venant, il est vrai, en tant qu'observateurs. La Suisse, pour des raisons constitutionnelles, aura le même statut. La Belgique sera représentée, et par son Premier ministre, Wilfried Martens, et par le ministre président de l'exécutif de la Communauté française, Philippe Monfils. Il y aura trois délégations canadiennes : la première venant d'Ottawa. La seconde du Nouveau-Brunswick et la troisième du Québec, la présence du Nouveau-Brunswick étant, à l'évidence, une astuce pour faciliter l'égalité de traitement entre représentants d'Ottawa et du Québec (voir en page 4). À souligner, enfin, la présence de l'Égypte, et surtout celle du Liban, qui témoigne de la volonté de résistance admirable et parfois désespérée des francophones du Proche-Orient.

Le français est la langue maternelle de 62 millions d'Européens, d'une dizaine de millions d'habitants du Nouveau Monde (sans compter les populations de la Guadeloupe, de la Martinique et de Saint-Pierre-et-Miquelon), mais le fait nouveau et capital, depuis une génération, est que le français soit non seulement devenu la langue officielle d'un bon tiers des États d'Afrique mais que, seul véritable vecteur d'unité, il soit enseigné dans des proportions inconnues durant l'époque coloniale et en arrive aujourd'hui à être une véritable langue maternelle, du fait d'un brassage interethnique considérable.

Finalement, et au terme de calculs assez peu sûrs, on estime que 125 millions de francophones seront représentés au sommet, auxquels il faut ajouter, selon le premier rapport sur l'état de la francophonie dans le monde, quelque 100 millions de « francisants » dont les francophones dits de « compatriotisme », Anglo-Canadiens, Belges, Suisses non romands, Mauriciens préparés par le créole et l'usage quotidien des moyens audiovisuels français installés à la Réunion.

Le sommet, contrairement aux vœux de certains participants, las de participer perpétuellement à des conférences qui dépassent leur objet fondamental au point de le noyer débattra donc rituellement des grands problèmes internationaux, avant d'aborder l'essentiel : la protection et la diffusion de la langue française, son adaptation aux grandes mutations technologiques (l'informatique, la télévision par satellites, etc.), enfin la possibilité de coopérer plus étroitement à l'intérieur d'un « espace francophone » où le dialogue Nord-Sud se développe déjà. Onze rapports seront présentés sur les banques de données, le développement, l'informatique, la coopération énergétique, l'endettement des pays les plus pauvres, l'extension des réseaux de communication et des nouveaux médias, l'usage du français dans les rapports internationaux, ses rapports avec d'autres langues nationales, la production et la diffusion d'images, etc.

Ces onze rapports seront assortis de propositions chiffrées, mais Paris ne semble pas beaucoup souhaiter que ce sommet aboutisse à la création d'une nouvelle institution, d'une nouvelle bureaucratie supra-nationale. Le Québec, particulièrement attaché à la dimension francophone, s'est déjà porté candidat à l'organisation d'un prochain sommet. On n'en est pas encore là, et tel ou tel État d'Afrique noire souhaitera peut-être avoir cet honneur.

J. M. K.

DOCUMENT 2

La Francophonie en 2008

Contrairement au Commonwealth composé d'anciens pays membres de l'empire britannique, la Francophonie n'est absolument pas un groupe de pays rassemblé autour de la France : il s'agit d'une organisation internationale dont de nombreux pays francophones sont membres et qui défend les valeurs des droits de l'Homme ainsi que de la diversité culturelle dans le monde – en particulier par la protection de l'usage de la langue française, langue usitée par environ 170 millions de personnes à travers le monde (3 % de la population mondiale, 9e langue mondiale). 2

Liste des pays où l'on parle le français

- La France et tous ses territoires.
- La Belgique, le Luxembourg, la Suisse et Monaco.
- De nombreux pays africains : l'Algérie, le Burkina Faso, le Bénin, le Cameroun, le Congo, la Côte d'Ivoire, Djibouti, le Gabon, la Guinée, Madagascar, le Mali, le Maroc, la Mauritanie, la République centrafricaine, la République démocratique du Congo (ex-Zaïre), le Sénégal, le Tchad et le Togo.
- Les Comores et les Seychelles, Vanuatu, Haïti et le Québec.

Et de nombreuses minorités francophones en Inde (Pondichéry), au Moyen-Orient (en Égypte, à Israël et au Liban) en Louisiane aux États-Unis, au Canada dans de grandes villes comme Vancouver, Edmonton, Saskatoon, Winnipeg, Toronto et dans les régions de la Nouvelle-Écosse et du Nouveau-Brunswick, au Cambodge, au Viêt-Nam, au Laos, à l'île Maurice et en Afrique du Sud.

La Francophonie en 2010

On estime à **200 millions** le nombre de francophones dans le monde, dont 72 millions de locuteurs partiels.

Le français est la **9e langue** la plus parlée sur la planète et la seule, avec l'anglais, à l'être sur les cinq continents.

Le français est la **3e langue de la Toile**, avec 5 % des pages Internet, après l'anglais (45 %) et l'allemand (7 %) et devant l'espagnol (4,5 %).

Dans **32 États et gouvernements membres ou observateurs** de l'OIF, le français est langue officielle, seul ou avec d'autres langues.

Les 70 États et gouvernements de l'Organisation On internationale de la Francophonie représentent **plus du tiers des membres des Nations unies**.

L'Afrique est le continent où l'on recense le plus grand nombre de francophones, avec **96,2 millions** dans les pays membres de l'OIF.

Dans l'Union européenne, le français est la **2e langue maternelle la plus parlée** (16 %), après l'allemand (23 %) et devant l'anglais (15,9 %).

La Francophonie en 2012

Le nombre de pays qui ont rejoint la Francophonie a presque doublé en trente ans puisqu'elle compte, à ce jour, 49 États et gouvernements membres. Elle a admis, en outre, trois pays observateurs (Pologne, Macé doine, Albanie). Elle représente une population totale de 500 millions d'habitants et regroupe plus du quart des États membres de l'Organisation des Nations Unies.
Il faut distinguer les francophones réels des francophones occasionnels et des francisants. On dénombre environ :
– 113 millions de francophones réels : ils ont du français (langue première, seconde ou d'adoption) une maîtrise courante et en font un usage habituel ; chiffre en augmentation de 7,7 % depuis 1990 ;
– 61 millions de francophones occasionnels, dans l'espace francophone : leur pratique du français est limitée soit par une maîtrise rudimentaire ou spécialisée, soit par un usage circonstanciel ; chiffre en augmentation de 11,8 %.

Évolution du nombre de locuteurs en français

• en hausse dans plus de 50 pays (Angola, Ghana, Inde, Cambodge, Yémen, Quatar, Allemagne, Slovaquie, Royaume-Uni, Val d'Aoste, Cuba...) ;

• stationnaire dans une vingtaine de pays (Roumanie, Bulgarie, Monaco, Slovénie, Égypte, Chine, Nigéria, Sénégal...) ;

• en baisse dans une quinzaine de pays (Djibouti, Cap Vert, Vietnam, Israël, Argentine, Panama, Oman...).

En Afrique et au Maghreb, l'augmentation du nombre de francophones, dans autant de pays francophones que non francophones, paraît liée essentiellement à cinq facteurs plus ou moins dépendants : la croissance démographique, l'amélioration de la scolarisation, les mouvements de réfugiés et immigrés francophones et la proximité de pays francophones, enfin l'urbanisation et l'impact des radios et télévisions.

En Asie, c'est l'accroissement du nombre d'apprenants, ainsi que, dans certains cas, un contexte de relations économiques et géopolitiques avec la France ou d'autres pays francophones qui peuvent expliquer l'augmentation du nombre de francophones dans une dizaine de pays asiatiques et aux Fidji, en Océanie.

En Amérique, la situation est contrastée au Canada : sur les 20 dernières années, l'augmentation nominale et la baisse relative du nombre de francophones est sensible, avec au Québec, une légère hausse du nombre de personnes ayant le français pour langue d'usage. Cette évolution devrait plutôt aller en se confirmant avec la hausse significative du nombre des allophones (locuteurs d'une langue autre que l'anglais ou le français) qui, au Canada, hors Québec, apprennent plutôt l'anglais. Par ailleurs, l'essor du bilinguisme est surtout le fait des populations du Québec et des provinces comportant des minorités francophones.

Répartition géographique des francophones dans le monde

Avant l'Europe, c'est le continent africain qui détient le nombre le plus important de francophones avec un taux de 11 % par rapport à sa population globale.

Les régions du monde les plus francophones (plus de 15 % de leur population) sont le Maghreb, l'Océan Indien et l'Europe de l'Ouest. Les dix pays où l'on trouve le plus de francophones restent la France métropolitaine, l'Algérie, le Canada, le Maroc, la Belgique, la Côte d'Ivoire, la Tunisie, le Cameroun, la République démocratique du Congo et la Suisse.

Direction générale de la Francophonie
www.dglf.culture.gouv

DOCUMENT 3

X. Deniau
« La francophonie »,
coll. Que sais-je ?, PUF, pp. 75 et s.

À la recherche d'une définition

Plus ou moins bien intégrée dans la conscience collective, la francophonie apparaît comme l'une de ces grandes notions qui font date dans l'histoire des idées et des mentalités sans pour autant susciter la précision ou la rigueur. Chacun connaît le mot mais aurait bien du mal à le définir.

Nous nous efforcerons de remédier à ce manque en traçant tout d'abord l'histoire du mot, puis en tentant d'expliciter ses différents sens.

I. – La francophonie :

Histoire d'un mot

1. Naissance. – Le mot semble avoir été inventé par le géographe Onésime Reclus (1837-1916), frère du célèbre géographe Elisée Reclus. Personnage peu connu puisque les dictionnaires, le *Petit Larousse* notamment, le définissent par cette simple mention « géographe français né à Orthez », Onésime Reclus nous intéresse doublement. Il est en effet l'inventeur de la francophonie en actes comme en paroles et la figure du francophone type tel que pouvait l'engendrer la mystique de la Troisième République.

Sa formation de géographe le conduisit à étudier la France et l'Afrique du Nord ainsi qu'à publier des atlas et des ouvrages de géographie traditionnelle. Mais bientôt, il eut l'idée de classer les habitants de la planète en fonction de la langue qu'ils parlaient dans leurs familles ou dans leurs relations sociales. Cette initiative était entièrement neuve à l'époque. O. Reclus délaissait les critères habituels de l'ethnie, de la race, de l'état d'avancement social ou économique, initiative d'autant plus originale et hardie à l'époque du Traité de Berlin (1878) où le globe est divisé en États ou en colonies et les hommes en citoyens ou en sujets administrés. O. Reclus décrivit et essaya même de chiffrer ces populations francophones, ce qui l'amena à créer le terme de « francophonie », qui désigne l'ensemble des populations parlant français. Le sens premier et immédiat du terme était né : la francophonie recouvrait à la fois une idée linguistique et une relation géographique (ensemble des territoires où l'on parle français).

La modernité d'O. Reclus ne se borne pas à ces considérations linguistiques et géographiques. Ses idéaux politiques lui permirent de conférer une autre dimension au nouveau concept. Animé d'un vif sentiment républicain qui le conduisit à la Commune et à l'exil, O. Reclus, en nationaliste convaincu, voyait dans la République française le véhicule des idéaux de liberté. La France, pour les hommes de cette génération, reste celle de la grande révolution, celle des soldats de l'an II, la nation porte-flambeau qui doit servir le monde par son exemple. La langue française déborde des cadres linguistiques pour devenir le ferment mystique des idéaux proprement français et notamment de la liberté. O. Reclus entrevoyait une francophonie, symbole et résumé de la solidarité humaine, du partage de la culture et de l'échange.

3

2. Oubli et résurgence. – Le mot et l'idée disparaissent de la conscience collective et des écrits avec O. Reclus, ce qui tend à montrer combien le géographe faisait figure de pionnier dans une *terra incognita*.

Le mot ne réapparaît qu'en novembre 1962 dans un numéro spécial de la revue *Esprit* intitulé « Le français dans le monde ». Ce numéro rassemblait de prestigieux écrivains de toutes nationalités (dont certains étaient appelés à jouer un rôle politique), comme Camille Bourniquel, Gougenheim, Léopold Sédar Senghor, Pierre-Henri Simon, Norodom Sihanouk, Jean Pellerin, Jean-Marc Léger.

Ces écrivains analysaient les chances et l'avenir pratique d'une telle idée. Le Président Senghor, agrégé de grammaire et poète de langue française, offrait au mot et à la notion une audience internationale. (...)

3. Vitalité et concurrence. – La rançon de cette diffusion fut double : d'une part, le mot apparut peu précis, ce qui le rendit moins crédible aux yeux de certains et, d'autre part, divers synonymes ou mots parallèles firent leur apparition.

Le terme touchait une matière à la fois sensible et nouvelle, celle des relations à adopter vis-à-vis de peuples récemment décolonisés. Il n'est pas étonnant alors que le mot se soit développé dans plusieurs directions à tel point qu'un journaliste du *Monde* le qualifia de « terme magique » ou que Jean-Marc Léger dans une communication faite au printemps 1977 à l'occasion du colloque « Francophonie et Commonwealth » le présenta ainsi : « Vocable au bonheur éminemment discutable, la francophonie a quelque chose d'une version contemporaine de l'auberge espagnole, chacun y trouve ou croit y trouver ce qu'il y a apporté. »

4. La « francité ». – Le terme de « francité » est, en effet, le seul qui corresponde à une notion intellectuelle définie. Il est fréquemment utilisé en Belgique (où il existe une « Maison de la Francité ») et où il a été analysé par Maurice Piron. Le terme est utilisé par Roland Barthes dans son recueil d'essais *Mythologies* (1957) qui est une réflexion sur les idées et les valeurs de la société contemporaine. Il est diffusé par le Pr Jacques Berque au Canada, puis relancé par Jean-Marc Léger dans *Le Devoir* de Montréal en 1964. Il trouve son défenseur et son propagateur en la personne du Président Senghor qui le définit avec la chaleur du poète. Le mot, bien que moins fréquemment employé, continue cependant d'exister car il possède un sens précis défini par rapport à la francophonie qu'il éclaire. *Le Grand Larousse* caractérise la francité comme « l'ensemble des caractères propres à la civilisation française ». Il semble donc qu'on se réfère ici plus à la France et à une essence française qu'à la langue. La francophonie apparaît comme la manifestation de la francité.

DOCUMENT 4

Loi n° 75-1349 du 31 décembre 1975 relative à l'emploi de la langue française

(Journal officiel du 4 janvier 1976)

Article 1er

Dans la désignation, l'offre, la présentation, la publicité écrite ou parlée, le mode d'emploi ou d'utilisation, l'étendue et les conditions de garantie d'un bien ou d'un service, ainsi que les factures et quittances, l'emploi de la langue française est obligatoire. Le recours à tout terme étranger ou à toute expression étrangère est prohibé lorsqu'il existe une expression ou un terme approuvés dans les conditions prévues par le décret n° 72-19 du 7 janvier 1972 relatif à l'enrichissement de la langue française. Le texte français peut se compléter d'une ou plusieurs traductions en langue étrangère.

Les mêmes règles s'appliquent à toutes informations ou présentations de programmes de radiodiffusion et de télévision, sauf lorsqu'elles sont destinées expressément à un public étranger.

L'obligation et la prohibition imposées par les dispositions de l'alinéa 2 s'appliquent également aux certificats de qualité prévus à l'article 7 de la loi de finances n° 63-628 du 2 juillet 1963.

Article 2

Les dispositions de l'article 1er ne sont pas applicables à la dénomination des produits typiques et spécialités d'appellation étrangère connus du plus large public.

En outre, des décrets préciseront dans quelles conditions des dérogations pourront être apportées aux dispositions de l'article 1er lorsque leur application serait contraire aux engagements internationaux de la France.

Article 3

Les infractions aux dispositions de l'article 1er ci-dessus sont, sans préjudice des dispositions de l'article 8 de la loi susvisée du 2 juillet 1963, constatées et poursuivies comme en matière d'infractions à la loi du 1er août 1905 sur la répression des fraudes, et punies des peines prévues à l'article 13 de cette loi.

Article 4

L'article L. 121-1 du code du travail est complété par les alinéas suivants :

« Toutefois, le contrat de travail constaté par écrit et à exécuter sur le territoire français est rédigé en français. Il ne peut contenir ni terme étranger ni expression étrangère lorsqu'il existe une expression ou un terme approuvés dans les conditions prévues par le décret n° 72-19 du 7 janvier 1972 relatif à l'enrichissement de la langue française.

« Lorsque l'emploi qui fait l'objet du contrat ne peut être désigné que par un terme étranger sans correspondant en français, le contrat de travail doit comporter une explication, en français, du terme étranger.

« Lorsque le salarié est étranger et le contrat constaté par écrit, une traduction du contrat est rédigée, à la demande du salarié, dans la langue de ce dernier; les deux textes font également foi en justice. En cas de discordance entre les deux textes, seul le texte rédigé dans la langue du salarié étranger peut être invoqué contre ce dernier. »

Article 5

L'article L. 311-4 du Code du travail est complété par les dispositions suivantes :

« 3° Un texte rédigé en langue étrangère ou contenant des termes étrangers ou des expressions étrangères, lorsqu'il existe une expression ou un terme approuvés dans les conditions prévues par le décret n° 72-19 du 7 janvier 1972 relatif à l'enrichissement de la langue française.

« Lorsque l'emploi ou le travail offert ne peut être désigné que par un terme étranger sans correspondant en français, le texte français doit en comporter une description suffisamment détaillée pour ne pas induire en erreur au sens du paragraphe 2° ci-dessus.

« Les interdictions portées au 3° ci-dessus ne s'appliquent qu'aux services à exécuter sur le territoire français, quelle que soit la nationalité de l'auteur de l'offre ou de l'employeur, et alors même que la parfaite connaissance d'une langue étrangère serait une des conditions requises pour tenir l'emploi proposé. Toutefois, les directeurs de publications principalement rédigées en langues étrangères peuvent recevoir des offres d'emploi rédigées dans ces langues. En outre, les offres d'emploi expressément faites à l'intention de ressortissants étrangers peuvent être rédigées en langue étrangère. »

Article 6

Toute inscription apposée par des personnes utilisant, à quelque titre que ce soit, un bien appartenant à une collectivité publique, à un établissement public, à une entreprise publique ou à une entreprise concessionnaire d'un service public devra être rédigée en langue française. Le texte français peut se compléter d'une ou plusieurs traductions en langue étrangère. Il ne peut contenir ni expression ni terme étrangers lorsqu'il existe une expression ou un terme approuvés dans les conditions prévues par le décret n° 72-19 du 7 janvier 1972 relatif à l'enrichissement de la langue française.

Dans les bâtiments et sur les terrains fréquentés par des étrangers, ainsi qu'à l'intérieur des véhicules de transport en commun qui peuvent être utilisés par des étrangers, toute inscription est rédigée en langue française et peut se compléter d'une ou plusieurs traductions en langue étrangère.

En cas d'inobservation des dispositions du présent article, la collectivité propriétaire du bien peut mettre l'utilisateur en demeure de faire cesser, à ses frais et dans le délai fixé par elle, l'irrégularité constatée.

L'usage du bien peut être retiré au contrevenant, même en l'absence de dispositions expresses dans la rédaction du contrat qu'il a souscrit ou de l'autorisation qui lui a été accordée, si la mise en demeure n'a pas été suivie d'effet.

Article 7

L'octroi, par les collectivités et les établissements publics, des subventions de toute nature est subordonné à l'engagement pris par les bénéficiaires de respecter les dispositions de la présente loi.

Toute violation de cet engagement peut entraîner, après mise en demeure, la restitution de la subvention.

Article 8

Quels qu'en soient l'objet et les formes, les contrats conclus entre une collectivité ou un établissement publics et une personne quelconque doivent être rédigés en langue française. Ils ne peuvent contenir ni expression ni terme étrangers lorsqu'il existe une expression ou un terme approuvés dans les conditions prévues par le décret n° 72-19 du 7 janvier 1972 relatif à l'enrichissement de la langue française.

Toutefois, les contrats conclus par une personne publique française avec un ou plusieurs contractants publics ou privés étrangers peuvent comporter, outre la rédaction en français, une rédaction en langue étrangère faisant foi au même titre que la rédaction en français.

DOCUMENT 5

5773 JOURNAL OFFICIEL DE LA RÉPUBLIQUE FRANÇAISE 20 avril 1994

Premier ministre

Circulaire du 12 avril 1991 relative à l'emploi de la langue française par les agents publics

NOR : *PRMX 9100162C*

Paris, le 12 avril 1994.

Le Premier ministre

à Mesdames et Messieurs les ministres

En 1992, l'article 3 de la Constitution a été complété pour qu'y soit précisé que la « langue de la République est le français ». Le statut de la langue française se trouve ainsi réaffirmé avec force : elle est la langue de la République.

La langue française est un élément constitutif de l'identité, de l'histoire et de la culture nationales. La réaffirmation du statut du français symbolise l'unité de la République et favorise la complète intégration de tous dans la vie de la cité.

20 avril JOURNAL OFFICIEL DE LA RÉPUBLIQUE FRANÇAISE 5773

Dans la mise en œuvre des instructions qui suivent, les agents publics doivent avoir la conviction que la langue française est un élément important de la souveraineté nationale et un facteur de la cohésion sociale. Aucune considération d'utilité, de commodité ou de coût ne saurait donc, sauf circonstances spéciales, empêcher ou restreindre l'usage de la langue française. Si tous les citoyens ont reçu en legs notre langue, les agents publics ont, plus que les autres, des obligations particulières pour assurer son usage correct et son rayonnement. Il leur incombe non seulement de veiller, dans l'ensemble de leurs activités en France, à ce que la place du français ne soit pas mise en cause, mais aussi de respecter les règles qui régissent l'emploi de la langue française dans les relations internationales.

En effet, la langue française doit demeurer une langue de communication internationale de premier plan. De plus, en sa qualité de membre de la communauté des pays ayant le français en partage, la France exerce des responsabilités particulières. Celles-ci portent tout particulièrement sur l'usage d'une langue dont près de cinquante États ont choisi de faire, à des degrés divers, une langue de travail et de culture.

La présente circulaire a pour objet de préciser ces obligations. Je vous invite donc à respecter les orienta- 4
tions suivantes :

1. Tout agent public doit se conformer au principe général, désormais inscrit dans la Constitution, selon lequel « la langue de la République est le français ».

En conséquence, les agents placés sous votre autorité doivent assurer la stricte application des lois, décrets et arrêtés relatifs à l'emploi de la langue française. Les agents chargés de l'application de la loi sont appelés à faire preuve de détermination pour relever les infractions observées.

Les mêmes obligations s'imposent aux agents des établissements publics et, plus généralement, aux organismes soumis à votre tutelle. Il vous appartient de le rappeler à leurs dirigeants pour qu'ils attirent l'attention de leurs personnels sur le respect nécessaire de la langue française.

2. La diffusion la plus large doit être assurée aux termes approuvés par les arrêtés de terminologie applicables à votre département ministériel. La liste de ceux-ci figure en annexe à la présente circulaire.

Vous veillerez tout particulièrement à assurer aux commissions ministérielles de terminologie les moyens nécessaires à la réalisation de leurs travaux.

3. Les services de communication ou d'information de votre département ministériel et, plus largement, les publications réalisées ou diffusées par vos services ne doivent en aucun cas se trouver en infraction avec les dispositions législatives et réglementaires relatives à l'emploi de la langue française.

4. Dans les programmes de formation qui leur sont proposés, l'attention des agents publics doit être attirée
sur l'importance qui s'attache à la langue française, qu'il s'agisse de la maîtrise de l'expression 4
orale ou écrite proprement dite ou du respect des règles juridiques régissant l'emploi de la langue
française.

Il est souhaitable que, parmi l'ensemble des éléments dont il est tenu compte pour la notation des agents, soit pris en considération l'intérêt que porte et le zèle que met chacun au respect de la langue française.

5. Dans leurs rapports avec des personnes ou des institutions étrangères, les agents placés sous votre autorité doivent se conformer scrupuleusement aux règles relatives à l'emploi de la langue française dans les relations internationales. Vous recevrez à cet effet des directives conjointes du ministre des affaires étrangères et du ministre de la culture et de la francophonie.

La plus large diffusion sera donnée à ces règles, notamment en direction des collectivités locales par l'intermédiaire des préfets, et en direction des représentants du monde économique.

6. Dans les cas où une ou plusieurs langues étrangères sont utilisées en plus du français, il importe de n'en privilégier aucune de façon systématique. Il est même souhaitable, en pareil cas, que le texte français soit accompagné de traductions en plus d'une langue étrangère, en tenant compte, pour le choix des langues des pratiques en usage chez nos différents partenaires.

Il convient toutefois, en ce qui concerne les inscriptions ou annonces qui font l'objet de traductions, de prescrire toute mesure qui permettrait à une langue étrangère d'être substituée au français pour le seul motif qu'elle serait comprise par un grand nombre de Français. Les traductions ne seront donc utilisées qu'avec modération, notamment en ce qui concerne les messages diffusés par les répondeurs téléphoniques et les messageries vocales.

7. Enfin, il importe que les dispositions législatives relatives aux subventions figurant à l'article 7 de la loi du 31 décembre 1975, comme celles qui sont appelées à s'y substituer, soient effectivement mises en œuvre.

Le ministre du budget contribuera à la réalisation de cet objectif en donnant les instructions appropriées non seulement pour qu'aucune subvention ne puisse être versée à qui ne respecterait pas la loi, mais également pour que soit systématiquement examinée, à la suite de tout manquement, la restitution totale ou partielle de la subvention.

La présente circulaire n'entend en rien porter atteinte à la pratique des langues régionales.

Dans un délai de six mois à compter de la publication de la présente circulaire, vous arrêterez vos propres instructions destinées à préciser les mesures particulières à votre département ministériel. Pour l'élaboration de ces instructions, qui seront également signées par le ministre de la culture et de la francophonie, chargé par délégation des attributions relatives à la langue française, vous bénéficierez de la collaboration de la délégation générale à la langue française.

La délégation veillera à l'application de la présente circulaire et des instructions propres à chaque département ministériel. Vous lui soumettrez les difficultés que vous pourrez rencontrer dans la mise en œuvre de la présente circulaire.

ÉDOUARD BALLADUR.

DOCUMENT 6

Conseil constitutionnel

11240 JOURNAL OFFICIEL DE LA RÉPUBLIQUE FRANÇAISE 2 août 1994

Décision n° 94-345 DC du 29 juillet 1994

NOR : *CSCX91003465*

Loi relative à l'emploi de la langue française

Considérant que la loi relative à l'emploi de la langue française prescrit sous réserve de certaines exceptions l'usage obligatoire de la langue française dans les lieux ouverts au public, dans les relations commerciales, de travail, dans l'enseignement et la communication audiovisuelle : qu'elle n'a toutefois pas pour objet de prohiber l'usage de traductions lorsque l'utilisation de la langue française est assurée : qu'elle comporte des dispositions destinées à garantir la présence de la langue française dans les manifestations, colloques et congrès organisés en France et dans les publications, revues et communications diffusées sur le territoire national : que les dispositions qu'elle comporte sont assorties de diverses sanctions : (...)

Considérant qu'il était loisible au législateur d'imposer dans les cas et conditions qu'il a prévus l'usage de la langue française, ce qui n'exclut pas l'utilisation de traductions ;

Considérant que, s'agissant du contenu de la langue, il lui était également loisible de prescrire, ainsi qu'il l'a fait, aux personnes morales de droit public comme aux personnes de droit privé dans l'exercice d'une mission de service public l'usage obligatoire d'une terminologie officielle ;

2 août 1994 JOURNAL OFFICIEL DE LA RÉPUBLIQUE FRANÇAISE 11240 5

Considérant que toutefois, eu égard à la liberté fondamentale de pensée et d'expression proclamée par l'article 11 de la Déclaration des droits de l'homme et du citoyen, il ne pouvait imposer, sous peine de sanctions, pareille obligation aux organismes et services de radiodiffusion sonore et télévisuelle, qu'ils soient publics ou privés ;

Considérant par ailleurs que le législateur ne pouvait de même sans méconnaître l'article 11 précité de la Déclaration de 1789 imposer à des personnes privées, hors l'exercice d'une mission de service public, l'obligation d'user, sous peine de sanctions, de certains mots ou expressions définis par voie réglementaire sous forme d'une terminologie officielle ;

Considérant qu'il résulte de ce qui précède que sont contraires à la Constitution le deuxième alinéa de 5
l'article 2 relatif à des pratiques commerciales et la seconde phrase du premier alinéa de l'article 3 concernant la voie publique, les lieux ouverts au public et les transports en commun en tant qu'ils s'appliquent à des personnes autres que les personnes morales de droit public et les personnes privées dans l'accomplissement d'un service public ; (...)

Considérant en revanche que, même compte tenu des dispositions susévoquées de l'article 2 de la Constitution, le législateur a imposé, par le second alinéa de l'article 7, aux enseignants et chercheurs, qu'ils soient français ou étrangers, des contraintes de nature à porter atteinte à l'exercice de la liberté d'expression et de communication dans l'enseignement et la recherche : que la faculté d'accorder des dérogations conférée
au ministre de la recherche qui n'est assortie d'aucune condition relative notamment à l'appréciation de 6
l'intérêt scientifique et pédagogique des travaux, ne constitue pas une garantie suffisante pour préserver cette liberté : que dès lors le second alinéa de l'article 7 de la loi doit être regardé comme contraire à la Constitution ;

Sur l'article 13 de la loi :

Considérant que cet article se borne à garantir que seront prises sous la responsabilité du Conseil supérieur de l'audiovisuel pour leur détermination ou leur application des dispositions propres à assurer « le respect de la langue française et le rayonnement de la francophonie » dans le fonctionnement des services de télévision et de radiodiffusion sonore : que dès lors qu'elles ne peuvent impliquer, compte tenu de ce qui précède, que soit imposé l'emploi de certains termes prescrits par voie réglementaire, elles ne sont pas en elles-mêmes susceptibles de porter atteinte à la liberté de communication dont le Conseil supérieur de l'audiovisuel doit assurer le respect sous le contrôle du juge : qu'elles ne méconnaissent pas non plus la compétence conférée au législateur par l'article 34 de la Constitution ; (...)

Décide :

Art. 1er. – Sont déclarés contraires à la Constitution :

– à l'article 2, le deuxième alinéa ;

– à l'article 3, la deuxième phrase du premier alinéa ;

– à l'article 7, le deuxième alinéa ;

– à l'article 8, la deuxième phrase du deuxième alinéa ; 6

– à l'article 9, la deuxième phrase du deuxième alinéa et la deuxième phrase du quatrième alinéa, ainsi qu'au huitième alinéa, les mots : « ... ou contenant une expression ou un terme étrangers lorsqu'il existe une expression ou un terme français de même sens approuvés dans les conditions prévues par les dispositions réglementaires relatives à l'enrichissement de la langue française... » ;

– à l'article 10, au deuxième alinéa, /mots : « ... ou contenant une expression ou un terme étrangers, lorsqu'il existe une expression ou un terme français de même sens approuvés dans les conditions prévues par les dispositions réglementaires relatives à l'enrichissement de la langue française. » ;

– à l'article 12, le cinquième alinéa.

Art. 2. – La présente décision sera publiée au *Journal officiel* de la République française.

Délibéré par le Conseil constitutionnel dans sa séance du 29 juillet 1994.

Le président,

ROBERT BADINTER.

DOCUMENT 1

11392 JOURNAL OFFICIEL DE LA RÉPUBLIQUE FRANÇAISE 5 août 1994

Lois

Loi n° 94-665 du 4 août 1994 relative à l'emploi de la langue française (1)

NOR : ***MCCX9400007L***

L'Assemblée nationale et le Sénat ont adopté.

Vu la décision du Conseil constitutionnel n° 94-345 DC en date du 29 juillet 1994.

Le Président de la République promulgue la loi dont la teneur suit :

Art. 1er. – Langue de la République en vertu de la Constitution, la langue française est un élément fondamental de la personnalité et du patrimoine de la France.

Elle est la langue de l'enseignement, du travail, des échanges et des services publics.

Elle est le lien privilégié des États constituant la communauté de la francophonie.

Art. 2. – Dans la désignation, l'offre, la présentation, le mode d'emploi ou d'utilisation, la description de l'étendue et des conditions de garantie d'un bien, d'un produit ou d'un service, ainsi que dans les factures et quittances, l'emploi de la langue française est obligatoire.

[Dispositions déclarées non conformes à la Constitution par décision du Conseil constitutionnel n° 94-345 DC du 29 juillet 1994.]

Les mêmes dispositions s'appliquent à toute publicité écrite, parlée ou audiovisuelle.

Les dispositions du présent article ne sont pas applicables à la dénomination des produits typiques et spécialités d'appellation étrangère connus du plus large public.

La législation sur les marques ne fait pas obstacle à l'application des premier et troisième alinéas du présent article aux mentions et messages enregistrés avec la marque.

Art. 3. – Toute inscription ou annonce apposée ou faite sur la voie publique, dans un lieu ouvert au public ou dans un moyen de transport en commun et destinée à l'information du public doit être formulée en langue française. *[Dispositions déclarées non conformes à la Constitution par décision du Conseil constitutionnel n° 94-345 DC du 29 juillet 1994.]*

Si l'inscription rédigée en violation des dispositions qui précèdent est apposée par un tiers utilisateur sur un bien appartenant à une personne morale de droit public, celle-ci doit mettre l'utilisateur en demeure de faire cesser, à ses frais et dans le délai fixé par elle, l'irrégularité constatée. Si la mise en demeure n'est pas suivie d'effet, l'usage du bien peut, en tenant compte de la gravité du manquement, être retiré au contrevenant, quels que soient les stipulations du contrat ou les termes de l'autorisation qui lui avait été accordée.

Art. 4. – Lorsque des inscriptions ou annonces visées à l'article précédent, apposées ou faites par des personnes morales de droit public ou des personnes privées exerçant une mission de service public font l'objet de traductions, celles-ci sont au moins au nombre de deux.

Dans tous les cas où les mentions, annonces et inscriptions prévues aux articles 2 et 3 de la présente loi sont complétées d'une ou plusieurs traductions, la présentation en français doit être aussi lisible, audible ou intelligible que la présentation en langues étrangères.

5 août 1994 JOURNAL OFFICIEL DE LA RÉPUBLIQUE FRANÇAISE 11392

Un décret en Conseil d'État précise les cas et les conditions dans lesquels il peut être dérogé aux dispositions du présent article dans le domaine des transports internationaux.

Art. 5. – Quels qu'en soient l'objet et les formes, les contrats auxquels une personne morale de droit public ou une personne privée exécutant une mission de service public sont parties sont rédigés en langue française. Ils ne peuvent contenir ni expression ni terme étrangers lorsqu'il existe une expression ou un terme français de même sens approuvés dans les conditions prévues par les dispositions réglementaires relatives à l'enrichissement de la langue française.

Ces dispositions ne sont pas applicables aux contrats conclus par une personne morale de droit public gérant des activités à caractère industriel et commercial et à exécuter intégralement hors du territoire national.

Les contrats visés au présent article conclus avec un ou plusieurs cocontractants étrangers peuvent comporter, outre la rédaction en français, une ou plusieurs versions en langue étrangère pouvant également faire foi.

Une partie à un contrat conclu en violation du premier alinéa ne pourra se prévaloir d'une disposition en langue étrangère qui porterait préjudice à la partie à laquelle elle est opposée.

Art. 6. – Tout participant à une manifestation, un colloque ou un congrès organisé en France par des personnes physiques ou morales de nationalité française a le droit de s'exprimer en français. Les documents distribués aux participants avant et pendant la réunion pour en présenter le programme doivent être rédigés en français et peuvent comporter des traductions en une ou plusieurs langues étrangères.

Lorsqu'une manifestation, un colloque ou un congrès donne lieu à la distribution aux participants de documents préparatoires ou de documents de travail, ou à la publication d'actes ou de comptes rendus de travaux, les textes ou interventions présentés en langue étrangère doivent être accompagnés au moins d'un résumé en français.

Ces dispositions ne sont pas applicables aux manifestations, colloques ou congrès qui ne concernent que des étrangers, ni aux manifestations de promotion du commerce extérieur de la France.

Lorsqu'une personne morale de droit public ou une personne morale de droit privé chargée d'une mission de service public a l'initiative des manifestations visées au présent article, un dispositif de traduction doit être mis en place.

Art. 7. – Les publications, revues et communications diffusées en France et qui émanent d'une personne morale de droit public, d'une personne privée exerçant une mission de service public ou d'une personne privée bénéficiant d'une subvention publique doivent, lorsqu'elles sont rédigées en langue étrangère, comporter au moins un résumé en français.

[Dispositions déclarées non conformes à la Constitution par décision du Conseil constitutionnel n° 94-345 DC du 29 juillet 1994.]

Art. 8. – Les trois derniers alinéas de l'article L. 121-I du Code du travail sont remplacés par quatre alinéas ainsi rédigés :

– Le contrat de travail constaté par écrit est rédigé en français. *[Dispositions déclarées non conformes à la Constitution par décision du Conseil constitutionnel n° 94-345 DC du 29 juillet 1994.]*

– Lorsque l'emploi qui fait l'objet du contrat ne peut être désigné que par un terme étranger sans correspondant en français, le contrat de travail doit comporter une explication en français du terme étranger.

– Lorsque le salarié est étranger et le contrat constaté par écrit, une traduction du contrat est rédigée, à la demande du salarié, dans la langue de ce dernier. Les deux textes font également foi en justice. En cas de discordance entre les deux textes, seul le texte rédigé dans la langue du salarié étranger peut être invoqué contre ce dernier.

« L'employeur ne pourra se prévaloir à l'encontre du salarié auquel elles feraient grief des clauses d'un contrat de travail conclu en violation du présent article. »

Art. 9. – I. – L'article L. 122-35 du Code du travail est complété par un alinéa ainsi rédigé :

« Le règlement intérieur est rédigé en français. *[Dispositions déclarées non conformes à la Constitution par décision du Conseil constitutionnel n° 94-345 DC du 29 juillet 1994.]* Il peut être accompagné de traductions en une ou plusieurs langues étrangères. »

II. – Il est inséré, après l'article L. 122-39 du Code du travail, un article L. 122-39-1 ainsi rédigé :

« *Art. L 122-39-1.* – Tout document comportant des obligations pour le salarié ou des dispositions dont la connaissance est nécessaire à celui-ci pour l'exécution de son travail doit être rédigé en français. *[Dispositions déclarées non conformes à la Constitution par décision du Conseil constitutionnel n° 94-345 DC du 29 juillet 1994.]* Il peut être accompagné de traductions en une ou plusieurs langues étrangères.

« Ces dispositions ne sont pas applicables aux documents reçus de l'étranger ou destinés à des étrangers. »

III. – Aux premier et troisième alinéas de l'article L. 122-37 du Code du travail, les mots : « articles L. 122-34 et L. 122-35 » sont remplacés par les mots : « articles L. 122-34, L. 122-35 et L. 122-39-1 ».

IV. – Il est inséré, après l'article L. 132-2 du code du travail, un article L. 132-2-1 ainsi rédigé :

« *Art. L. 132-2-1.* – Les conventions et accords collectifs de travail et les conventions d'entreprise ou d'établissement doivent être rédigés en français. Toute disposition rédigée en langue étrangère *[Dispositions déclarées non conformes à la Constitution par décision du Conseil constitutionnel n° 94-345 DC du 29 juillet 1994]* est inopposable au salarié à qui elle ferait grief. »

Art. 10. – Le 3e de l'article L. 311-4 du Code du travail est ainsi rédigé :

« 3° Un texte rédigé en langue étrangère *[Dispositions déclarées non conformes à la Constitution par décision du Conseil constitutionnel n° 94-345 DC du 29 juillet 1994].*

« Lorsque l'emploi ou le travail offert ne peut être désigné que par un terme étranger sans correspondant en français, le texte français doit en comporter une description suffisamment détaillée pour ne pas induire en erreur au sens du 2° ci-dessus.

« Les prescriptions des deux alinéas précédents s'appliquent aux services à exécuter sur le territoire français, quelle que soit la nationalité de l'auteur de l'offre ou de l'employeur, et aux services à exécuter hors du territoire français lorsque l'auteur de l'offre ou l'employeur est français, alors même que la parfaite connaissance d'une langue étrangère serait une des conditions requises pour tenir l'emploi proposé. Toutefois, les directeurs de publications rédigées, en tout ou partie, en langue étrangère peuvent, en France, recevoir des offres d'emploi rédigées dans cette langue. »

Art. 11. – I. – La langue de l'enseignement, des examens et concours, ainsi que des thèses et mémoires dans les établissements publics et privés d'enseignement est le français, sauf exceptions justifiées par les nécessités de l'enseignement des langues et cultures régionales ou étrangères ou lorsque les enseignants sont des professeurs associés ou invités étrangers.

Les écoles étrangères ou spécialement ouvertes pour accueillir des élèves de nationalité étrangère, ainsi que les établissements dispensant un enseignement à caractère international, ne sont pas soumis à cette obligation.

II. – Il est inséré, après le deuxième alinéa de l'article 1er de la loi n° 89-486 du 10 juillet 1989 d'orientation sur l'éducation, un alinéa ainsi rédigé :

5 août 1994 JOURNAL OFFICIEL DE LA RÉPUBLIQUE FRANÇAISE 11392

« La maîtrise de la langue française et la connaissance de deux autres langues font partie des objectifs fondamentaux de l'enseignement. »

Art. 12. – Avant le chapitre 1er du titre II de la loi n° 86-1067 du 30 septembre 1986 relative à la liberté de communication, il est inséré un article 20-1 ainsi rédigé :

« *Art. 20-1.* – L'emploi du français est obligatoire dans l'ensemble des émissions et des messages publicitaires des organismes et services de radiodiffusion sonore ou télévisuelle, quel que soit leur mode de diffusion ou de distribution, à l'exception des œuvres cinématographiques et audio-visuelles en version originale.

« Sous réserve des dispositions du 2° *bis* de l'article 28 de la présente loi, l'alinéa précédent ne s'applique pas aux œuvres musicales dont le texte est, en tout ou partie, rédigé en langue étrangère.

« L'obligation prévue au premier alinéa n'est pas applicable aux programmes, parties de programme ou publicités incluses dans ces derniers qui sont conçus pour être intégralement diffusés en langue étrangère ou dont la finalité est l'apprentissage d'une langue, ni aux retransmissions de cérémonies culturelles.

[Dispositions déclarées non conformes à la Constitution par décision du Conseil constitutionnel n° 94-345 DC du 29 juillet 1994.]

« Lorsque les émissions ou les messages publicitaires visés au premier alinéa du présent article sont accompagnés de traductions en langues étrangères, la présentation en français doit être aussi lisible, audible ou intelligible que la présentation en langue étrangère. »

Art. 13. – La loi n° 86-1067 du 30 septembre 1986 précitée est ainsi modifiée :

I. – Après le sixième alinéa du II de l'article 24, il est inséré un alinéa ainsi rédigé :

« – le respect de la langue française et le rayonnement de la francophonie. »

II. – À l'article 28, il est inséré, après le 4°, un 4° *bis* ainsi rédigé :

« 4° *bis*. Les dispositions propres à assurer le respect de la langue française et le rayonnement de la francophonie ».

III. – À l'article 33, il est inséré, après le 2°, un 2° *bis* ainsi rédigé :

« 2° *bis*. Les dispositions propres à assurer le respect de la langue française et le rayonnement de la francophonie ».

Art. 14. – I. – L'emploi d'une marque de fabrique, de commerce ou de service constituée d'une expression ou d'un terme étrangers est interdit aux personnes morales de droit public dès lors qu'il existe une expression ou un terme français de même sens approuvés dans les conditions prévues par les dispositions réglementaires relatives à l'enrichissement de la langue française.

Cette interdiction s'applique aux personnes morales de droit privé chargées d'une mission de service public, dans l'exécution de celle-ci.

II. – Les dispositions du présent article ne sont pas applicables aux marques utilisées pour la première fois avant l'entrée en vigueur de la présente loi.

Art. 15. – L'octroi, par les collectivités et les établissements publics, de subventions de toute nature est subordonné au respect par les bénéficiaires des dispositions de la présente loi.

Tout manquement à ce respect peut, après que l'intéressé a été mis à même de présenter ses observations, entraîner la restitution totale ou partielle de la subvention.

Art. 16. – Outre les officiers et agents de police judiciaire agissant conformément aux dispositions du code de procédure pénale, les agents énumérés aux 1°, 3° et 4° de l'article L. 215-1 du Code de la consommation sont habilités à rechercher et constater les infractions aux dispositions des textes pris pour l'application de l'article 2 de la présente loi.

À cet effet, les agents peuvent pénétrer de jour dans les lieux et véhicules énumérés au premier alinéa de l'article L. 213-4 du même code et dans ceux où s'exercent les activités mentionnées à l'article L. 216-1, à l'exception des lieux qui sont également à usage d'habitation. Ils peuvent demander à consulter les documents nécessaires à l'accomplissement de leur mission, en prendre copie et recueillir sur convocation ou sur place les renseignements et justifications propres à l'accomplissement de leur mission.

Ils peuvent également prélever un exemplaire des biens ou produits mis en cause dans les conditions prévues par décret en Conseil d'État.

Art. 17. – Quiconque entrave de façon directe ou indirecte l'accomplissement des missions des agents mentionnés au premier alinéa de l'article 16 ou ne met pas à leur disposition tous les moyens nécessaires à cette fin est passible des peines prévues au second alinéa de l'article 433-5 du code pénal.

Art. 18. – Les infractions aux dispositions des textes pris pour l'application de la présente loi sont constatées par des procès-verbaux qui font foi jusqu'à preuve du contraire.

Les procès-verbaux doivent, sous peine de nullité, être adressés dans les cinq jours qui suivent leur clôture au procureur de la République.

Une copie en est également remise, dans le même délai, à l'intéressé.

Art. 19. – Après l'article 2-13 du code de procédure pénale, il est inséré un article 2-14 ainsi rédigé :

« *Art. 2-14.* – Toute association régulièrement déclarée se proposant par ses statuts la défense de la langue française et agréée dans les conditions fixées par décret en Conseil d'État peut exercer les droits reconnus à la partie civile en ce qui concerne les infractions aux dispositions des textes pris pour l'application des articles 2, 3, 4, 6, 7 et 10 de la loi n° 94-665 du 4 août 1994 relative à l'emploi de la langue française. »

Art. 20. – La présente loi est d'ordre public. Elle s'applique aux contrats conclus postérieurement à son entrée en vigueur.

Art. 21. – Les dispositions de la présente loi s'appliquent sans préjudice de la législation et de la réglementation relatives aux langues régionales de France et ne s'opposent pas à leur usage.

Art. 22. – Chaque année, le Gouvernement communique aux assemblées, avant le 15 septembre, un rapport sur l'application de la présente loi et des dispositions des conventions ou traités internationaux relatives au statut de la langue française dans les institutions internationales.

Art. 23. – Les dispositions de l'article 2 entreront en vigueur à la date de publication du décret en Conseil d'État définissant les infractions aux dispositions de cet article, et au plus tard douze mois après la publication de la présente loi au *Journal officiel*.

Les dispositions des articles 3 et 4 de la présente loi entreront en vigueur six mois après l'entrée en vigueur de l'article 2.

Art. 24. – La loi n° 75-1349 du 31 décembre 1975 relative à l'emploi de la langue française est abrogée, à l'exception de ses articles 1er à 3 qui seront abrogés à compter de l'entrée en vigueur de l'article 2 de la présente loi et de son article 6 qui sera abrogé à la date d'entrée en vigueur de l'article 3 de la présente loi.

La présente loi sera exécutée comme loi de l'État.

Fait à Paris, le 4 août 1994.

FRANÇOIS MITTERRAND.

5 août 1994 JOURNAL OFFICIEL DE LA RÉPUBLIQUE FRANÇAISE 11392

Par le Président de la République :

Le Premier ministre,
ÉDOUARD BALLADUR

Le ministre d'État, ministre de l'intérieur et de l'aménagement du territoire,
CHARLES PASQUÀ

Le ministre d'État, garde des sceaux, ministre de la justice,
PIERRE MÉHAIGNERIE

Le ministre des affaires étrangères,
ALAIN JUPPÉ

Le ministre de l'éducation nationale,
FRANÇOIS BAYROU

Le ministre de l'économie,
EDMOND ALPHANDÉRY

Le ministre de l'équipement,
des transports et du tourisme,
BERNARD BOSSON

Le ministre du travail, de l'emploi
et de la formation professionnelle,
MICHEL GIRAUD

Le ministre de la culture
et de la francophonie,
JACQUES TOUBON

Le ministre du budget,porte-parole du Gouvernement,
NICOLAS SARKOZY

Le ministre de l'enseignement supérieuret de la recherche,
FRANÇOIS FILLON

DOCUMENT 8

L'Express, 28/3/1986

« Le français, miroir des Français »

Une langue qui ne bouge pas meurt : Alain Fantapié, qui enseigne la linguistique française à Paris III, voit dans le bouillonnement actuel une marque de vitalité.

L'Express : *Vous êtes un observateur du langage. Que vous raconte-t-il sur l'évolution de notre société ?*

Alain Fantapié : La langue d'une communauté, c'est, en quelque sorte, un miroir qu'elle se tend. C'est son reflet, et un reflet très fidèle. Observer dans les pratiques quotidiennes comment le français évolue, c'est saisir dans l'une de leurs manifestations concrètes les changements de notre société. Dresser, au hasard, une liste de mots nouveaux du langage courant, c'est constater en un coup d'œil qu'en dix ans nous avons changé de civilisation : bébés éprouvettes, rosiers cloués, stimulateurs cardiaques, cartes à mémoire, lecteurs optiques, vidéodisques. C'est aussi percevoir nos modes, nos mythes, nos rêves – body-building, jogging et jeunesse éternelle – l'empreinte de la publicité sur nos mentalités, sa pénétration dans nos mœurs politiques : « Votez, éliminez! » La manière dont les jeunes s'expriment – gerber, flipper, s'éclater – révèle une attitude nouvelle face aux problèmes de la vie. Écouter les mots des jeunes, c'est déjà commencer à les comprendre. Très révélateur, aussi, le choix de mots édulcorants, doux comme on parle de drogues douces, qui a marqué notre société depuis une douzaine d'années...

– *Il n'y a plus de sourds, il n'y a plus que des malentendants...*

– Ou, plus grave, des non-entendants. Plus d'aveugles, mais des malvoyants et des non-voyants. Plus de vieillards, mais on entre dans le troisième âge avant de connaître le quatrième... Plus de pays sous-développés, mais des pays en voie de développement, terme qui est une contre-vérité! Plus de pauvres : un tiers-monde; plus pauvre encore : un quart-monde. Ce vocabulaire a été particulièrement à la mode sous le précédent septennat, tout de gentillesse, de consensus, de décrispation. Peut-être ces euphémismes correspondent-ils aussi à de la pudeur comme lorsqu'on dit : « il n'est plus » pour « il est mort » ou qu'on parle d'une longue et douloureuse maladie comme synonyme de cancer.

– *L'évolution d'une langue se limite-t-elle à l'introduction de mots nouveaux?*

– Non, pas seulement. Ce qui est révélateur, c'est l'évolution du langage sous toutes ses formes; les mots bougent, mais aussi leur prononciation, la syntaxe, le style. Le changement dans les mots ou dans le sens des mots, c'est très parlant parce qu'ils sont liés à des images, à des concepts, donc à des réalités nouvelles. Pensez à la puissance de l'imaginaire qui est porté par l'expression toute récente de guerre des étoiles. On a envie d'y jouer! Le changement dans nos intonations, dans notre façon d'articuler, de faire ou de ne pas faire les liaisons est beaucoup moins évident, mais il est très considérable. Il suffit de revoir des films tournés il y a trente ans pour le percevoir. Des pratiques syntaxiques on peut plus clairement tirer des enseignements, car elles révèlent bien certaines évolutions de la société. Mais elles correspondent à un phénomène très lent et continu. Il y a un moment où on emploie de moins en moins souvent une forme, le passé simple, par exemple, et de plus en plus une autre, comme le passé composé. On peut avoir un certain temps le sentiment que la nouvelle forme n'est pas « normale », y résister plus ou moins consciemment, jusqu'au moment où on s'y habitue.

– *Quelle est l'ampleur du phénomène?*

– Elle est considérable. La langue doit s'adapter
pour faire face aux nouveaux besoins de la 7
communication. Répondre à l'explosion des sciences et des techniques, au bouillonnement des idées, à l'apparition de nouveaux concepts. Aujourd'hui, il n'y a plus, dans le langage, de domaine réservé : la télématique, la productique, les logiciels, didacticiels, progiciels, ludiciels de toutes sortes, la bioéthique, les tucistes, le sida – un sigle devenu mot – la punkitude sont entrés
dans le domaine public. De même, tous ces mots 7
empruntés à l'anglais, qui désignent des réalités scientifiques, des techniques ou bien des modes de vie : le Compact Disc, le hot-dog, les junkies et les punks, le Walkman, le look, le must, le clip, le spot, l'unisexe...

Il faut tenir compte de tous les mots anciens qui s'investissent de valeurs nouvelles pour rendre compte de concepts en évolution. Le mot navette fait aujourd'hui penser, d'abord, à un engin spatial, hier à un autobus, avant-hier à un tisserand. Le mot bavure, qui, à l'origine, désigne la trace laissée par les joints d'un moule, n'a pris que récemment le sens d'erreur : abattre par erreur un innocent, laisser un scalpel dans le ventre d'un opéré, ce sont aujourd'hui des bavures. Quantitativement, ces mots et ces emplois nouveaux sont impossibles à chiffrer. L'usine à mots tourne à plein. On ne peut donner qu'un ordre de grandeur : plusieurs milliers chaque année.

Nos mots se forment, se déforment, se transforment avec le choc des bouleversements du monde, le changement des modes de communication, le règne de l'audiovisuel, la primauté acquise du français parlé comme modèle. C'est à un ébranlement profond de notre vocabulaire et à une dérive généralisée des mots que nous assistons.

– *Mettent-ils le français en danger?*

– Le vrai danger serait que notre langue ne change pas. Si elle ne s'adapte pas pour répondre aux nouveaux besoins de la communication, si un attachement trop exclusif aux modèles hérités du passé la fige, on aura un jour besoin d'un outil plus « performant », plus « évolué ». Comme l'anglais. Le français restera la langue du cœur, celle de la maison, celle de l'oreiller et des mots tendres. L'anglais, la langue du travail, de la recherche, du commerce, des échanges, des produits culturels de grande consommation.

Une langue en bonne santé, c'est d'abord la langue d'une communauté en bonne santé. Sans complexe, qui ne se replie pas sur elle-même, mais qui est tournée vers le monde, créatrice dans tous les domaines d'activité et qui dispose des vecteurs de diffusion de sa création par ses livres, ses films, sa technologie. Le véritable danger pour la langue française n'est pas la concurrence de l'anglais ni même la puissance économique des États-Unis ; ce serait plutôt l'incapacité éventuelle où pourrait se trouver la communauté qui s'exprime en français à proposer, dans sa langue, des modèles d'égal prestige.

– Que le français soit condamné à bouger pour vivre, soit. Mais faut-il lui laisser entièrement la bride sur le cou ?

– Les Français (les Québécois aussi, pour des raisons et dans une situation très différentes) entretiennent avec leur langue des relations très passionnées. Leur attitude à l'égard de la langue est conditionnée par l'héritage des premiers travaux de l'Académie française. Créée par Richelieu, elle s'était vu, à l'époque, confier la tâche d'établir un inventaire des ressources du français et de déterminer le bon usage. En 1694, ce travail est terminé et l'on dispose d'un outil qui recense tous les mots acceptés et leur assigne un sens, ou des sens, précis. Depuis lors, le Français vit avec le sentiment que ce qui n'est pas dans le dictionnaire n'est pas français, donc fautif. Et encore, pas n'importe quel dictionnaire ! Il y a vingt ou trente ans, se justifier en disant qu'on avait trouvé le mot dans le Larousse appelait la remarque : « Cherchez dans le Littré, c'est plus sûr!» Nous avons vécu dans le mythe qu'il existe un français saisi dans son état de perfection, quasi immuable (on concède de menus ajouts), sacré, tel un patrimoine hérité qu'il faut préserver des Barbares et des impies pour le transmettre intact. Chaque fois qu'il s'est agi de modifier la langue ou son enseignement, on y a vu la main de l'anti-France. En 1904, les Instructions Leygues pour l'enseignement du français sont stigmatisées comme l'œuvre des « juifs » et des Allemands ! Dans les années 60, ce sont les travaux de Thimonnier pour la réforme de l'orthographe, ceux de la commission Pierre Emmanuel : des textes de l'époque y démasquent, cette fois, tour à tour, l'action du KGB et celle de la CIA L'ennemi est partout! Cette attitude est symptomatique.

– Le discours puriste a volontiers, aussi, des accents militaires.

– La langue française est menacée par des 8
invasions de mots venus de l'extérieur, contre lesquels il faut se défendre, ériger des barrières, nouvelles lignes Maginot pas plus efficaces que leur modèle. On glisse facilement du militaire au médical. La langue est malade ; elle s'étiole, elle dépérit. Elle est polluée par des mots venus de l'anglais, assimilés, ici, à des déchets corrupteurs. Ce terme même de pollution est significatif. Lutter contre la pollution du langage comme on lutte contre la pollution de l'air et de l'eau, c'est une définition moderne du purisme linguistique. Voilà le mouvement écologiste récupéré par les grammairiens! Cette dégradation physique est même perçue comme la manifestation d'une dégradation spirituelle, une 8
décadence des mœurs et de l'esprit public. Défendre la langue devient un combat national et moral. Avec notre héritage de mots, nous conservons l'ordre hérité. Figer l'évolution d'une langue, c'est figer – ou, à tout le moins, tenter de retarder – l'évolution des idées et de la société. Mais, et c'est pour moi un signe de vitalité, depuis quinze ou vingt ans, ces attitudes explosent. La langue française est devenue un fantastique laboratoire, un champ ouvert où l'innovation linguistique accompagne le changement de notre société.

– Cette libération linguistique ne consiste-t-elle pas surtout à emprunter à l'anglais, parfois à tort et à travers, alors que la langue française possède des gisements inexploités ?

– Le problème de l'anglicisation est devenu une mode depuis qu'Etiemble a poussé son cri d'alarme contre le « franglais ». Il faut distinguer ces emprunts. Certains font partie de notre vie quotidienne. Ils désignent des modes de vie, des modes tout court, et, dans ce cas, ils disparaissent lorsque la mode change. Leur nombre n'est pas très grand, pas plus que celui des mots français en anglais, mais leur fréquence d'utilisation est élevée. La plupart du temps, ils sont compréhensibles pour tous les Français : week-end, parking, blue-jean ou jean, hamburger, etc. Et puis il y a une masse considérable de mots qui, eux, correspondent aux domaines en évolution des sciences et des techniques. Le problème n'est pas le même.

La question qu'on peut se poser, c'est : pourquoi les Français ont-ils été si timorés pour forger leurs propres mots ? D'un côté, il y a le poids d'un discours puriste. Un néologisme (un nouveau mot) est confondu avec un barbarisme ; nommer une réalité nouvelle en anglais, c'est faire coup triple : ne pas s'exposer à la critique parce qu'on aurait utilisé un mot français « qui n'est pas dans le dictionnaire », se mettre en valeur en montrant qu'on connaît l'anglais, donner une image prestigieuse de ce dont on parle!

– D'où la tentation, chez certains, d'arracher un à un les mots anglais qui se sont implantés dans notre langue...

– Mettre un peu de crème pour dissimuler des boutons n'a jamais guéri la maladie. La maladie, c'est l'échange inégal entre deux langues! Lorsqu'on a fabriqué les premières machines informatiques, on les a appelées *calculateurs* en français. Mais les Américains employaient le mot *computer* (l'exact équivalent de calculateur). Et on a vu, en France, abandonner le mot français pour le mot américain. Alors on a envisagé de franciser ce dernier. *Computeur*, comme supporteur. Jusqu'au jour où l'on a créé de toutes pièces le mot *ordinateur*, ainsi, d'ailleurs, que celui d'*informatique*. Et on a réussi, par une action volontariste, à désigner d'un mot français une réalité nouvelle. Il serait très grave, en effet, qu'une communauté linguistique ait le sentiment que sa propre langue ne peut plus rendre compte de l'évolution du monde et qu'elle se persuade que le recours à une autre langue devient indispensable pour désigner toute innovation. Ce même sentiment d'infériorité a conduit non seulement à emprunter systématiquement à l'anglais, mais aussi à donner une apparence pseudo-anglaise à des termes nouveaux. Je parle de tous ces mots qui paraissent anglais en français, alors qu'ils n'existent pas en anglais, comme parking, rugbyman ou cet étrange recordwoman, qui font aujourd'hui partie de la langue commune, mais aussi de ces enseignes absurdes où un *'s* placé n'importe où (antiquity's), un center (garden center, meuble center, usine center), une terminaison en y ou en *ing* sont censés apporter la dernière touche de modernisme. Qu'indépendamment de l'emprunt on ait besoin de donner une apparence américaine à ces signes de notre vie quotidienne, ça c'est préoccupant.

Mais les modes changent : 1975 a sans doute vu culminer celle du fast food. Depuis, par un renversement de tendance, on voit se multiplier les enseignes formées à l'aide du vieux suffixe de nos boulangeries pour créer des grilleries, des grilladeries, des croissanteries, des brioche-ries. C'est, face au fast food, mettre en évidence la qualité France, voire la qualité vieille France. La tradition. Et cette productivité s'étend à toutes sortes de domaines. La meublerie, la jardinerie (pour garden center), la chausserie, la carterie et même une doguerie (produits pour chiens) et une gaminerie (articles pour enfants).

– Vous ne parlez là que de mots prenant des formes anglaises. Mais Il y en a d'autres, d'allure bien française, qui prennent, eux, un sens bien anglais.

– C'est l'exemple même de la confusion des langues. Donner au mot alternative en français (option entre deux propositions) le sens qu'il a en anglais (la deuxième de deux propositions), c'est brouiller le message. Même risque avec le mot opportunité, employé à la place d'occasion. Ou challenge à la place de défi.

– En fait, quelle est l'utilité ou l'inutilité des nouveaux gardiens du temple ?

– Vous voulez parler des Commissions de terminologie? Elles ont été créées en 1972 pour faire l'inventaire des lacunes du vocabulaire français et remplacer par des termes français les « emprunts indésirables aux langues étrangères ». Leur mission a été significativement modifiée en 1983 : il s'agissait désormais de désigner en français les réalités nouvelles. À première vue, on pourrait penser que ces commissions ont échoué dans leur mission. Elles ont établi, en une quinzaine d'années, une liste de moins de 2000 termes. Des efforts dérisoires pour faire disparaître des mots du langage commun comme fair-play, auquel on devrait substituer franc-jeu. Hit-parade, qui ne peut être palmarès. One-man-show, qui ne peut être un spectacle solo (mais récital, à la rigueur). C'est aussi inefficace que de vouloir substituer bonne dominique à bon week-end, ou sauci-pain à hot-dog ou croq'haché à hamburger.

Mais il y a aussi des réussites retentissantes. Lorsqu'on a remplacé hardware et software par matériel et logiciel, l'ironie a été générale. Aujourd'hui, c'est la forme anglaise qui a une connotation vieillotte, la désignation française qui est valorisante et qui a donné naissance à une série de mots nouveaux en ciel impressionnante. Succès, aussi, avec télématique, qui a ouvert la voie à un renouvellement considérable de mots en tique : bureautique, productique, promotique, distributique... Succès avec les mémoires de masse, les mémoires vives et mortes, l'interface, qui se sont imposées en informatique. Progrès, semble-t-il, de baladeur face à Walkman. Échec, peut-être, de marchéage et de mercatique, qui ne remplacent pas marketing, alors qu'ingénierie a détrôné engineering. Echec de mini-disque devant Compact Disc, nom de marque déposé.

– *Peut-être a-t-on tendance à oublier aujourd'hui que toute langue a toujours été soumise au métissage ?*

– L'emprunt est une manière normale pour une langue de s'enrichir. Le français a emprunté massivement à l'italien, au XVIe, au XVIIe, au XVIIIe siècle : le vocabulaire de l'art militaire – canon, casemate, parapet, cavalier, sentinelle. Le vocabulaire de l'architecture – belvédère, grotte, corniche – puis celui de la musique – opéra, ritournelle, virtuose, solfège – et de la peinture – fresque, dessiner... Et Dieu sait si les puristes de l'époque fulminaient contre cette 9
« dégradation » qui faisait entrer les mots postiche, aquarelle, caricature ou filigrane dans notre langue! L'espagnol, le néerlandais, l'arabe ont fourni de nombreux emprunts au français, l'influence de l'anglais ayant été plus tardive. Ce qui est préoccupant, ce n'est pas la pratique de l'emprunt en elle-même. C'est que l'emprunt à l'anglais tende à être à la fois systématique et exclusif. C'est aussi qu'autrefois l'emprunt cheminait lentement, avec les marchands et les lettrés, qui le francisaient. Aujourd'hui, il est massif, introduit tel quel et immédiatement relayé par la puissance de l'audiovisuel...

– *Il reste que nous vivons la plus grande des révolutions linguistiques : le passage de la civilisation de l'écrit à celle de l'oral...*

– Le temps manque : on court au plus pressé. On n'écrit plus, on « passe un coup de fil ». La civilisation de nos pères se fondait sur des modèles écrits, qu'elle maîtrisait et reproduisait bien. Aujourd'hui, les jeunes ne disposent plus vraiment de ces modèles, mais ils n'ont pas, non plus, acquis un véritable modèle oral, parce que l'école n'a pas su développer leur faculté d'expression verbale. Or l'oral a aujourd'hui un prestige qu'il n'avait pas hier. Hommes politiques, acteurs, écrivains, hommes de science entrent chez nous, nous parlent à la radio, à la télévision. Et leurs paroles ne volent plus : elles sont enregistrées... Il serait grand temps d'établir et d'enseigner un nouveau code du français du XXe... ou du XXIe siècle.

– *Où est la frontière entre la langue « châtiée » et la langue « permissive » ?*

– C'est poser le problème du respect d'un modèle. Mais, justement, il n'y en a plus qui soit accepté par tous. Le système, aujourd'hui, est profondément ébranlé. L'observation des pratiques des Français les plus jeunes, en particulier, montre une grande confusion dans la structure de la phrase. Embarras dans l'emploi des formes négatives, interrogatives, emplois irréguliers des temps, de la concordance, phrases inachevées... Il est frappant de constater, chez eux, la grande pauvreté du vocabulaire employé, alors qu'ils en ont une connaissance passive beaucoup plus étendue que leurs prédécesseurs il y a trente ou quarante ans. Ils reconnaissent des milliers de mots qui appartiennent aux domaines les plus divers, mais ne les utilisent pas. « C'est super! » se charge d'exprimer tous les registres de la satisfaction, du plaisir ou de l'admiration. Ce qui semble compter, aujourd'hui, ce n'est plus une qualité esthétique, c'est que la communication soit rapide et efficace. Mais il y a loin de la coupe aux lèvres...

– *Cependant, n'y a-t-il pas un problème alarmant d'abandon de la syntaxe, cette armature d'une langue, si importante pour la formation des structures mentales ?*

– Dans le domaine de la syntaxe, nous sommes en pleine révolution, en pleine embrouille. Les règles du français écrit avaient imposé un certain modèle, notamment pour les verbes. Mais le modèle s'effondre avant qu'un autre, que d'autres n'aient suffisamment émergé. D'où notre prudence. On n'ose plus employer une forme qu'on sait correcte de peur de paraître ringard ou ridicule. À la trappe, le passé antérieur (je me fus méfié) ! À la trappe, le passé deuxième forme du conditionnel (je me fusse méfié) ! À la trappe, le subjonctif imparfait (que nous nous méfiassions) ou plus-que-parfait (que nous nous fussions méfiés) ! Le passé simple, temps de l'écrit et de l'Histoire, n'est plus parlé, et il est de moins en moins écrit. Le passé composé devient roi. En général, nous allons dans le sens d'une économie, donc d'une simplification du langage, quitte à subir une perte de nuances. L'emploi du futur, par exemple : il est parfois difficile à conjuguer, et on le remplace fréquemment par un futur composé formé d'un auxiliaire et d'un verbe à l'infinitif : « Il va faire cela, il va venir », etc. Autre preuve que les gens ne maîtrisent plus le système syntaxique : l'interrogation, directe ou indirecte. On entend souvent : « On ne sait pas quand c'est qu'il viendra », ou « ... quand est-ce qu'il viendra », ou « ... quand viendrat-il ». On a perdu le modèle! Il y a aussi tous ces emplois transitifs de verbes intransitifs, usages nouveaux que les uns pratiquent, et qui exaspèrent les autres : « Débuter l'émission », « démarrer l'auto » ou « entrer les données dans l'ordinateur ». Et, dans le langage du marketing politique, on « parle France » ! Toute évolution est une recherche d'un nouvel équilibre. Mais, en attendant, elle crée un trouble certain et offre des risques d'erreur et de dysfonctionnement de la communication.

– *Changer le langage suffit-il à changer la société ?*

– Changer les mots ne suffit pas à changer les réalités. Mais cela peut y contribuer. Prenez, 10
par exemple, l'action menée par la commission que préside Benoîte Groult pour féminiser les noms de métier. En refusant le droit à la dénomination, on refuse en quelque sorte le droit à l'existence. Camille Claudel se voulait sculptrice. On lui en a toujours interdit l'appellation en même temps que le métier. Notre langue porte effectivement des traces de sexisme. Une femme peut être présidente de l'association culturelle du canton, mais seulement président-directeur général de FR 3. Directrice d'école, mais directeur de la Santé. 10
On en arrive à des absurdités du genre de : « Le compositeur Germaine Tailleferre est morte. » Agir, quand il le faut, pour empêcher que la langue ne perpétue un préjugé est positif. Mais il faut être très prudent, car le pouvoir politique peut aussi utiliser cet instrument que représente la langue à des fins idéologiques extrêmement dangereuses.

Entretien conduit par Sophie Lannes et Hortense Chabrier. *1986 L'Express*

DOCUMENT 9

Le Figaro, 26/2/1999

Réflexion sur le français 11

par Georges Lochak*

L'oubli des langues nationales conduit à une pensée plate, unique, stéréotypée, vers pas de pensée du tout.

La domination des États-Unis, la fédéralisme européen, les relations commerciales, l'immigration et les effets de mode font subir au fran- 11
çais d'incessantes attaques.

Or la langue joue un rôle plus important qu'ailleurs en France, terre d'invasion qui vit maintes fois ses frontières, et terre d'accueil qui assimila bien des immigrations. Si la France est restée elle-même, c'est grâce à sa langue, qu'elle soigne, codifie, protège, peaufine depuis mille ans, et qu'elle transforme en la truffant de mots nouveaux, y compris étrangers, mais sans s'inféoder à une autre.

Fils d'immigrés

Mes origines m'ont donné sur cela des raisons dont je veux dire quelques mots, car elles concernent tout le monde. D'abord, né en France d'origine étrangère, je me demande : « Comment puis-je dire que je me sens français ? »

Mes ancêtres ne l'étaient pas, mon histoire familiale est ailleurs, des membres de ma famille sont morts à la guerre, mais pas pour la France (pas contre elle non plus), et, si j'aime les paysages, les villes et les gens de ce pays, c'est d'un amour d'adoption. C'est parfois le plus fort,

* *Ex-directeur de recherche au CNRS, directeur de la Fondation Louis de Broglie.*

mais il n'est pas inné. Je le vois à un signe : je ne me permets jamais de dire du mal de la France .

Mon vrai lien, c'est cette langue qui est la mienne : et nulle autre ne lui dispute ce titre, pas même le russe, que je parlais en famille. Le français est à moi, sans lui je serais autre, comme si j'avais d'autres gènes. Si je me suis ancré dans une histoire qui ne fut pas mienne, ce n'est pas parce qu'on m'a parlé, à l'école, de « nos ancêtres les Gaulois »: ces pères n'étaient pas les miens. Mais, « *Mignonne, allons voir si la rose* », c'est plus qu'un vers, c'est un morceau d'histoire. Si le siècle de Louis XIV est à moi, c'est que Molière et Racine, le grand Turenne et Pascal, Le Vau et La Fontaine, on me les a donnés, et je les ai pris. Je les entends parler : tous et pas seulement Molière, j'entends aussi Turenne.

La preuve que le français est à moi, c'est que je n'hésite pas à en dire du mal, s'il m'agace, et à brocarder les fantaisies orthographiques ou les accords tortueux dont il a le secret.

Seule la langue agglutine les enfants d'immigrés : celle de l'école de Jules Ferry à laquelle j'eus l'honneur d'appartenir, la « communale » 12
à laquelle je dois tout. Avec des maîtres merveilleux dont on ne savait pas s'ils étaient « de droite » ou « de gauche » car leur seule vertu était d'être dévoués aux élèves et au savoir.

Et, grâces leur soient rendues, ils n'étaient pas pédagogues.

L'anglais sabir

Ma seconde raison de défendre le français est que je suis physicien, élève de Louis de Broglie, et que l'obligation de la langue anglaise m'exaspère. Mais je ne serais pas plus heureux de la suprématie d'une autre langue, y compris le français.

Qu'un résultat ne soit valable qu'en anglais relève de l'impérialisme pour ceux qui l'imposent et de la démission pour ceux qui l'acceptent. Et cet anglais-là n'est pas l'analogue, en notre siècle, du français de Catherine II ou de Metternich. C'est un sabir.

Il est désopilant, dans un congrès, de savourer les variétés de « broken english », aux accents incompréhensibles. Le « pire » accent, c'est le vrai, anglais ou américain, avec les plaisanteries glissées dans le discours, suivies de deux vagues de rire : de ceux qui comprennent, et de ceux qui ont compris qu'il fallait rire. C'est cela, une langue internationale?

La pensée et la langue

On me dira qu'il n'y a qu'à mieux apprendre l'anglais; alors que la langue maternelle se délite et qu'on devient infirme dans toutes. L'apprentissage précoce, à l'école, n'est que poudre aux yeux : mots épars psalmodiés par psittacisme, qui ne font que masquer les trous en français.

Mais le plus grave, en science, est le mythe de son caractère « international », belle excuse à l'unicité de la langue. Certes, la science est à tout le monde, et la charge de l'électron ou la multiplication des virus sont les mêmes à Kyoto, à Louvain et à Gdansk : et, pour transmettre un résultat, peu importe la langue, si ce n'est pas l'occasion de pressions impérialistes.

Mais, pour avoir des résultats, il faut les découvrir. Or on ne pense que dans une langue qu'on maîtrise : en général la sienne. L'expression d'une idée ne se fait clairement que dans une 13
langue qu'on domine, dont on sont les nuances, dont on ne cherche pas chaque mot dans un dictionnaire : en général dans sa langue. C'est là – sur l'essentiel – que s'arrête le caractère international de la science, d'autant plus que la façon même de réfléchir est différente d'un pays à un autre.

Les Français sont plus abstraits : les Anglais partent du sol et s'élèvent ensuite : les Américains ont une manière d'oser ce que d'autres n'osent pas : les Allemands ont l'esprit de détail, l'exposé plus fouillé, puis l'envol vers les hauteurs.

Oui, je sais ! Ce sont des lieux communs ! Parce que c'est la vérité ! C'est pour cela que, si tous parlaient la même langue, tous seraient pareils. Ceux dont ce serait la langue maternelle resteraient originaux, et les autres ne feraient que les imiter. C'est ce qui se produit déjà.

Et ce n'est pas que le français qu'il faut défendre, c'est l'allemand, l'espagnol, le polo- 13
nais, le tchèque, l'italien, le hongrois, le russe, le japonais, le chinois (...) et l'anglais ! Car il ne fait que dégénérer avec le pidgin des congrès et des relations commerciales. L'oubli des langues nationales va vers une pensée plate, unique, stéréotypée, vers pas de pensée du tout.

G. L.

DOCUMENT 10

SÉNAT

SECONDE SESSION ORDINAIRE DE 1993-94

RAPPORT

Fait au nom de la Commission des affaires culturelles sur le projet de loi relatif à l'emploi de la langue française

par M. Jacques LEGENDRE

(EXTRAITS)

EXPOSÉ GÉNÉRAL

A. UNE INTERVENTION LÉGITIME

1. L'éclairage des expériences étrangères

Sans prétendre se livrer ici à un panorama exhaustif des législations linguistiques en vigueur dans le monde, votre rapporteur s'est enquis de la façon dont certains pays étrangers avaient réglé la question de l'utilisation des langues sur leur territoire.

Cette étude s'est révélée particulièrement instructive. Au-delà des exemples connus, comme ceux de la
Belgique ou du Québec, l'on s'aperçoit aujourd'hui que les questions linguistiques sont de plus en plus 14
l'objet de réglementations, ou à tout le moins le sujet de débats, même aux États-Unis.

• La Belgique reconnaît aujourd'hui trois langues officielles : le néerlandais, le français et l'allemand. Depuis les années trente, un ensemble de législations ont procédé à la répartition du pays en trois régions linguistiques et réservé un sort particulier à l'agglomération Bruxelles-Capitale. Dans le ressort géographique de chaque région linguistique l'usage exclusif du flamand, du français et de l'allemand est de droit dans l'administration fédérale, régionale ou locale – y compris dans ses relations avec l'usager –, la justice et l'enseignement.

Si l'on excepte le bilinguisme officiel de l'agglomération bruxelloise et les quelques enclaves linguistiques – énumérées par la loi, les conséquences de cette partition linguistique sont extrêmement rigoureuses. Il ne saurait, par exemple, être dérogé à l'emploi exclusif du flamand lorsqu'un prévenu est jugé en Flandres, dût celui-ci ne pas comprendre le flamand... Il en va de même dans les relations de l'administration avec ses usagers. Si les règles applicables en Flandres ou en Wallonie sont identiques, force est de constater que les premiers ont su, en raison d'une volonté politique plus affirmée, d'une démographie plus vive et de l'action de minorités agissantes ne répugnant pas à utiliser la violence dans les années soixante, en tirer un meilleur parti. Ils ont réussi à imposer l'usage sans concession du flamand dans leur province.

• Le « visage français » du Québec est également le fruit d'un long et profond travail de reconquête du
droit à l'usage de sa langue par une province linguistique. 15

L'adoption, en 1977, de la loi 101 ou « Charte de la langue française » est l'aboutissement d'un long processus d'affirmation progressive des défenseurs de la langue française, entamé timidement, en 1910, avec la réintroduction du français aux côtés de l'anglais dans les entreprises de service public, par la loi Lavergne qui instaurait ainsi une sorte de bilinguisme officiel. (...)

• Dans le monde anglo-saxon, si les britanniques ne peuvent concevoir qu'une loi puisse un jour imposer l'emploi de l'anglais au Royaume-Uni[1], le statut de la langue anglaise est au États-Unis, particulièrement depuis les années quatre-vingt, sujet de préoccupation.

2. En France, la langue est une affaire d'État

En France, l'intervention de l'État en matière linguistique remonte au XVIe siècle. Depuis lors, l'intérêt de nos dirigeants pour la langue française, que le régime soit monarchiste, révolutionnaire, impérial ou républicain ne s'est jamais démenti.

L'on fait traditionnellement remonter à l'ordonnance sur le fait de justice d'août 1539, dite ordonnance de Villers-Cotterêts, la législation linguistique de la France. Dans ses articles 110 et 111 elle énonce : « *Afin qu'il n'y ait cause de douter sur l'intelligence des arrêts de justice, nous voulons et ordonnons qu'ils soient faits et écrits si clairement, qu'il n'y ait, ni puisse avoir, aucune ambiguité ou incertitude, ni lieu à demander interprétation* ». « *Et pour ce que de telles choses sont souvent advenues sur l'intelligence de mots latins contenus esdits arrests, nous voulons doresnavant que tous arrests ensemble toutes autres procédures, soient de nos cours souveraines et autres subalternes et inférieures, soient de registres, enquestes, contrats, commissions, sentences, testaments et autres quelconques, actes et exploits de justice, ou qui en dépendent soient prononcés, enresgistrés et délivrés aux parties en langage maternel français et non autrement* ». Ce texte, qui n'a été abrogé expressément ni implicitement par aucune autre disposition postérieure, doit être considéré comme toujours en vigueur. 16

Pour être la plus connue, cette ordonnance de François 1er n'est cependant pas la première à régir la matière. Déjà, Louis XII, par une ordonnance de juin 1510 – sur la réformation de la justice – avait prescrit à l'article 47, que les enquêtes se feraient « en langue vulgaire », c'est-à-dire en langue française, dans tous les pays de droit écrit.

En 1635, Louis XIII crée l'Académie française, sous l'impulsion de Richelieu, protecteur des arts et des lettres. Les lettres patentes enregistrées au Parlement fixent l'objectif assigné à la nouvelle compagnie : « *rendre le langage français non seulement élégant, mais capable de traiter tous les arts et toutes les sciences* ».(...)

3. Une réglementation compatible avec la construction de l'Europe communautaire

Pas plus que le traité de Rome en 1959, l'Acte Unique en 1985 ou le traité de Maastricht ratifié par la France en 1992 n'ont abordé la question des langues en usage dans les différents pays de la Communauté. L'unification linguistique ne figure donc pas parmi les objectifs de la construction européenne.

Pourtant, des voix se sont élevées au sein de la Commission des Communautés européennes pour contester, sur le fondement de la libre circulation des biens et des services au sein de l'espace unique européen, le droit des États membres à imposer l'usage de leur langue nationale sur leur territoire.

4. Une intervention comprise par les Français et réclamée par le francophones

Un sondage, réalisé les 4 et 5 mars dernier par la SOFRES pour le ministère de la culture et de la francophonie, atteste que l'intervention du législateur bénéficie d'un large soutien au sein de la population française.

97 % des Français interrogés à cette occasion se sont déclarés attachés à leur langue maternelle et 70 % fiers de sa diffusion internationale.

1. Les Français ont une conscience insuffisante des enjeux qui s'attachent à la défense de la langue.

B. UNE INTERVENTION NÉCESSAIRE

La langue d'un pays est un élément de son indentité. Elle façonne son imaginaire, sa culture. En oubliant trop souvent cette réalité, les Français s'exposent à perdre sur spécificité et dans certains cas même leur indépendance.

L'insouciance, parfois même l'inconscience des Français vis à vis de leur langue, leur empressement coupable à recourir à l'anglo-américain peut être observé dans de nombreux domaines.

a) Le français chassé des sciences

Le secteur le plus atteint est, sans aucun doute, celui des sciences, laissant accroire que le renoncement à la langue française est la clef d'accès à la modernité.

• Les manifestations les plus visibles de ce phénomène sont la tenue régulière en France de colloques internationaux bénéficiant du soutien des Pouvoirs publics et desquels la langue française est officiellement bannie.

• Pour être lus et accéder à la notoriété, les scientifiques français publient en anglais les résultats de leurs recherches, dans des revues scientifiques étrangères.

L'anglais, ou plutôt un sabir anglo-américain, serait aujourd'hui la langue universelle des scientifiques.

Les conséquences du renoncement des scientifiques à s'exprimer dans leur langue maternelle sont d'une extrême gravité. Elles restent largement méconnues du grand public.

Premièrement, et contrairement à une idée largement répandue, le choix de la langue anglaise ne sert pas le rayonnement de la science française puisqu'il conduit les scientifiques français à se placer systématiquement en état d'infériorité vis à vis de leurs collègues anglo-saxons.

Comme le souligne le professeur Jean-Charles Sournin, membre de l'Académie de médecine, *« un savant* 17
qui ne s'exprime pas dans sa langue de travail et de naissance altère sa pensée et ne peut pas traduire exactement les étapes de sa réflexion qui ont abouti à sa recherche et à ses résultats. Il est contraint de simplifier, pour s'adapter plus ou moins bien aux mécanismes et aux normes de la langue qu'il emprunte. »

Deuxièmement, en se rendant dépendant des délais de publication de leurs articles primaires dans des revues américaines, qui peuvent parfois atteindre deux ans et demi, les chercheurs français prennent des risques considérables. Pendant ce temps, en effet, l'antériorité de leurs découvertes n'est pas assurée. De là à estimer que les Français s'exposent de ce fait au pillage de la part de chercheurs américains peu scrupuleux, il y a un pas que certains n'hésitent plus à franchir...

Troisièmement, en délaissant de façon presque systématique les revues scientifiques françaises ou francophones, les chercheurs français ont en quelque sorte signé l'arrêt de mort de ces publications dont la rentabilité est considérablement affectée. (...)

b) L'économie, perméable à la pénétration de l'anglais

Ce constat ne date pas d'aujourd'hui. Dans les salles de marché, dans les entreprises ou les services travaillant à l'importation ou à l'exportation, mais aussi plus généralement dans certaines entreprises qui ne sont pas systématiquement confrontées aux relations internationales, dans le commerce, l'anglais fait son chemin.

Un rapport, élaboré en 1989 par Bertrand Renouvin pour le Conseil économique et social démontre pourtant combien la langue française constitue, en dehors même de l'espace francophone, un atout commercial négligé par les Français. 18

Les enjeux semblent mal perçus par les acteurs économiques.

Dans les secteurs traditionnels, la France renonce trop souvent à exploiter son image de marque, sa réputation de qualité, en se parant, sous prétexte de modernité, de noms étrangers. La comparaison entre la stratégie retenue par les créateurs de mode ou les fabricants de prêt à porter italiens et français est particulièrement éloquente. Alors que les premiers ont systématiquement cherché à imposer leur spécificité, à renforcer leur identité en privilégiant leur propre langue (Armani, Smalto, Missoni, Cerruti), les seconds ont généralement masqué une originalité réelle et des produits de qualité derrière des noms passe-partout à consonnance anglosaxonne (Mc Gregor, K. Way, Weston). Comme le souligne justement le rapport du Conseil économique et social, – *alors que l'imitation semble condamner celui qui la pratique à être toujours inférieur à son modèle, trop de créateurs français s'affublent de patronymes étrangers pour donner l'impression du « style » ou de la « modernité »*.

Dans les autres secteurs d'activité, le recours intempestif à l'anglo-saxon tend à accréditer l'idée que les Français sont absents des techniques de pointe, du monde de l'informatique ou de l'électronique. Il renforce l'image traditionnelle de la « douce France », pays des fromages et des vins, de la haute couture et des *18*
parfums, renonçant à faire bénéficier les produits modernes de l'image de qualité véhiculée par la langue française.

Ainsi, aurait-on été bien inspiré, avant de baptiser la navette du transmanche « le Shuttle », de se rappeler qu'un cabinet de conseil anglo-saxon avait recommandé pour le Concorde le choix d'une terminaison à consonance française afin d'exploiter l'image de qualité véhiculée par notre langue.

Le monde du travail est également atteint. Depuis quelques années, des entreprises françaises adoptent, parfois sans aucune raison valable exceptée la volonté de leur Président directeur général, l'anglais comme langue de travail.

Enfin, le droit des affaires fait la part de plus en plus belle à l'anglais, qui entraîne dans son sillage le droit anglo-saxon et favorise l'appel aux cabinets internationaux.

c) La culture contaminée

La langue française est souvent présentée comme une langue de culture par excellence, par opposition à l'anglo-saxon qui serait davantage le vecteur des sciences et des techniques.

Pourtant, la langue française éprouve depuis peu quelques difficultés à se faire entendre dans le domaine de la culture, sur le territoire national.

Les exemples de films français ou de coproductions à majorité française tournées en version originale anglaise, alors même qu'ils ont bénéficié d'un soutien financier des pouvoirs publics sont de plus en plus nombreux.

L'argument invoqué est le suivant : les spectateurs américains n'apprécient pas les films doublés et encore *19*
moins les versions originales en français sous-titrées. Faudrait-il pour satisfaire le spectateur américain que le spectateur français soit condamné à accéder à sa production nationale en version doublée ou sous-titrée? Cela paraît insensé...

Dans un autre domaine, la bataille livrée par le Parlement, en décembre 1993, pour imposer aux radios de réserver un quota de 40 % à la diffusion de chansons françaises est révélatrice de l'attrait exercé par les produits étrangers ou la langue anglaise. (...)

2. Un rapport de forces international défavorable à la langue française

L'affirmation récente de la Francophonie à travers la réunion des chefs d'États et de Gouvernements ayant, selon la belle expression de M. Maurice Druon, la langue française en partage, ne doit pas dissimuler les menaces qui pèsent sur l'avenir de cette langue.

Le nombre de locuteurs francophones dans le monde, estimé à 120 millions de personnes, n'a certes jamais
été aussi élevé qu'aujourd'hui, pas même lorsque Rivarol discourait, en 1784, devant l'Académie de Berlin *20*
sur « l'universalité de la langue française ».

Au sein de l'espace francophone, cependant, la proportion réelle des personnes aptes à utiliser le français comme langue d'usage reste extrêmement faible. Une étude réalisée pour le Haut conseil de la francophonie en 1991 révélait que cette proportion ne dépasse pas 9,6 % en Afrique du Nord : en Afrique Saharienne, le taux moyen s'élève à 10,1 %, mais il se réduit à 5 % en Centrafrique ou au Zaïre, et même à 3 % au Rwanda, au Tchad ou au Burundi. En Asie, le taux de francophones réels se situerait autour de 0,1 % au Laos ou au Vietnam. (...) 20

3. Le français doit rester une langue de travail dans les institutions internationales

Lors du discours qu'il a prononcé au Sommet de l'île Maurice, le 16 octobre dernier, son Secrétaire général, M. Boutros Boutros-Ghali, a très clairement fait ressortir les enjeux d'un maintien du français comme langue de travail de l'ONU.

S'adressant aux peuples francophones, il soulignait, en effet : « *Les Nations unies sont tout autant, chacun le sait, un centre de pouvoir qu'un lieu de discours. C'est dire combien la langue y est un attribut naturel de la puissance, et combien, dès lors, les rapports de force sont affleurants derrière les débats linguistiques* ».

On ne saurait être plus clair... (...)

LE DISPOSITIF ACTUEL DE PROTECTION DE LA LANGUE FRANÇAISE : UN ARSENAL IMPARFAIT

A. UN STATUT CONSTITUTIONNEL PEU RESPECTÉ

La loi constitutionnelle n° 92-554 du 25 juin 1992 a fait entrer la langue française, aux côtés du drapeau tricolore ou de l'hymne national, parmi les attributs de la République protégés par l'article 2 de la Constitution.

Celui-ci dispose désormais que « la langue de la République est le français ».

Qu'il ait fallu inscrire ce principe dans la Constitution de la Ve République est significatif de la dégradation de la place réservée au français au sein même de l'hexagone, au cours de cette période. 21

Près de deux années se sont aujourd'hui écoulées depuis cette prise de position des représentants de la Nation en faveur de la langue française. Force est malheureusement de constater que la fermeté avec laquelle ils ont souhaité rappeler les Français à leur devoir linguistique n'a pas été suivie d'effets.

B. LA LOI DU 31 DÉCEMBRE 1975 RESTE MÉCONNUE ET MAL APPLIQUÉE

La présentation qui a été faite du projet de loi de M. Jacques Toubon par la presse a fourni une nouvelle illustration de la désuétude dans laquelle est aujourd'hui tombe le vieil adage selon lequel « Nul n'est censé ignorer la loi ». En focalisant leur attention sur les contraintes que le projet de loi entendait imposer aux publicitaires en matière de traduction des termes étrangers bénéficiant d'un équivalent français, les présentateurs des journaux télévisés, les chroniqueurs ou les journalistes ont tout simplement fait table rase de la 22
loi du 31 décembre 1975 sur l'emploi de la langue française. S'il est en effet un domaine dans lequel le projet de loi modifie peu le droit en vigueur, c'est bien celui-là...

1. La loi de 1975 poursuit deux objectifs concomitants : assurer la protection des consommateurs et préserver l'emploi de la langue nationale.

- La loi de 1975 impose l'emploi du français :

– dans les transactions portant sur les biens et les services et dans la publicité afférente ; 23

– dans la rédaction des offres d'emploi publiées par la presse et dans la constatation par écrit d'un contrat de travail ;

– dans toutes les inscriptions apposées sur des biens appartenant à des personnes publiques ou à des personnes privées concessionnaires de service public (c'est le cas le plus souvent des transports en commun);

– dans les contrats conclus avec une collectivité ou un établissement public;

– dans les informations ou présentations de programmes de radiodiffusion et de télévision, à l'exception de celles qui sont destinées expressément à un public étranger.

• L'obligation d'utiliser le français est assortie de l'interdiction de recourir, dans un texte français, à des termes ou expressions étrangers qui bénéficieraient d'un équivalent français. Toutefois, la présence obligatoire du français n'exclut jamais celle d'autres langues : le texte français peut, dans tous les cas, être com- 23
plété d'une ou plusieurs traductions étrangères.

L'objectif poursuivi par la loi de 1975 est donc avant tout de protéger les usagers français contre une mauvaise compréhension qui résulterait de l'emploi, soit de textes exclusivement rédigés en langue étrangère, soit de textes français comportant des termes et expressions étrangères, afin que le consommateur puisse acheter et utiliser un produit ou bénéficier des services en ayant une parfaite connaissance de leur nature, de leur utilisation et de leurs conditions de garantie.

2. Une loi mal appliquée

L'application de la loi de 1975 s'est heurtée à plusieurs difficultés de nature différente.

La loi n'a pas toujours prévu la sanction de l'inobservation des prescriptions qu'elle édictait. C'est le cas notamment en ce qui concerne la rédaction des contrats de travail, les offres d'emploi publiées par voie de presse ou les contrats passés avec une personne publique ou un établissement public.

Lorsqu'une sanction a été prévue, elle ne s'est pas toujours révélée proportionnée à l'objectif poursuivi par la loi ou s'est avérée difficile à mettre en œuvre. (...)

LA PRÉSENTATION DU PROJET DE LOI

L'ambition du projet de loi est de substituer à la loi du 31 décembre 1975, qu'il se propose d'abroger, un nouvel ensemble de règles applicables en matière linguistique. Pour autant, il n'apporte pas de bouleversement fondamental au droit existant dont il se contente d'étendre le champ d'application et de renforcer le caractère coercitif.

A. LES PRINCIPALES CARACTÉRISTIQUES DU PROJET DE LOI

1. Une extension sensible du champ d'application de la législation linguistique

a) Le français, langue de communication écrite des entreprises

C'est vraisemblablement dans le champ du droit du travail que l'extension du champ d'application de la loi proposée constitue l'avancée la plus spectaculaire.

En imposant l'utilisation de la langue française pour la rédaction du règlement intérieur des entreprises (et,
par voie de conséquence, des notes de service et de tout autre document portant des prescriptions générales 24
et permanentes en matière d'hygiène et de sécurité ou en matière disciplinaire, qui sont assimilées à celui-ci en vertu de l'article L. 122-39 du code du travail), des conventions et accords collectifs de travail et des conventions d'entreprise ou d'établissement, et, plus généralement, de l'ensemble des documents comportant des obligations pour le salarié ou des dispositions dont la connaissance est nécessaire à celui-ci pour l'exécution de son travail, l'article 7 du projet de loi tend à instituer le français comme langue de travail des entreprises implantées sur le territoire national. Le seul tempérament apporté à cette règle est qu'elle ne prétend pas régir la communication orale dans les entreprises. En matière d'écrit toutefois, la portée des dispositions proposées par l'article 7 est quasiment illimitée.

b) Le français, langue de communication potentielle des colloques organisés en France

Sans que sa portée ne puisse aucunement être comparée avec la précédente, le projet de loi réalise une extension de la législation linguistique dans le domaine des colloques, congrès ou manifestations de toute nature organisés en France par des ressortissants français.

Il se propose de réserver à la langue française un statut minimal de langue de communication potentielle dans le déroulement de ces réunions. Sans imposer aucune contrainte aux congressistes français, dont la liberté d'expression en langue étrangère est intégralement préservée, l'article 5 du projet de loi tend à éviter que l'anglo-américain puisse être à l'avenir érigé comme unique langue de travail des colloques organisés dans l'hexagone.

Il tend par ailleurs à requérir la présence du français, éventuellement accompagné de traductions en une ou plusieurs langues, dans les documents de présentation du programme de la réunion distribués aux participants avant et pendant son déroulement.

Il vise enfin à exiger que les communications effectuées en langue étrangère à l'occasion de ces colloques soient accompagnées au moins d'un résumé en langue française.

c) Le français, langue de l'enseignement

L'article 9 du projet de loi tend à imposer l'utilisation du français dans les établissements publics et privés d'enseignement.

Langue de l'enseignement, le français est également celle des examens et des concours, des thèses et des mémoires.

Le champ d'application de ce principe est très vaste : il couvre aussi bien les écoles primaires que les collèges, les lycées, l'enseignement technique ou l'enseignement supérieur, indépendamment du statut de l'établissement. 24

Deux types de dérogations à l'utilisation du français sont néanmoins prévues. Les premières sont justifiées par les nécessités de l'enseignement de certaines matières (langues et cultures étrangères) ou par l'accueil de professeurs associés ou invités étrangers, qui s'expriment le plus souvent dans leur langue. Les deuxièmes reviennent à exclure certains établissements du champ d'application de la loi. Il s'agit des écoles étrangères ou des écoles spécialement ouvertes pour accueillir des élèves de nationalité étrangère, ainsi que les établissements dispensant un enseignement à caractère international.

d) Le français, langue d'information dans les lieux ouverts au public

Jusqu'à présent, la loi de 1975 imposait l'utilisation du français dans les seules inscriptions appusées sur des biens appartenant à une personne publique ou à une personne privée chargée d'une mission de service public.

Le projet de loi propose d'étendre sensiblement le champ d'application des prescriptions linguistiques en imposant l'utilisation du français dans toute inscription apposée ou annonce faite dans un « lieu ouvert au public », dès lors que cette inscription ou cette annonce est destinée à l'information du public.

Les messages, écrits ou oraux, destinés à l'information du public devront désormais être effectués en langue française dans les lieux ouverts au public, quand bien même ils appartiendraient à des personnes privées, comme c'est le cas de la plupart des cafés, des restaurants, des commerces, des salles de cinéma ou de spectacle.

2. Une législation respectueuse des langues étrangères et des langues régionales

Dans le prolongement des dispositions de la loi de 1975, la réglementation linguistique définie par le projet de loi est particulièrement respectueuse de l'expression en langue étrangère ou en langue régionale. Elle ne vise en aucun cas à imposer la présence exclusive de la langue française. (...)

DOCUMENT 11

Circulaire du 6 mars 1998 relative à la féminisation des noms de métier, fonction grade ou titre

Paris, le 6 mars 1998 25

Le Premier ministre à Mesdames et Messieurs
les ministres et secrétaires d'État

Voilà plus de dix ans, le 11 mars 1986, mon prédécesseur, Laurent Fabius, adressait aux membres du Gouvernement une circulaire prescrivant la féminisation des noms de métier, fonction, grade ou titre dans les textes réglementaires et dans tous les documents officiels émanant des administrations et établissements publics de l'État.

Cette circulaire n'a jamais été abrogée, mais elle n'a guère été appliquée jusqu'à ce que les femmes appartenant à l'actuel Gouvernement décident de revendiquer pour leur compte la féminisation du titre de ministre. Elles ont ainsi engagé un mouvement qu'il faut poursuivre afin que la féminisation des appellations professionnelles entre irrévocablement dans nos mœurs.

Pour accélérer l'évolution en cours, j'ai demandé à la commission générale de terminologie et de néologie de mener une étude qui, à la lumière des pratiques passées et des usages en vigueur dans d'autres pays francophones, fera le point sur l'état de la question. La commission pourra s'appuyer notamment sur les travaux accomplis en 1984 et 1985 par la commission pour la féminisation des noms de métier et de fonction. Son étude devra m'être remise dans le courant du second trimestre 1998.

En liaison avec ces travaux, l'Institut national de la langue française se propose d'établir un guide pour les usagers. Ce guide qui recensera les termes utilisés dans les pays francophones et contiendra des recommandations concernant les formes féminines les mieux adaptées à nos usages, fera l'objet d'une large diffusion.

Dès maintenant, et sans attendre le résultat des travaux de la commission générale de terminologie et de néologie, il convient de recourir aux appellations féminines pour les noms de métier, de fonction, grade ou titre dès lors qu'il s'agit de termes dont le féminin est par ailleurs d'usage courant (par exemple, la secrétaire, la directrice, la conseillère). Je vous invite à diffuser cette pratique dans les services placés sous votre autorité et à l'appliquer dans les textes soumis à votre signature.

LIONEL JOSPIN.

(Journal Officiel, Mars 1998, p. 3565)

DOCUMENT 12

Note sur la féminisation des noms de titres et fonctions

« L'Académie française n'entend nullement rompre avec la tradition de féminisation des noms de métiers et fonctions. C'est ainsi qu'elle faisait accueil dans la huitième édition de son Dictionnaire (1935) à artisane et à postière, à aviatrice et à pharmacienne, à compositrice, éditrice, exploratrice... Dans la neuvième édition, en cours de publication, figurent, parmi des dizaines d'autres, banquière, benjamine, championne... Ces mots sont entrés tout naturellement dans l'usage, portés par des œuvres et non présents par décret.

« L'Académie, se fondant sur l'usage, n'a aucune raison de rejeter des termes utiles et bien formés. Mais, 26
conformément à sa mission, défendant l'esprit de la langue et les règles qui président à l'enrichissement du vocabulaire, elle rejette un esprit de système qui tend à imposer des formes barbares ou ridicules. Enquêteuse est bon, enquêtrice est mauvais. Jamais la langue n'a produit d'elle-même des termes tels que docteure ou auteure : il s'agit là des lubies d'infimes minorités influentes.

« Quand bien même un mot serait correctement formé, il peut cependant ne pas trouver sa place dans l'usage. Certains suffixes, d'abord, ont cessé d'être productifs : ainsi, la finale en -esse est tombée en désuétude, de telle sorte que notairesse ne s'emploie plus guère que de façon plaisante, et que doctoresse est en train de sortir de l'usage.

« Voyez aussi amatrice. Ce féminin serait à amateur ce qu'institutrice est à instituteur ; Littré jugeait amatrice "bon et utile", mais il remarquait : "Ce mot s'emploie difficilement à cause du bas calembour qu'il suscite." Bas calembours et plaisanteries de caserne, voilà des choses à quoi il faut songer avant d'inventer des "sapeuses-pompières" ou des "cheffesses".

« S'agissant des métiers, très peu de noms s'avèrent rebelles à la féminisation quand elle paraît utile. Pour ceux-là, le français, quand la précision du sexe est nécessaire, peut recourir à la mise en apposition du mot "femme". Comme bien d'autres langues, il peut, quand le sexe de la personne n'est pas plus à prendre en considération que ses autres particularités individuelles, faire appel au masculin à valeur générique, ou "non marquée", ou "extensive".

« Voilà qui nous amène à l'épineuse question du neutre. Réservons pour plus tard la question des noms, après avoir simplement remarqué que neuf dixièmes des neutres latins ayant abouti à des masculins en français, nombre de valeurs du neutre latin ou d'idées exprimées par lui ont été reprises par le masculin. Mais voyez les pronoms : il le faut pour clarifier le problème. Il, le ont bien ici valeur de "neutres" sous une forme masculine. Le masculin le est issu des deux formes latines illud (neutre) et illum (masculin) : "Je vois cela, je le vois (illud video)", comme : "Je vois mon frère, je le vois (illum video)". Simple accident de l'évolution phonétique? Non pas, et la transformation de noms féminins en pronoms ou locutions pronominales 27
le montre bien. Vous direz : "Une chose est sûre", mais "Il y a là quelque chose d'évident", ce "quelque chose" masculin équivalant aux neutres latin aliquid ou allemand etwas ; vous direz : "Cette personne est déjà venue", mais : "Personne n'est venu", en traitant ce pronom indéfini comme un masculin. Nous pouvons à présent revenir aux noms par le biais des adjectifs substantivés : la chose importante, ou l'important est de noter qu'ils sont masculins, où d'autres langues les feraient neutres : das Wichtige, disent les Allemands.

« On est là très près de ces emplois du masculin où Grévisse voit "une sorte de neutre", et où le masculin a vocation à représenter une ou plusieurs personnes sans prendre en compte leur sexe. Voyez : Elle est sans égal ou sans égale, elle n'a pas son pareil ou sa pareille. On n'utilise le féminin que pour comparer une femme à d'autres femmes ; c'est le masculin qu'on emploie si la comparaison est plus large.

« Tous nos textes juridiques et constitutionnels parlent du plaignant, de l'accusé, de l'électeur, etc., partout où il est question aussi bien des femmes que des hommes. Ils suivent là l'usage courant, tel qu'on peut l'observer dans la vie quotidienne.

« Ma boulangère est une personne précise, concrète : petite ou grande, grosse ou maigre, brune ou blonde, prolixe ou taciturne, etc. Elle est tout à fait distincte de mon boulanger. Mais dans une ville inconnue, je m'enquiers de façon abstraite, indifféremment, d'une boulangerie ou d'un boulanger. Il se peut que la boulangerie que l'on m'indiquera soit tenue par une femme. Peu importe, pourvu que le pain soit bon. Ce qui m'intéresse, ce n'est pas la personne, mais la fonction.

« Tel est le cas, de façon éminente, des fonctions officielles et des titres correspondants. Ministre n'est pas un métier. Les particularités de la personne ne doivent pas empiéter sur le caractère abstrait de la fonction dont elle est investie, mais s'effacer derrière lui. Ce n'est pas Madame X qui signe une circulaire, mais le ministre, qui se trouve être pour un temps Madame X, et la circulaire restera en vigueur, peut-être, alors que Madame X ne sera plus ministre depuis longtemps. On ne nomme pas une ambassadrice, mais un ambassadeur.

« S'agit-il de péripéties politiques sans intérêt? Ni quant au fond, ni quant à la forme.

« Sur le fond : on a toujours dit la reine comme le roi. Certes, à l'instar des Latins qui disaient regina comme rex. Mais ce point mérite réflexion : la personne et le corps même du souverain, sacrés, n'étaient pas dissociés de sa fonction : ni notre président ni nos ministres ne touchent les écrouelles. La société féodale était toute faite de relations de dépendance personnelles; nous sommes en principe régis par des relations juridiques abstraites.

« Sur la forme : l'usage ne se décrète pas, à moins que l'on n'entende créer une sorte de volapük ou de "novlangue". Volapük ? L'Académie peut se réjouir que son intervention ait fait envoyer au pilon une brochure du ministère des Finances qui prescrivait, au nom de prétendues directives européennes, l'invariabilité des termes euro et cent, injustifiable en français. "Novlangue" ? Savez-vous que l'on a publié à Genève un extraordinaire Dictionnaire féminin-masculin plein de barbarismes et de bouffonneries, qui prétend "rectifier l'usage en mettant la langue au point", et dans l'avant-propos duquel, signé du conseiller d'État chargé du département de Justice et de Police, on lit ceci : que le privilège de créer des mots nouveaux et de rénover le langage "n'est pas l'apanage des grammairiens non plus que du peuple qui l'emploie : ce privilège revient au législatif et à l'exécutif" ? Les formes figurant dans ce dictionnaire doivent impérativement être employées dans les textes officiels et dans les ouvrages d'enseignement. Moyennant quoi on a pu lire dans le Dies Academicus, organe de l'université de Genève : "Ont été nommés les nouveaux professeurs et nouvelles professeures suivantes...", suivantes se rapportant à treize hommes et une femme.

« L'Académie conçoit tout autrement son magistère. C'est ainsi qu'elle a souhaité que les Recommandations du Conseil supérieur de la langue française, publiées en 1990 par le Journal officiel, ne fussent pas imposées par décret. Elle leur a donné son aval, les accueille dans son Dictionnaire, mais demande qu'elles "soient soumises à l'épreuve du temps". Elle a en somme libéré l'usage en laissant rivaliser des formes différentes, jusqu'à ce que la meilleure l'emporte. C'est à cette attitude, à cette politique, qu'elle entend rester fidèle. »

Service du dictionnaire de l'Académie française.

DOCUMENT 13

Claude Duneton

La mort du français (extraits)

La langue est la vraie patrie des peuples. C'est peut-être du reste la seule patrie.

Or la France est le seul pays en Europe, et peut-être au monde où les quatre cinquièmes de la population ont changé de langue depuis cent ans. Assurément quatre-vingts pour cent des familles françaises n'étaient pas de « langue française nationale » à la génération des arrière-grands-parents, pour des gens qui ont aujourd'hui cinquante ans. Je veux dire : combien de familles actuelles, en dehors de la vieille bourgeoisie 28
traditionnelle, peuvent aligner huit bisaïeuls dont la langue maternelle était déjà le français central, le français des livres?... Laissons de côté le gallo, le picard, le cauchois, et caetera. Quant aux trisaïeuls – nous en avons seize comme les doubles-croches ! –, n'en parlons pas : ils sont nés sous la Restauration, et certains sous le Premier Empire...

Nous sommes tous des apatrides de l'intérieur.

Or, si on se livre à des observations similaires en Espagne, les proportions doivent être inversées, pour le moins. En Grande-Bretagne également, malgré les immigrations récentes et la composition tripartite du Royaume-Uni. La Hollande, le Danemark, sont dans un cas analogue à l'Angleterre et à l'Espagne, mais aussi l'Italie – dialectes confondus, car ils sont intégrés à la culture nationale de l'italien central. L'Allemagne, la Grèce, le Portugal, et je ne sais où encore sont assurément du même tonneau, on peut imaginer qu'un seul des huit arrière-grands-parents n'y fut pas de langue autochtone. (...)

C'est la différence qui existe, si l'on veut, entre une plante sauvage, ou de plein air, et une plante de serre. Une plante vivace, qui pousse à flanc de colline, née du hasard des vents, est généralement robuste. Elle ne réclame aucun soin particulier de la main de l'homme – elle pousse, et voilà. Elle trouve dans le sol tout ce dont elle a besoin et ne craint pas trop la sécheresse parce que ses racines plongent profond dans les anfractuosités de la roche – ni les tornades pour la même raison. Certes, on peut la tailler, l'embellir selon le goût des hommes du jour, l'idée qu'ils se font du beau et de l'ornementation; mais en gros elle se suffit à elle-même.

Pour une plante de serre la question est différente. Elle n'a l'aspect qu'elle présente, sa grâce, son odeur, que parce que des jardiniers l'ont fait naître; ils l'ont semée ou bouturée, et ils se sont bien occupés d'elle. 29
Si on cesse brusquement de la soigner, de l'arroser, de lui fournir de l'engrais, elle meurt très vite. Elle s'étiole, elle sèche sur pied, la plante – elle est bonne à remplacer.

Le français est une de ces plantes en pot, dirai-je pour continuer à filer la métaphore, alors que l'anglais par exemple est le produit d'une lente germination sur le sol de l'Angleterre. Oh! c'est un coquetèle de fleurs, bien entendu, et fortement secoué encore! mais enfin, vers la fin du XVe siècle il était unifié, mitonné, et, comme tous les langages d'État, piloté par le parler de la Cour. L'espagnol est le fruit de l'Espagne – ou pour mieux préciser le castillan a poussé sur le sol de Castille. Le flamand de Hollande a fait sa croissance sur les polders et terres basses, etc., à l'infini des nations. (...)

Ce qui complique la situation de la langue française, déjà fragilisée par son caractère de jolie plante de serre, c'est qu'elle doit faire face, à l'heure actuelle, à une crise de confiance et d'identité qui paraît toucher toutes les langues occidentales – plus ou moins. On assiste curieusement, dans certains pays techniquement avancés, en plein apogée d'une scolarisation intensive telle que l'humanité n'en avait jamais connu, à une 30
vague d'illettrisme. On dirait que les langues contemporaines qui se sont stabilisées au XIXe siècle, parallèlement à la formidable expansion scientifique, ne sont plus aujourd'hui en mesure de satisfaire à toutes les exigences de la « modernité ».

Les bacheliers français savent beaucoup de choses, et sont d'une ouverture d'esprit probablement supérieure à celle de leurs homologues d'il y a cinquante ans, pourtant ils sont incapables, pour la grande majorité d'entre eux, de rédiger trois ou quatre pages dans un français correct, sans solécisme et sans faute d'orthographe. C'est un fait qu'on ne cesse de déplorer : beaucoup de jeunes gens parvenus au niveau de la licence échoueraient aujourd'hui à une épreuve de français du baccalauréat de 1955 pour insuffisance de capacité dans le maniement de la langue. Il faut savoir qu'ils ne sont pas les seuls ; au Royaume-Uni les récriminations vont aussi bon train... Il est vrai que l'Angleterre possède des universités en tous genres – ce qui est drôle, c'est que certaines d'entre elles ne fondent pas leur publicité sur la qualité et le sérieux des études qu'elles dispensent, mais sur la variété des divertissements que propose la ville : l'opulence des discothèques, la proximité de la plage, en un mot l'intensité du *carpe diem*[1] ! Toujours est-il que dans le *Sunday Times* du 5 septembre 1998 un universitaire de haut vol s'affligeait en ces termes : « Nous donnons aujourd'hui des mentions "Très bien" à des candidats qui ne savent pas écrire et ne connaissent ni l'orthographe ni la ponctuation. » À tel point qu'une société de lettrés s'est constituée outre-Manche, sous l'appellation *Quest,* pour la défense de l'anglais. (...)

Ce qui doit se produire se produira donc sans faire un pli, sans résistance – du moins si tout continue uniformément à ce train. Certes, d'ici soixante ans il peut s'en passer des vertes et des pas mûres ! Des attentats planétaires, des massacres inopinés... La structure internationale peut se modifier tout à coup, les équilibres basculer. Supposons que les États-Unis se désunissent subitement, que l'Amérique s'écroule au chaos comme vient de le faire l'ex-URSS, pour des raisons internes, imprévisibles... On ne sait ce qui ronge les États, et ils ne le savent eux-mêmes qu'au moment où l'abcès éclate, qu'il répand son pus. Le jour où la Grande-Bretagne, insouciante et lassée, se défera de sa vieille monarchie millénaire pour faire peau neuve en Europe, il est à peu près certain qu'elle ne tardera pas à exploser en une guerre civile d'une ampleur et d'une horreur dont les Anglais n'ont pas le moindre soupçon à l'heure actuelle. La guerre des Roses sera un bouquet de violettes à côté ! Ça risque de secouer l'Europe autrement que le Kosovo. Et quand la Chine s'éveillera ?... Et quand mon grand-papa mourra ? J'aurai sa culotte de drap !... Donc, hormis ces incertitudes qui peuvent gauchir le chemin, les choses étant ce qu'elles sont aujourd'hui – en « politique constante », comme on dit pour la valeur de l'argent –, il n'est pas besoin d'être grand devin pour imaginer la marche de la langue française dans le XXIe siècle naissant.

D'abord on peut penser que les instances internationales protégeront longtemps le français en tant que langue officielle – il y aura des raisons d'ordre diplomatique, assurément. De la même façon notre sacro-sainte Administration, doublée ou renforcée par une administration européenne, ne se laissera pas angliciser de si tôt ! On peut même envisager à ce sujet un fonctionnement analogue à celui de l'ancienne justice en Angleterre, laquelle conserva le français ancien comme langue juridique pendant des siècles, alors qu'il ne se parlait plus nulle part depuis « Honni soit qui mal y pense » !... Un mouvement un peu semblable est à prévoir pour le langage ampoulé administratif – à moins que la décision d'avoir des formulaires bilingues partout en Europe ne se prenne très vite, ce qui serait après tout une bonne chose et éviterait bien des contestations. Auquel cas les formulations sibyllines de notre Administration seront vite doublées, puis abandonnées à un rôle de pure figuration symbolique, avant d'être « oubliées » tout à fait, peu à peu, par inadvertance.

Pour ce qui concerne la langue parlée par les gens, au contraire, on peut prévoir qu'elle évoluera très vite dans ces conditions. Dégagée largement de la fonction culturelle et enseignante, elle servira aux conversations privées, à la presse régionale – « région France » évidemment. Elle nourrira les déclarations véhémentes des résistants, des opposants à la politique du chien crevé dans le domaine linguistique (de mes successeurs en quelque sorte). Il y aura un jour des IEF comme il existe un IEO (Institut d'études occitanes) – mais un peu plus tard, toutefois... Nous aurons au bout de plusieurs décennies un idiome aménagé par l'autorité du peuple, selon le vœu du professeur Schmit ; une langue agitée et sympa, mâtinée de franglo-arabolectes imagés. Du « français-farci », comme on le disait au Moyen-Âge des chansons mêlées de français et de latin sera le diable qui fera la farce.

En effet, dès lors que l'anglais aura pris les fonctions sérieuses du travail et des relations publiques, le français n'aura plus besoin d'aucune précision intellectuelle. Il se tournera vers le vague, l'à-peu-près, le suggestif, l'affectif, la polysémie pratique qui réduit le nombre de mots et permet aux indigents de bien faire. 31
Ce français simplifié au fil des temps servira pour les jeux, les réjouissances à la maison et la télévision d'abrutissement. Un dialecte pour érémistes qui sera enseigné, bien sûr, dans les petites écoles, les cités, les banlieues pauvres, les villages éloignés – peut-être chez les Bretons. Ils auront là-bas, ces réfractaires per-

pétuels, des Diwan-français, si cela se peut faire... Les Occitans, non – les Occitans sont dociles, ils s'assimilent aisément – j'en suis un exemple évident. D'ailleurs dans mon village, la petite école où j'ai tracé mes premiers mots aura été fermée depuis longtemps – elle servira de salle polyvalente pour le loto, la cyberferme, le groupe folklorique (section « Chants traditionnels de France »), et les campagnes électorales 31
s'il en reste... Au bourg, dans la vallée, ce sera l'anglais obligatoire.

La seule façon d'enrayer le mal serait pourtant d'enseigner le français d'une manière efficace. – Plus facile à dire qu'à faire !

Et d'abord, question préalable : quel français?... Nous nous heurtons, en France même, à des difficultés parfaitement identiques à celles que rencontre l'enseignement du français dans le monde. Nous sommes même à la source des problèmes! La régression vient en grande partie de l'absence de nouvelles normes raisonnables à proposer aux enseignés. Des normes qui ne consacrent pas l'immobilisme chronique que nous connaissons depuis cent ans dans ce qui est la langue scolaire, pratiquement tenue à part et en dehors de la langue vivante, tout en étant aussi éloignée que possible d'un registre littéraire réel – bien qu'une partie de l'écriture livresque tende aujourd'hui à se mouler sur le français scolaire. Ce français est un carcan dont il faut se défaire au plus vite du reste, une fois les diplômes acquis, (...)

Où trouver de l'aide? Je vous le demande... L'Académie française, malgré la pathétique bonne volonté de certains de ses membres, est trop engluée dans une gangue « puriste » d'arrière-terrain pour s'ouvrir à la recherche des remèdes. Elle devrait cependant être mise à contribution dans l'œuvre normative qu'elle ne peut entreprendre elle-même.

La Société des agrégés est, je suppose, un nid de croquemorts en habits du dimanche, entièrement tournée vers des occupations corporatistes, et nullement le siège de réflexion qu'on souhaiterait de la part de gens qui ont « étudié ».

Le ministère est cerné par les « Savants de l'Éducation » ci-dessus mentionnés. Du reste, dans sa captivité, il trouve plus simple de sortir de la cage pour crier : « Passons à l'anglais ! Place à l'anglais ! Place ! »...

Il existe bien un Office de la langue française, mais je crois que c'est un office de tourisme.

Je ne vois aucun médecin pour ma langue malade.

Et pourtant, elle respire encore...

Il faudrait instituer un dispensaire privé, constitué par des linguistes de chantier, tels que ceux des équipes du *Robert* et du *Larousse* – un Samu de professeurs pris parmi les astucieux pratiquants ; il en existe de merveilleux, mais ce ne sont pas eux que l'on consulte d'habitude! Il y aurait des écrivains en consultation, et j'entends parmi eux de bons traducteurs qui sont les gens, aujourd'hui, je le répète, qui connaissent le mieux la langue dans ses détours et subtilités. Des auteurs dramatiques, des chansonniers, qui sont le sel de la poésie, et parfois le sucre. D'autres – précisez... Oui, par exemple ces gens qui ouvrent partout des « ateliers d'écriture » – je crois que certains sont de bons ouvriers.

Bref il faudrait – ce serait l'idée générale – établir un corpus d'œuvres littéraires du XXe siècle ; à présent, en fin de parcours, on serait sûr de ne rien manquer. De Marcel Proust à Louis-Ferdinand Céline, à Georges Hyvernaud ou Raymond Guérin, à Mauriac, à Peter Houchenock, à Vialatte, en tirant sur les jeunes plumes des temps modernes – les scénaristes, tenez! –, et voir en détail ce qu'il en est vraiment
de cette langue du XXe siècle. Dans la réalité, pas dans les nuages de l'idéologie. Ne pas oublier un San- 32
Antonio ou deux, des Simenon...

Il faudrait ensuite, fort d'un savoir, rompre délicatement, sans blesser personne, avec *le français scolaire*, cet idiome artificiel qui n'existe que par et pour l'école. Le remplacer avec doigté – c'est là l'épineux de l'affaire! – par un langage vrai, en prise avec la littérature du temps, mais en posant quelques barrières de sécurité. Avec des retenues dans l'écartèlement de la syntaxe, et une mesure élégante dans l'apport de vocabulaire usuel. Avec d'infinies précautions – toujours la plante en pot, n'est-ce pas – introduire une vraie liberté de dire par un équilibre gracieux entre la langue écrite et la langue parlée, ce qui est au fond de ce que j'essaie de faire en vous parlant, là, tout de go. Il faudrait introduire à l'école une langue où toute expressivité, toute imagerie ne soit pas bannie d'avance, avant d'ouvrir les cahiers !

Pour cela il faudrait complètement réformer les mentalités, et aussi les connaissances des profs de français. Ce ne serait pas une mince entreprise. Il faudrait que la prof de quatrième sache expliquer : « François a bousillé sa lampe de poche » ; montrer pourquoi *bousiller* est plus expressif, plus percutant, que *casser*, parce qu'il contient le regret de cet acte inopiné – et la différence avec *esquinter*, *abîmer*, *péter*. Remonter aux sources du mot, au XVIe siècle, délimiter son sens académique et son sens commun dans le peuple français. Oui, mais se mettre en prise avec la langue vivante nécessiterait de sacrées révisions. Une mise à jour des connaissances à rendre perplexe la Société des agrégés !

Je rêve, pas vrai ?...

Ils préféreront laisser mourir la bête – et plus tard, bien plus tard, quand ils auront usé leurs chaussures, 32
ils se plaindront d'avoir trop marché. Ils feront des discours écologiques sur la recherche des chemins perdus...

Car il faudrait agir vite. Ne pas attendre le point de non-retour, l'irrécupérable état d'une langue déchue – ne pas faire comme le peuple occitan qui a attendu sagement que sa langue soit morte pour tenter de la ressusciter.

La langue française a votre vie devant elle : rendez-vous compte que ce n'est pas l'éternité.

Claude Duneton, « La mort du français », Plon, 1999.

DOCUMENT 14

VIVRE AVEC 400 MOTS

Le langage des jeunes des cités peut faire rire.
Il renforce aussi leur exclusion. 33

La phrase a jailli mécaniquement. C'était il y a deux mois, à Grenoble. Sihem, 14 ans, venait d'intégrer l'Espace adolescents, une structure d'accueil visant à rescolariser des jeunes de 14 à 21 ans en rupture de scolarité ou aux portes de la délinquance. Ce jour-là, la jeune fille butait sur un exercice. *« Je suis trop une Celte ! »*, s'est-elle alors exclamée. Interloqué, Antoine Gentil, son professeur, lui a demandé ce qu'elle voulait dire par *« Celte »* ? Et Sihem d'expliquer que, dans sa cité, le quartier de la Villeneuve, à Grenoble, ce mot était couramment utilisé pour désigner un(e) imbécile. Pourquoi et comment, à supposer qu'il soit orthographié de la même façon, a-t-il été détourné de son sens ? Sihem l'ignore. L'adolescente sait seulement qu'elle ne prononce plus beaucoup cette expression, en tout cas plus en classe. Elle veut *« réussir dans la vie et avoir un métier »* et espère reprendre bientôt une scolarité normale, commencer une formation, faire des stages. *« Pour cela, il faut que j'apprenne à bien parler »*, reconnaît-elle.

L'Espace adolescents de Grenoble, placé sous la tutelle du Comité dauphinois d'action socio-éducative (Codase), met justement l'accent sur le réapprentissage du langage. La plupart des adolescents qui arrivent ici présentent des difficultés avec la langue française, à laquelle ils ont substitué une langue *« des cités »* souvent comprise d'eux seuls. *« Nous essayons de les en détacher, le plus souvent par l'entremise de jeux*, explique Marie-France Caillat, éducatrice au sein de la structure. *À chaque fois, par exemple, qu'un jeune emploie l'expression "sur la vie de ma mère", nous prononçons immédiatement devant lui le prénom de sa mère, ce qui a pour effet de le déstabiliser. Quand un autre lance "sur le Coran" à la manière d'un juron, nous lui faisons reprendre sa phrase en remplaçant "Coran" par "canard". On arrive, comme ça, à faire changer leurs habitudes linguistiques. Mais ce n'est pas simple. Ces jeunes donnent l'impression d'être de véritables friches. On dirait que rien n'a été cultivé chez eux, qu'ils se sont constitués tout seuls.*

Les enseignants et les éducateurs qui cohabitent dans cet établissement ne s'appliqueraient pas à sevrer ces jeunes de leur langage si celui-ci n'était pas devenu trop « encombrant » en dehors de leurs quartiers. Qu'on l'appelle *« argot des cités », « parler banlieue »* ou *« langage des jeunes »*, ce jargon a été beaucoup étudié « culturellement ». Des chercheurs ont décrypté sa structure, décortiqué son vocabulaire, répertorié ses emprunts aux langues des communautés immigrées. Des artistes en ont fait un sujet en tant que tel, comme le réalisateur Abdellatif Kechiche avec *L'Esquive*, grand vainqueur de la dernière cérémonie des Césars. Bernard Pivot a glissé des *« meufs »* dans une de ses dictées. Les dictionnaires ont même ouvert leurs pages à certains des ses mots, comme teuf, keum, keuf ou beur (et beurette), également tirés du verlan.

N'était-ce pas oublier que ce langage, généralement débité à toute vitesse et sans beaucoup articuler, se heurte aussi à une autre réalité : celle du monde extérieur et de la vie de tous les jours ? Pas simple de chercher du travail, d'ouvrir un compte en banque ou de s'inscrire à la Sécurité sociale quand on ne possède que *« 350 à 400 mots, alors que nous en utilisons, nous, 2 500 »* ; estime ainsi le linguiste Alain Bentolila, pour qui cette langue est d'une *« pauvreté »* absolue. *« Je veux bien qu'on s'émerveille sur ce matériau linguistique, certes intéressant, mais on ne peut pas dire : "Quelle chance ont ces jeunes de parler cette langue !"*, objecte ce professeur de linguistique à la Sorbonne. *Dans tout usage linguistique, il existe un principe d'économie qui consiste à dépenser en fonction de ce qu'on attend. Si je suis dans une situation où l'autre sait quasiment tout ce que je sais, les dépenses que je vais faire vont être minimes. En fait, "ça va sans dire". Et si "ça va sans dire", pourquoi les mots ? Cette langue est une langue de proximité, une langue du ghetto. Elle est parlée par des jeunes qui sont obligés d'être là et qui partagent les mêmes anxiétés, les mêmes manques, la même exclusion, le même vide.* » Selon lui, *« entre 12 % et 15 % de la population jeune »* utiliserait aujourd'hui exclusivement ce langage des *« cités »* (cités).

Dans l'agglomération grenobloise, *« un bon tiers des 800 jeunes que nous suivons sont confrontés à des problèmes d'expression*, témoigne Monique Berthet, la directrice du service de prévention spécialisée du Codase. *Et plus ça va, plus leur vocabulaire diminue. On voit souvent, dans nos structures, un jeune prendre le téléphone et demander abruptement : "Allô ?... C'est pour un stage." À l'autre bout du fil, la personne doit alors deviner que son interlocuteur est un élève de troisième et qu'il sollicite un stage de découverte.* » Convaincre des jeunes de renoncer à leur argot, comme on le fait à Grenoble, relève du défi. *« Ils sont très réticents quand on leur propose de revenir au b.a.-ba du français. Il arrive même qu'ils nous jettent leur cahier à la figure*, raconte Aziz Sahiri, conseiller technique au Codase et ancien adjoint au maire de Grenoble en charge de la prévention de la délinquance (1989-1995). *Pour eux, parler bien ou mal, c'est anecdotique. On se doit pourtant de les convaincre qu'il n'y a pas d'autre choix que de posséder le code commun général. C'est le seul moyen, pour eux, de sortir de leur condition. Ils sont condamnés à parler le français commun. Et leur peine, c'est l'école.* »

FRÉDÉRIC POTET.

DOCUMENT 15

Les femmes ont désormais une case en moins

Le bien public, le 22/02/2012

Les « *mademoiselle* » ont vécu. Ce terme, de même que le « nom de jeune fille » ou le « nom d'épouse », va disparaître des formulaires administratifs, selon une nouvelle circulaire des services du Premier ministre, datée de mardi.

Rappelant que « par le passé, plusieurs circulaires ont appelé les administrations à éviter l'emploi de toute précision ou appellation de cette nature », le document souligne que « ces préconisations méritent aujourd'hui d'être réaffirmées et prolongées pour tenir compte des évolutions de la législation ».

Matignon invite donc les ministres concernés et les préfets à « donner instruction » aux administrations « d'éliminer autant que possible de leurs formulaires et correspondances les termes « mademoiselle, nom de jeune fille, nom patronymique, nom d'épouse et nom d'époux ». Ils seront remplacés par « madame », pris comme l'équivalent de « monsieur » pour les hommes, qui ne préjuge pas du statut marital de ces derniers, par « nom de famille » (dans le Code civil depuis une loi de 2002) et par « nom d'usage » car les termes « nom d'époux » et «n om d'épouse » ne permettent pas « de tenir compte de manière adéquate de la situation des personnes veuves ou divorcées ayant conservé (...) le nom de leur conjoint ».

Le texte rappelle en outre que « madame » et « mademoiselle » ne constituent pas « un élément de l'état civil des intéressées » et que l'alternative n'est commandée « par aucune disposition législative ou réglementaire ».

Les formulaires déjà imprimés pourront toutefois être utilisés « jusqu'à épuisement des stocks », est-il encore précisé. Les organisations « Osez le féminisme ! » et les Chiennes de garde avaient lancé en septembre une campagne pour la suppression « de la case mademoiselle » dans les documents administratifs, estimant qu'il s'agissait d'une discrimination à l'encontre des femmes, ainsi contraintes de faire état de leur situation matrimoniale. En novembre, la ministre des Solidarités Roselyne Bachelot, en charge du droit des femmes, avait indiqué avoir demandé au Premier ministre François Fillon la disparition du terme « mademoiselle ». Mardi, elle s'est félicitée de la circulaire, y voyant la fin d'une « forme de discrimination entre les femmes et les hommes ».

Commentaire

IMPORTANT : lors du survol, puis de l'analyse du dossier, les idées qui permettent de construire la note de synthèse sont signalées par des ***annotations*** (1, 2, 3, 17, 18, 20...) en marge du document donnant l'idée-synthèse soulignée par une trame de fond en gris. Les passages qui doivent seulement être survolés ou non lus parce qu'ils sont répétitifs (compte tenu de l'ordre de lecture dans l'analyse) ou secondaires, sont laissés tels quels. Le commentaire porte sur les différentes étapes de la méthodologie proposée avec l'application de la méthode thématique ; la méthode des colonnes étant bien sûr toujours possible.

- lecture du sujet,
- survol du dossier,
- analyse des documents par ordre décroissant d'importance,
- relevé d'idées,
- rédaction de la conclusion,
- établissement du plan,
- rédaction de la note (proposition de corrigé).

A - Lecture du sujet

Le dossier de synthèse – conçu pour une durée de 4 heures – porte sur une problématique relativement récurrente, et de plus en plus d'actualité, à savoir l'emploi de la langue française. La lecture du sujet – et sa formulation – implique un décryptage attentif de celui-ci. En effet, le rapide tableau de la situation qui est dressé dès le début n'est, bien évidemment, pas anodin. Il laisse transparaître, entre les lignes, les préoccupations de l'auteur du dossier et donc il peut suggérer quelques pistes de réflexion. À défaut d'indiquer clairement un plan, deux axes de travail sont envisagés, à savoir, la spécificité de l'usage et du rôle de la langue française, et les menaces actuelles concernant le statut et l'influence de celle-ci.

Malgré tout le sujet est ciblé sur l'***emploi*** de la langue française, et il convient de se rappeler qu'on ne fait pas la synthèse du dossier, mais la synthèse du dossier par rapport au sujet.

B - Survol du dossier

Le bordereau des pièces annonce 16 documents, ce qui doit inciter à un survol attentif du dossier car on peut supposer la présence de textes redondants ou secondaires, voire de documents pièges :

- les premiers documents portent sur la francophonie, la défense de la langue française, son expansion à travers le monde (doc 1, 2 et 3). C'est *un* des aspects du sujet ;
- l'emploi de la langue française, qui est le sujet, a fait l'objet de deux lois (doc. 4 et 7) mais l'examen de ces lois sera relativement aisé, et ne nécessitera pas d'en faire la glose : la loi du 31 décembre 1975 est succincte et elle est résumée dans le Rapport au Sénat (doc 10, passages 22 et 23), et la loi du 4 août 1994 est accompagnée

d'un rapport du Sénat (doc. 10) qui apparaît comme un document dominant. Noter par ailleurs que la loi de 1994 a fait l'objet d'une décision du Conseil constitutionnel qui en a déclaré certains passages contraires à la Constitution (doc. 6);

- Il y a deux circulaires (doc. 5 et 11) qui abordent, chacune d'entre elles, un aspect précis du sujet qu'il suffira de résumer avec le titre de ces textes;
- les autres documents constituent un plaidoyer en faveur de la langue française (doc. 9) dont l'emploi est menacé (doc. 13) et il convient que la langue française s'adapte pour répondre aux nouvelles exigences de la communication (doc. 8 et 12);
- Faire attention au document 12 est une réponse critique de l'Académie française, critique reprise dans le document 16 (passage 39);
- les documents 14 et 15 sont très « attrayants » mais leur lecture peut faire perdre beaucoup de temps. Avec ces 2 documents, il faut savoir ne pas (tout) lire.

Dans ce dossier, il y a donc incontestablement un document dominant, le Rapport du Sénat (doc. 10). Trois autres sont essentiels pour la confection de la note : par ordre décroissant, les documents 13, 8 et 9. Ensuite peuvent être analysés plus sommairement les textes relatifs à la francophonie (doc. 1, 2, 3), la décision du Conseil constitutionnel (doc. 6) et les documents 5, 12, 14 et 15. Il y a donc 120 minutes pour le démontage du dossier : Soixante-dix minutes doivent être consacrées aux documents essentiels (10, 8, 9 et 13), quarante aux autres (1, 2, 3, 5, 6 et 12). Dix minutes suffiront pour les documents 14 et 15. Les documents 4 et 7 n'ont pas à être lus puisqu'ils sont expliqués ailleurs (dans le rapport au Sénat), ni le 11 pour lequel le titre suffit.

C - Analyse des documents par ordre décroissant d'importance

- **Document 10.** C'est incontestablement une synthèse partielle du dossier (a priori) dont l'analyse est facilitée par le fait qu'il s'agit d'extraits : c'est l'auteur du dossier qui a sélectionné ce qui est important par rapport au sujet. Dégager les points suivants : l'intervention de l'État par le biais d'une loi est légitime (14, 15) et nécessaire (17, 18, 19); le point 20 pourra être utilisé pour l'introduction (quantification); noter que jusqu'à présent l'arsenal juridique était insuffisant (21 et 22) et que le point 23 résume la loi de 1975, ce qui permettra de survoler très rapidement le document 4; enfin, le projet de loi est présenté (24).
- **Document 8.** Beaucoup d'exemples dans ce texte, mais étant donnée la nature du sujet, on pourra en conserver quelques-uns dans la note pour illustrer cette libération linguistique. Ce n'est pas un simple article journalistique extrait d'un hebdomadaire : c'est un article de spécialiste sous la forme d'un entretien. Noter les points 7 (sur les nouveaux mots), 8 (la notion de libération linguistique), 9 (sur le métissage du français).
- **Document 9.** Avec ce document, il ne s'agit pas non plus d'un simple article journalistique extrait d'un quotidien : c'est un article de doctrine compte tenu de l'auteur. Retenir le chapeau introductif ainsi que le dernier paragraphe et les

points 11 (les menaces contre le français), 12 (la langue, facteur d'intégration) et 13 (la nécessité de s'exprimer dans sa langue maternelle).

• **Document 13.** Dans ce texte au style polémique, pamphlétaire, imagé mais très dense, il faut retenir les passages 28 (la « langue française nationale » est relativement récente), 29 (notion de « plante de serre »), 30 (crise d'identité des langues occidentales et vague d'illettrisme), 31 (la mort du français), et 32 (pour la conclusion de la note).

• **Document 1.** Il fait allusion au premier sommet de la francophonie en 1986 : garder seulement le chapeau introductif (1).

• **Document 2.** Se contenter des données chiffrées qui pourront être utilisées dans la masse théorique de l'introduction (2).

• **Document 3.** Ne conserver que le point 3, le reste du document s'éloignant trop du sujet.

• **Document 5.** Dans la circulaire relative à l'emploi de la langue française, retenir l'implication de tout agent public pour respecter et faire respecter la réglementation (4).

• **Document 6.** Noter la censure partielle du Conseil constitutionnel lorsque la loi impose l'usage du français à des personnes privées (5), et la référence à la liberté de pensée et d'expression pour les organismes de radiodiffusion, publics ou privés ainsi qu'à la liberté d'expression et de communication dans l'enseignement et la recherche (6).

• **Document 12.** Cette note de l'Académie française est une critique de la féminisation systématique : points 26 (ce sont l'usage et les œuvres littéraires qui font la langue, pas les prescriptions d'un décret, « lubies d'infimes minorités influentes ») et 27 (le masculin dans la langue française est neutre et non sexiste). Débat repris dans le document 16.

• **Documents 14 et 15.** Ces documents sont intéressants à lire... après l'épreuve. Ils font perdre beaucoup de temps alors que l'essentiel est résumé dans les titres et inter – titres. Pour le document 14, qui est à la limite du sujet, se contenter de l'idée émise dans le sous-titre de l'article : la non-maîtrise du français renforce l'exclusion des jeunes des cités (passage 33). Le document 15 est un « clin d'œil » polémique à manier avec précaution dans la note (sans prendre parti pour l'une ou l'autre). Se contenter éventuellement de l'idée du passage 34 ou – mieux – ignorer ce texte qui est plus un débat de féministe qu'un aspect du sujet de synthèse.

• **Documents 4 et 7.** La lecture de ces deux lois est inutile, compte tenu de la présentation faite dans le document 10. Prendre note de leur date et de leur intitulé précis.

• **Document 11.** Cette circulaire se résume dans son titre (25).

D - Relevé d'idées

Application de la méthode thématique ; on pouvait dégager 5 sous-thèmes.

<table>
<tr><td>Le droit de la langue française
Document 10 : 16, 21, 22, 23, 24
Document 5 : 4
Document 6 : 5, 6
Documents 4 et 7</td><td colspan="2">La francophonie
Document 10 : 20
Document 1 : 1
Document 2 : 2
Document 3 : 3</td></tr>
<tr><td>Les menaces
Document 10 : 17, 18, 19
Document 8 : 7, 8
Document 9 : 11
Document 13 : 30, 31</td><td colspan="2">La défense du français
Document 8 : 8, 9
Document 9 : 11, 12, 13
Document 14 : 33</td></tr>
<tr><td>La féminisation
Document 8 : 10
Document 11 : 25
Document 12 : 26, 27</td><td>Introduction
Document 10 : 14, 15
Document 13 : 28, 29</td><td>Conclusion
Document 13 : 32</td></tr>
</table>

Le droit de la langue française Passages 4, 5, 6, 16, 21, 22, 23 et 24 Documents 4 et 7	La francophonie Passages 1, 2, 3, et 20
Les menaces Passages 7, 8, 10, 11, 17, 18, 19, 30, 31	La défense du français Passages 8, 11, 12, 13 et 33
La féminisation des mots Passages 10, 25, 26, 27	Introduction 14, 15, 28, 29 Passages 1, 2, 3, et 20 Conclusion 32

On peut également adopter une autre démarche en se rappelant que très souvent une note de synthèse comprend 2 parties :

- une partie statique : les problèmes, la situation, le constat, le bilan, les données ;
- une partie dynamique : les remèdes, la législation, les réponses, les perspectives, les solutions.

La *summa divisio* I (données) – II (solutions) permet d'adopter le relevé d'idées suivant : une page introduction et conclusion, une page première partie, une page seconde partie.

Introduction	Données	Solutions	
Passages	Documents	Documents	
2, 14, 15, 28, 29	8	1	8
	9	2	10
	10	3	11
Conclusion	12	4	
32 et 40	13	5	17
	14	6	
		7	

I. Les données correspondent aux problèmes que rencontre la langue française.

II. Les solutions correspondent aux réactions.

Et il reste toujours la possibilité de consigner les notes avec la méthode des colonnes qui, elle, ne présuppose aucun plan, mais doit permettre d'en découvrir un.

Corrigé

« L'emploi de la langue française »

Facteur d'intégration et vecteur de la pensée, la langue française, longtemps conquérante, est aujourd'hui concurrencée et menacée dans sa primauté, sinon dans son intégrité.

Le débat sur les questions linguistiques existe dans de nombreux pays (notamment Belgique États Unis, Canada) et aboutit à des règlementations. En France, la spécificité du débat tient au fait que dans ce pays les quatre cinquièmes de la population ont changé de langue depuis un siècle. Il faut se rappeler en effet que la langue française a été créée par une élite et redistribuée ensuite dans les terroirs où elle n'a donc pas ses racines. D'où sa fragilité, par surcroît avec un rapport de force défavorable au niveau international car malgré 200 millions de locuteurs à travers le monde (3 % de la population, 9e langue mondiale et 2e langue maternelle dans l'Union européenne après l'allemand), la situation du français ne cesse de se dégrader. Le rayonnement d'une langue repose plus sur la puissance politique et économique qu'elle véhicule, que sur ses qualités propres. D'aucuns prédisent la mort du français, que ni les savants de l'Éducation et leur insolente autosatisfaction, ni l'Académie Française enfermée dans sa gangue puriste ne sauraient éviter.

Face aux difficultés que rencontre le français dans son usage et dans sa promotion (I), une réaction apparaît souhaitable et nécessaire (II).

1 • UN EMPLOI DOUBLEMENT MENACÉ

Aux facteurs endogènes liés aux caractéristiques mêmes de la langue française (A), s'ajoutent des facteurs exogènes tenant aux contingences internationales (B).

A - Les faiblesses de la langue française

Le français est souvent considéré comme la langue du Droit par excellence grâce à ses qualités intrinsèques, à savoir sa clarté et sa richesse. Mais c'est oublier que différents obstacles rendent actuellement difficiles le renouvellement et donc la promotion de notre langue. D'abord le purisme, c'est-à-dire l'idée que le français existe dans un état de perfection quasi immuable et que, dès lors, ce qui n'est pas dans le dictionnaire n'est pas français, donc fautif. Ensuite, l'abandon des règles fondamentales de la syntaxe, cette armature de la langue, entraîne des risques d'erreurs et de dysfonctionnements de la communication : abandon du passé antérieur, de l'imparfait du subjonctif, du futur, de la forme interrogative, des verbes intransitifs notamment.

Et faire évoluer la langue française se révèle très délicat. Comme l'ont montré les débats et les controverses sur la réforme de l'orthographe ou sur la féminisation des noms de métier, fonction, grade ou titre. Sur ce dernier point, la circulaire du 6 mars 1998 a reçu un accueil plus que réservé de la part de l'Académie Française, dénonçant les « lubies d'infimes minorités influentes ». Le Service du dictionnaire de l'Académie Française rappelle que l'emploi du masculin dans la langue française est neutre et non sexiste, et que ce sont l'usage et les œuvres littéraires qui font la langue, pas les prescriptions du droit.

Cette crise d'identité et de confiance affecte plus ou moins toutes les langues occidentales, mais le français est par surcroît victime d'autres attaques.

B - Le contexte international défavorable

La défense de la langue, comprise par les Français et réclamée par les francophones, se heurte au fait que l'anglais, ou plutôt un sabir anglo-américain, semble être la clé d'accès à la modernité dans les sciences, l'économie et la culture.

L'anglo-américain serait aujourd'hui la langue universelle des scientifiques et le renoncement des scientifiques français à s'exprimer dans leur langue maternelle a des conséquences d'une extrême gravité : les savants français doivent plier leur pensée à la langue (anglaise) et non l'inverse ; ils sont dès lors dans une position d'infériorité par rapport à leurs collègues anglo-saxons puisqu'ils s'expriment dans une langue qu'ils ne dominent pas et dont ils ne sentent pas les nuances ; les publications scientifiques françaises, alors délaissées, sont quasiment en voie de disparition. Le constat est presque identique dans le secteur de l'économie, très perméable à la pénétration de l'anglais, notamment dans le domaine de la mode et du prêt-à-porter, mais aussi pour les techniques de pointe, pour l'informatique et l'électronique, et plus largement dans le monde du travail et des affaires. Enfin, même la culture est contaminée : le rôle grandissant de l'anglais dans le domaine du cinéma et de la chanson, y compris sur le territoire national, est manifeste.

Ainsi le fédéralisme européen, la domination américaine, la mondialisation, l'immigration, les effets de mode constituent autant de facteurs de fragilisation de la langue française qui s'ajoutent aux faiblesses inhérentes de celle-ci. Or l'oubli des langues nationales conduit à une pensée plate et stéréotypée, à terme à l'absence de pensée. Conscients des enjeux vitaux qui s'attachent à la défense de la langue française, les pouvoirs publics ont tenté de réagir depuis une trentaine d'années, notamment en améliorant les dispositifs traditionnels de régulation de la langue.

2 • LES RÉACTIONS VÉRITABLEMENT APPROPRIÉES

Éclairée par les expériences étrangères, comme celles de la Belgique et du Québec, la France s'est dotée d'une législation linguistique (A), sans doute nécessaire, mais qui ne saurait être suffisante car d'autres facteurs doivent contribuer à la défense du français (B).

A - Le droit de la langue française

Plus de 170 ans après les textes révolutionnaires imposant le français, une nouvelle règlementation a vu le jour, tant sur le plan constitutionnel que législatif.

Le 26 juin 1992, lors de la révision de la Constitution consécutive à la signature du Traité de Maastricht, l'article 3 a été complété afin d'affirmer le statut du français comme «langue de la République». En application de ce principe constitutionnel, il appartient désormais à tous les agents publics de veiller à son respect lors de leurs activités (circulaire du 12 avril 1994).

La loi du 31 décembre 1975 avait pour objectif de protéger les personnes (client, usager, salarié, cocontractant) contre une mauvaise compréhension pouvant découler de l'emploi de termes étrangers. La protection du consommateur est assurée pour les transactions concernant la vente de produits ou la fourniture de services, pour les relations de travail (contrats, offres d'emploi) et pour les relations entre les usagers et les services publics. Mais cette loi obéissant surtout à un objectif de consumérisme a été dans l'ensemble mal appliquée. L'objectif de la loi du 4 août 1994 est plus ambitieux : cette dernière vise à étendre l'usage du français en tant que langue de communication écrite des entreprises, langue de communication des colloques, congrès ou manifestations organisés en France, langue de l'enseignement et des examens, concours, thèses et mémoires, et enfin langue d'information dans les lieux publics tels que les restaurants, commerces et salles de spectacles. Si le droit n'est pas trop exclusif, car il ne prohibe pas l'usage des autres langues, qu'elles soient étrangères ou minoritaires (langues régionales), ni trop répressif car l'efficacité du droit n'est pas forcément liée à l'existence de sanction, il se heurte cependant à une limite rappelée par le Conseil constitutionnel (DC 94-345 du 29 juillet 1994). Le principe constitutionnel de liberté de pensée et d'expression implique le droit pour chacun de choisir les termes jugés par lui les plus appropriés à l'expression de sa pensée. Sur cette base le Conseil a annulé toutes les dispositions visant à imposer l'emploi d'une terminologie officielle à des particuliers ou à des services de radio-diffusion sonore ou télévisuelle.

B - La défense de la langue française

Elle passe à la fois par son expansion à travers le monde et par son renouvellement.

Expansion par la francophonie en premier lieu. Chère au géographe français Onésime Reclus, qui voyait dans la langue française le ferment mystique des idéaux républicains de liberté, de solidarité, de culture, la francophonie n'est réellement apparue qu'un siècle après, lorsque'à l'initiative de la France en 1986, s'est tenu le premier sommet de la francophonie regroupant les représentants de 42 pays ou régions qui « ont le français en partage ». La Francophonie n'est pas un groupe de pays rassemblés autour de la France (à l'instar du Commonwealth avec le Royaume-Uni) ; il s'agit d'une organisation internationale dont de nombreux pays francophones sont membres, et qui défend aussi les droits de la personne ainsi que de la diversité linguistique et culturelle dans le monde.

Renouvellement de la langue en second lieu : le vrai danger d'une langue est qu'elle ne change pas. Des mots nouveaux sont apparus parce que nous avons nos modes (jogging, spot, unisexe), parce que nous avons changé de civilisation (cartes à mémoire, télématique) parce qu'il y a un langage des jeunes (flipper, s'éclater), parce que des mots sont empruntés à d'autres langues, notamment l'anglais. Et la « libération linguistique » passe par une acceptation partielle du franglais dénoncé par Etiemble, car les mots doivent être compréhensibles par tous et que l'on ne peut substituer « bonne dominique » à bon week-end ou « sauci-pain » à hot-dog. Toute langue a toujours été soumise au métissage : c'est une manière normale de s'enrichir et parfois de survivre. Une bonne maîtrise de la langue française et d'une langue commune, assimilant toutes ces évolutions, est un facteur indispensable d'intégration sociale des populations à la République.

Affaire d'État, la défense de la langue française a entraîné de la part des autorités publiques une intervention finalement limitée, parce qu'il s'agit aussi d'une affaire individuelle.

Reste alors à changer les mentalités et les pédagogies, rompre avec le français scolaire en le remplaçant par un langage vrai en prise avec la littérature du temps, afin d'éviter que la langue française n'ait que « notre vie devant elle ».

CHAPITRE 22

Dossier n° 2

À l'aide des documents ci-joints, vous devez présenter, dans une note de quatre pages, les principales caractéristiques de « l'épreuve de note de synthèse ».

DOCUMENT 1 : Armogathe D., *La synthèse de documents*, Dunod, 1995.

DOCUMENT 2 : Benoit A., Tollot M., *Les épreuves sur dossier*, CFPC, 1987.

DOCUMENT 3 : Loufrani J., *Manuel méthodique pour une préparation des concours administratifs*, Guide Néret, Lamarre 1998.

DOCUMENT 4 : Barreix Cl., *La note de synthèse administrative*, Dunod, 1997.

DOCUMENT 5 : Sims M., *Manuel de méthodologie*, Economica, 1997.

DOCUMENT 6 : CNFPT, *Les épreuves de techniques d'expression écrite et orale*, 1989.

DOCUMENT 7 : Guédon J.F. et Laborde F., *La note de synthèse*, Organisation Éditions 2005.

DOCUMENT 8 : *Les concours administratifs. Guide complet*, Larousse, 1998.

DOCUMENT 9 : G. Terrien et R. Leurion : « Note de synthèse », Foucher, 2006.

DOCUMENT 1

INTRODUCTION
L'ESPRIT DE LA SYNTHÈSE

Chaque soir, le préposé au bulletin météorologique télévisé expose sous nos yeux, avec le plus de clarté possible, une somme d'informations analysées, triées, condensées, visant à déterminer les conditions climatiques pour les prochaines heures. Son travail a consisté à traiter une matière brute, tombée pendant la journée sur les écrans de ses ordinateurs, à mettre de l'ordre dans ces données composites, à comprendre (au sens étymologique de saisir ensemble) tous les paramètres qui « font » le temps et à tirer de cette confrontation les tendances des conditions atmosphériques pour les heures qui vont suivre. Son activité aura été exactement une activité de synthèse.

Quand un historien, cherchant à comprendre et à expliquer la défaite de Waterloo, rassemble toutes les informations de provenances diverses qu'on peut recueillir sur cette bataille, met au jour toutes les causes connues de l'événement, les trie et les classe, des plus infimes aux plus conséquentes, établit entre elles des corrélations peut-être insoupçonnées jusqu'à lui (parce qu'il a plus d'informations ou qu'il est plus perspicace que ses devanciers), et qu'il nous restitue, en fin de compte sa version de ladite défaite, cet historien a fait œuvre de synthèse.

Au sens *étymologique*, *Sunthesis*, signifie en grec : action de mettre ensemble. C'est la démarche qui place côte à côte, qui dispose en regard, des objets ou des idées. Le sens de l'*étymon* se retrouve intact dans l'exercice moderne de synthèse où l'on juxtapose plusieurs documents aux fins d'analyse comparée de leur contenu respectif.

Ainsi l'opération de synthèse est une opération qui consiste, dans son acception la plus large, à composer un tout à partir de ses éléments (l'analyse ayant pour objet de dissocier le tout en éléments). Cette opération peut être concrète, c'est-à-dire aboutir à la création d'objets ou de corps, comme c'est le cas dans la synthèse chimique, ou abstraite et intellectuelle lorsqu'elle porte sur des objets de pensée, des idées, des opinions. C'est évidemment de la seconde acception dont il est question ici.

Au sens philosophique, la synthèse est une opération intellectuelle par laquelle on rassemble les éléments de connaissance concernant un objet de pensée, en un tout cohérent. On obtient alors, précisément, une *vue d'ensemble* qui s'est enrichie de la combinaison des éléments et qui représente un progrès sur le matériau initial : « Le passage d'une étape à une autre est toujours un enrichissement; il y a toujours plus dans la synthèse que dans la thèse et dans l'antithèse réunies. » (Sartre, *Situations III*).

• C'est dans l'antiquité grecque qu'ont été formalisés les principes opératoires de l'analyse et de la synthèse. Ceux-ci étaient réunis dans la notion de *dialectique*. Ce concept signifie deux choses : art de dialoguer et de discuter, et corrélativement, art de diviser les choses à connaître en genres et en espèces, pour pouvoir les examiner et les discuter. Ce double sens de conversation et de division logique se retrouve chez Xénophon et chez Platon. Chez ce dernier, la dialectique avait pour but de remonter de concept en concept jusqu'aux concepts les plus généraux et aux principes. « La méthode dialectique est donc la seule qui, rejetant les hypothèses, s'élève jusqu'au principe même pour établir solidement ses conclusions, et qui, vraiment, tire peu à peu l'œil de l'âme de la fange grossière où il est plongé, et l'élève vers la région supérieure » (*La République*, VII, 533a).

• Les règles de l'analyse et de la synthèse sont reformulées par Descartes au XVIIe siècle, dans un autre contexte philosophique, celui de la logique mathématique de l'évidence. On se rappelle les préceptes 2 et 3 de la méthode :

« Le second, de diviser chacune des difficultés que j'examinerais en autant de parcelles qu'il se pourrait et qu'il serait requis pour les mieux résoudre.

Le troisième, de conduire par ordre mes pensées, en commençant par les objets les plus simples et les plus aisés à connaître, pour monter peu à peu, et comme par degrés, jusqu'à la connaissance des plus composés, et supposant même de l'ordre entre ceux qui ne se précèdent point naturellement les uns les autres » (*Discours de la Méthode*).

Cette dernière affirmation est capitale, Descartes admet que tout objet de connaissance recèle un ordre interne qu'il s'agit de découvrir.

• Spinoza, un peu plus tard, montre, dans cette étonnante construction dialectique qu'est l'*Éthique*, qu'on ne saurait atteindre intellectuellement un objet, sans le situer dans l'ensemble auquel il appartient. Cet objet tire son sens, son explication, des rapports qu'il entretient avec son « environnement », qui l'englobe et dont il dépend.

• Mais c'est au XIXe siècle, le siècle des grandes synthèses modernes (chimie, histoire...) que le concept va recouvrir sa plus vaste extension philosophique (on notera au passage que l'adjectif « synthétique » est dû à ce génie de la synthèse qu'est Balzac).

Selon Hegel, la connaissance du réel s'effectue par résolution progressive des contradictions. Par l'analyse, on tire d'une notion les éléments qu'elle renferme. Mais la pensée ne se satisfait pas de la seule découverte de ces éléments. Il faut qu'elle passe d'une notion à une autre, et, pour ce faire, doit les admettre comme opposées l'une à l'autre. La synthèse a pour mission de résoudre la contradiction entre les diverses notions. Et résoudre ne veut pas dire éliminer. La synthèse garde, pour ainsi dire « en mémoire », les acquis des notions antérieures opposées, et les « fond » en une nouvelle réalité, qui dépasse en richesse la précédente. Cette réalité est appelée à être dépassée à son tour, et ainsi de suite. La synthèse est à la base du progrès des connaissances comme du progrès en toute chose.

Ainsi l'opération de synthèse ne se résume pas à associer des idées et à les présenter en ordre séparé, ni même seulement à distinguer les termes entre lesquels s'établit la relation. *Elle consiste à penser la relation elle-même*. Elle est prise de conscience du rapport pensé pour lui-même, en tant que rapport.

• La pensée contemporaine a jugé trop systématique l'analyse hégélienne et a substitué à la notion nécessaire de contradiction, celle de corrélation, sans doute plus exacte : « Le déterminé n'étant pas contradictoire en soi, mais simplement incomplet dans chacune de ses déterminations prises à part, il s'ensuit que la méthode synthétique, bien loin de se développer à la manière hégélienne, en des négations successives, devra procéder au contraire par des affirmations qui se compléteront ; et dont la dernière sera l'être achevé et intégralement défini.[1] »

Cette révision contemporaine du système hégélien n'est pas sans incidence sur la méthode de travail, comme on le verra par la suite.

ARMOGATHE D.,

La synthèse de documents,
Dunod, 1995

1. Hamelin, *Essai sur les éléments principaux de la représentation*, cité par A. Lalande, *Vocabulaire technique et critique de la philosophie*, PUF, 1968.

DOCUMENT 2

SECTION 2 : LA RÉDACTION DU DEVOIR

Étape ultime du travail à accomplir, la rédaction est la mise en forme des idées qui doivent être développées dans le cadre du plan choisi. Elle suppose de la part du candidat une très grande attention dans la mesure où :

- elle constitue le révélateur privilégié de sa sensibilité et de sa personnalité tout en bannissant la personnalisation apparente du propos (prohibition du « moi » et du « je »). C'est à ce niveau (et au moment de l'élaboration du plan) qu'il peut donner la pleine mesure de ses capacités ;
- elle représente la partie « officielle » de l'effort réalisé ; le correcteur ne jugera de l'ensemble que sur la mouture définitive. Ainsi un excellent travail préparatoire peut être desservi par une rédaction maladroite.

Notre objectif est ici des plus modestes, car l'art de rédiger est un élément de culture personnelle qui s'acquiert dès l'enfance, s'entretient et s'enrichit avec l'expérience. Nous limiterons notre propos à la présentation de quelques conseils simples, qui vous permettront de présenter clairement vos idées et, si possible, de valoriser votre argumentation.

§ - 1 - La forme

Ayant une fonction essentiellement utilitaire, tout document administratif a vocation à être immédiatement opérationnel.

Ainsi le candidat doit veiller à ce que le devoir soit, sur le plan formel, un bon instrument de communication avec le destinataire.

A - La présentation matérielle

Elle sera attrayante afin de rendre la lecture aisée et agréable.

• Les candidats ayant une écriture difficile feront l'effort de la rendre la plus lisible possible. Celle-ci peut en effet constituer un handicap sérieux, car elle risque d'engendrer :

- une rupture dans le rythme et l'unité du devoir, à cause d'une lecture trop hachée ;
- des malentendus sur la valeur de la copie, lorsque des passages entiers du développement sont difficilement lisibles ;
- une irritation bien compréhensible de la part du correcteur, lorsqu'il a déjà examiné un nombre important de copies.

• La mise en page sera claire et aérée. Il est conseillé d'aller à la ligne chaque fois que le raisonnement l'exige, sans excès toutefois, afin d'éviter toute impression de dispersion.

Les subdivisions doivent présenter une unité réelle et l'examinateur doit être en mesure de retrouver aisément l'architecture générale du plan, sans qu'il soit nécessaire de la faire ressortir à l'aide d'une numérotation ou de titres. Toutefois cette matérialisation du plan n'est pas proscrite, mais elle exige du discernement, car elle sied plus à certains sujets qu'à d'autres.

• L'orthographe est un élément à ne pas sous-estimer. Si quelques fautes d'étourderie peuvent, dans certains cas, être excusées, la méconnaissance délibérée des règles d'accord ne le serait pas, car l'orthographe constitue également un outil de communication à travers le texte écrit et un test de rigueur et de logique. Aussi est-il conseillé de ne pas négliger l'importance de la relecture finale de la copie. Trop de candidats ont tendance, une fois le devoir rédigé, à ne pas mettre à profit les quelques minutes qu'il leur reste pour effectuer ce dernier contrôle.

B - L'équilibre des parties

Une telle exigence n'est pas une argutie de puriste. Un déséquilibre trop important entre les subdivisions cache fréquemment des faiblesses au niveau du raisonnement ou des maladresses de plan. Ce risque se retrouve souvent dans les plans en trois parties : la troisième partie, qui ne constitue qu'une synthèse des deux parties, se trouve habituellement amputée et se transforme en conclusion « musclée ». Aussi aurions-nous tendance à conseiller le plan binaire qui a le mérite d'éliminer cet inconvénient et qui, par ailleurs, nous paraît plus performant, dans la mesure où il oblige le candidat à ramasser sa pensée. Le plan est alors plus dynamique, plus original et, en conséquence, accentue la densité et la concision du devoir.

§ - 2 - Le fond

En tant que véhicule de la pensée et de la communication, l'écriture est bien un révélateur privilégié de l'identité de l'individu. Le style, le rythme des phrases, l'argumentation, l'articulation des idées, l'harmonie générale de l'écrit sont autant d'éléments qui témoignent de notre personnalité.

Toutefois, ce n'est pas à un travail de stylistique académique que vous êtes convié, même si d'évidence les règles générales de la langue française doivent être respectées. Vous allez produire un document administratif bénéficiant du cachet de la puissance publique. Celle-ci s'exprime dans un style particulier qui garantit sa cohérence et sa permanence et dont il est utile de rappeler les grands principes :

• ***La clarté*** qui facilite la compréhension (du supérieur hiérarchique comme de l'usager).

• ***La précision*** et la ***rigueur***, faute de quoi on risque de déformer l'esprit, le contenu des lois et des règlements que l'administration est chargée d'appliquer (pas de « flou artistique » quand il s'agit des textes).

Est-il besoin de préciser qu'il faut se garder aussi bien :

- d'un langage sclérosé, héritier de la routine et d'une tradition administrative quelque peu surannée ;
- que d'une terminologie « technocratique » empreinte de préciosité qui crée des confusions ou pratique le procédé facile du « rideau de fumée », masque de l'incompétence ou de l'irresponsabilité.

Ce qui signifie clairement que l'objet d'efficacité doit rester prioritaire : le message doit bénéficier d'une utilité maximum pour le destinataire qui fera du document un outil de travail pour mettre en œuvre une action.

De toute manière, la prudence reste de rigueur et le style doit refléter cette préoccupation qui ne devrait être que l'expression même de l'honnêteté intellectuelle quand il s'agit :

- de l'interprétation des textes ;
- de l'énoncé des responsabilités ;
- des incidences et des conséquences prévisibles des solutions préconisées.

Le style administratif est bien le reflet de l'autorité de la collectivité publique et ne saurait à ce titre, souffrir de négligences. Il s'agit d'un genre particulier : les effets de style voulus pour eux-mêmes, les morceaux de bravoure ne peuvent décemment y trouver leur place. Le style est ici le véhicule de la pensée et de l'action et doit être le support de la gestion administrative moderne.

Il répond en fait à trois exigences pratiques :

- le respect de la terminologie en vigueur qui confère sa validité au document et en consacre le caractère d'acte administratif ;
- l'expression claire des principaux « rapports de pensée » : cause, conséquence, buts, fins et moyens... qui donnent au style du document son caractère de langage de l'action ;
- les nuances indispensables d'une démarche consciente des contraintes et des variables « humaines » ; ce qui amène à jouer alternativement des procédés d'atténuation et des techniques de mise en valeur.

Quelques exemples illustrant la mise en œuvre de ces exigences de base permettent d'éclairer le propos.

A - Le respect de la terminologie consacrée

Une lettre administrative, une note sont jalonnées d'expressions consacrées par l'usage, ce qui, en un sens, doit faciliter la tâche. Si le journalisme a des techniques propres pour présenter l'information, l'administration dispose aussi à cet égard d'un « lexique » adapté.

Notons par exemple :

- des tournures s'adressant au destinataire du document :
  appeler l'attention sur..., porter à la connaissance de..., rendre compte de..., faire connaître...
- des verbes ou des locutions présentant l'information :
  observer, noter, signaler, préciser, ajouter, rappeler, évoquer...
- des expressions en usage pour présenter la solution retenue :
  il y a lieu de..., il appartient à..., il convient de..., il importe de..., il paraît souhaitable de...
- des locutions qui indiquent la progression du raisonnement, les étapes de la pensée :
  d'abord, ensuite, enfin...; d'une part..., d'autre part...; en définitive...; par ailleurs; dès lors...

B - L'expression des rapports de pensée

Ces épreuves écrites traduisent un effort de réflexion, la prise en charge de la réalité par la pensée; il est normal de souligner par un langage approprié la démarche logique, rationnelle suivie par le rédacteur. Citons quelques structures fondamentales :

- ***la cause*** :
  nous pouvons retenir comme motif...; faute d'une législation adaptée, on a laissé...
- ***la conséquence*** :
  force est de reconnaître...; il en résulte...; il ressort...; nous serions conduit à penser que...
- ***le but*** :
  cette loi vise à...; cette démarche répond à un objectif simple...; l'intention du législateur est de...

C - Des nuances indispensables : l'atténuation et la mise en valeur

Il est impossible d'accorder à chaque proposition, à chaque élément d'information induit ou déduit la même crédibilité ou la même fiabilité pour l'action.

• ***L'atténuation ou la prudence*** est de rigueur dès qu'il s'agit de dégager des conclusions, des éléments d'explication ou de préconiser des mesures à prendre; voici, à cet égard, quelques exemples typiques :

*il **peut** apparaître choquant de...; on **peut** estimer que...*

La tournure impersonnelle, très fréquemment utilisée, accentue cette impression de prudence, de décision collective, conforme aux textes en vigueur.

• ***La mise en valeur*** est tout aussi pratiquée quand il faut souligner une idée-force, une décision, le résultat d'une analyse :

force est de reconnaître...; primordial est ici le rôle...; la question est certes d'importance, puisque...; l'idée essentielle est de...; tout porte à penser que...; il mérite d'être noté...

Ce simple rappel ne saurait constituer un examen approfondi des ressources de la stylistique administrative, le meilleur apprentissage consistant à lire attentivement des documents administratifs de bonne facture en s'attachant surtout à étudier la mise en forme, la rédaction, le choix réfléchi des mots et des tournures. C'est un travail auquel nous ne saurions trop vous inciter à vous livrer, à partir notamment des pièces contenues dans les dossiers présentés en annexe à ce fascicule.

BENOIT A. – TOLLOT M.,
Les épreuves sur dossier,
CFPC, 1987

DOCUMENT 3

LES CONCOURS

L'ORGANISATION GÉNÉRALE DES CONCOURS

Les concours sont la voie normale de recrutement. Chaque concours donne lieu à l'établissement d'une liste classant par ordre de mérite les candidats déclarés aptes par le jury.

Ce jury peut établir, dans le même ordre, une liste complémentaire afin de permettre le remplacement des candidats inscrits sur la liste principale qui ne peuvent pas être nommés (parce que souvent admis à plusieurs concours, les candidats choisissent un seul d'entre eux et laissent ainsi des places à d'autres) ou, éventuellement, de pourvoir des vacances d'emplois survenant dans l'intervalle de deux concours.

Pour chaque corps, le nombre des postes qui peuvent être pourvus par la nomination de candidats inscrits sur la liste complémentaire, ne peut excéder un pourcentage, fixé par le décret, du nombre des postes offerts au concours.

La validité de la liste complémentaire cesse automatiquement à la date d'ouverture des épreuves du concours suivant et, au plus tard, un an après la date d'établissement de la liste complémentaire.

Les nominations sont prononcées dans l'ordre d'inscription sur une liste principale, puis dans l'ordre d'inscription sur la liste complémentaire.

Le jury peut, si nécessaire, et pour toute épreuve, se constituer en groupes d'examinateurs. Toutefois, afin d'assurer l'égalité de notation des candidats, le jury opère, s'il y a lieu, la péréquation des notes attribuées par chaque groupe d'examinateurs et procède à la délibération finale.

Le déroulement des opérations d'un concours soulève de multiples problèmes.

Il doit être organisé dans le respect des règles statutaires et réglementaires. Il appartient à l'administration intéressée de fixer les modalités d'exécution du concours, d'en arrêter le programme et les épreuves, d'en assurer la réalisation en déterminant les dates, en réunissant un jury et en indiquant le nombre de postes à pourvoir.

Elle doit assurer une publicité suffisante à la décision par laquelle elle ouvre un concours[2].

Mais l'autorité administrative n'a pas seulement l'obligation de vérifier si les conditions d'accès au concours sont remplies par le candidat. Elle a aussi la faculté de déterminer si le candidat est apte à remplir les fonctions auxquelles *donne accès le concours*. Elle possède ainsi la prérogative d'accorder ou de refuser l'autorisation de concourir. Cette appréciation à laquelle se livre l'autorité administrative pour refuser d'admettre un candidat à concourir peut faire l'objet d'un recours devant le juge administratif.

Si un candidat que le ministre n'a pas admis à concourir obtient, après le début des épreuves, soit le retrait, soit l'annulation de cette décision, la limite d'âge pour ce candidat est reculée du temps nécessaire pour que le nombre de concours auquel il sera permis de se présenter ne se trouve pas réduit par suite de l'intervention de la décision rapportée ou annulée.

La composition du jury doit être conforme aux textes qui ont institué le concours, doit assurer le respect de la règle de l'égalité entre les candidats et garantir l'impartialité des membres du jury à leur égard. *Mais la présence d'examinateurs connaissant certains candidats ne suffit pas à suspecter leur impartialité et ne constitue pas en soi un manquement à l'égalité entre les candidats. Il en est de même lorsqu'une ou plu-*

2. La Direction Générale de l'Administration et de la Fonction publique édite chaque année un calendrier général des concours de recrutement dans la fonction publique et dans les armées : 32, rue de Babylone, 75700 Paris. Ce calendrier est aussi publié au Journal Officiel.

sieurs personnes qui ont participé à la préparation de candidats à un concours sont membres du jury de ce même concours.

L'égalité entre les candidats ne doit pas être rompue pendant le déroulement des épreuves. Les sujets doivent être choisis par le jury, conformément aux programmes arrêtés avant les épreuves. Il ne faut pas que certains candidats, au cours d'une épreuve écrite, disposent d'un ouvrage, conformément à une note du président du jury, tandis que d'autres n'y sont pas autorisés. Enfin, il ne faut pas oublier que les notes attribuées aux candidats par le jury ne peuvent être contestées.

LE CHOIX DU CONCOURS

A – Faire le bon choix

Préparer un concours ? Non ! Préparer des concours.

Plusieurs concours peuvent être rapprochés les uns des autres et donc être préparés en même temps.

Il faut penser à des *concours semblables d'une même catégorie* (A ou B) relevant de ministères ou d'administrations différents.

Il faut penser à des *concours différents de catégorie A et B relevant d'un même ministère*, d'une même administration. Qui peut le plus, peut le moins !

Le choix des concours dépend des projets de carrière du candidat et des raisons qui peuvent le motiver : stabilité des emplois offerts, perspectives de promotion, avantages matériels (logement de fonction par exemple, etc.), possibilité de mobilité géographique et de mobilité professionnelle sans perte des avantages acquis.

Il faut aussi *prendre en considération le nombre de postes offerts* dans la mesure où le degré des difficultés d'un concours dépend le plus souvent, non de son programme, mais de ce nombre qui conditionne l'effectif des admis.

Enfin, *on ne présente jamais un concours « pour voir »*. C'est la perte d'une chance. Or, en ce qui concerne la plupart des grands concours de la catégorie A par exemple, *nul ne peut se présenter plus de trois fois aux épreuves*.

Aussi faut-il avoir conscience de la charge de travail que nécessite une préparation donnant une chance de succès. Il ne faut s'inscrire que si le minimum de travail nécessaire a été préalablement effectué. Et, en cas d'échec, en tirer profit pour recommencer en vue du ou des mêmes concours, ou de concours différents l'année suivante. Bon nombre de candidats réussissent au deuxième, voire au troisième essai.

Un candidat ne doit donc pas se surestimer, mais il ne doit pas non plus se sous-estimer. Être juriste, économiste, littéraire, etc., ne suffit pas pour réussir telle épreuve juridique, ou économique, ou de culture générale. Mais se dire que tel ou tel concours n'est pas pour soi est aussi souvent un manque de lucidité, une mauvaise appréciation des réalités, une peur, parfois non fondée, de l'échec.

Échouer à un concours ouvrant l'accès à quelques dizaines de postes seulement, n'exclut pas de réussir à un concours permettant l'accès à plus d'une centaine de postes ou à plusieurs centaines de postes. L'inverse est vrai aussi. Tout dépend des dates du concours, de l'état de préparation des candidats, des leçons tirées de l'échec précédent, des sujets.

Il ne faut pas enfin oublier que de la réussite à un concours découle *un lieu d'affectation*, d'une part provisoire, s'il s'agit d'intégrer une école, ou temporaire quand il s'agit d'un stage, et d'autre part définitif ou du moins, en principe, plus long en ce qui concerne la première affectation.

Il est ainsi possible de présenter les concours d'*adjoint administratif d'administration centrale, d'adjoint administratif de l'administration générale de l'Assistance Publique* (une centaine de postes environ, moitié concours externe, moitié concours interne), ou d'*adjoint administratif de la ville de Paris*.

Si une carrière non parisienne n'est pas exclue, il est possible de présenter aussi, par exemple, les concours : d'*agent d'exploitation du service général des PTT* (près de 3 000 postes par an), d'*agent de recouvrement du Trésor* (environ 500 postes par an), d'*agent de constatation ou d'assiette des impôts* (environ 800 postes par an), d'*agent de constatation des douanes* (200 postes environ par an), d'*adjoint de contrôle de la concurrence et de la consommation* (une quarantaine de postes par an environ) ou de *commis des services extérieurs des ministères* ou encore celui de *commis relevant de la fonction publique territoriale* (communes, départements, régions : plus de 2 000 postes), ou même celui d'*agent technique d'un organisme de la Sécurité sociale*.

Un autre regroupement est possible, concernant le concours d'*élève-surveillant de l'administration pénitentiaire* (environ 600 postes par an), et le concours de *gardien de la paix* (plusieurs centaines de postes par an).

Ces trois exemples de regroupement de type horizontal par rapport à une seule catégorie ayant été présentés, chaque candidat doit aussi réaliser des regroupements verticaux combinant des concours de plusieurs catégories, en fait, le plus souvent de deux catégories : concours de catégorie A et concours de catégorie B, ou concours de catégorie B et concours de catégorie C.

Pourquoi ne pas présenter, par exemple, un concours d'attaché ou d'inspecteur, et un concours de secrétaire administratif ou de contrôleur, ou encore un concours de SA ou de contrôleur et un concours d'adjoint-administratif ou de commis ?

Présenter « verticalement » plusieurs concours d'accès à la même administration permet de multiplier ses chances et n'exclut pas, tout en s'assurant immédiatement de quoi pourvoir aux nécessités matérielles en cas de succès, de passer « horizontalement » d'autres concours externes de catégorie supérieure ou d'accéder après quelques années de services publics par concours interne à la catégorie supérieure.

LOUFRANI J.,
Manuel méthodique pour une préparation des concours administratifs,
Guide Néret, Lamarre, 1998

DOCUMENT 4

II. APPRÉHENSION DU SUJET ET DU DOSSIER

1. Analyser le sujet

Une lecture attentive du sujet permet à la fois de comprendre ce que l'on attend du candidat et de délimiter le contenu de la réponse à apporter aux questions posées. Chaque mot du sujet doit être soupesé de manière à circonscrire les problèmes et éviter les hors-sujet dans la rédaction. Les étapes suivantes du travail d'appréhension des textes seront menées en ayant toujours à l'esprit les termes du sujet.

2. Examiner la composition du dossier

Le dossier se compose de textes d'origine et de dates différentes. Avant d'entamer leur lecture, il convient d'essayer de les classer. Ce classement s'effectue d'une part par rapport à la valeur relative des textes, lorsque la nature des documents le permet : ainsi, sur un même thème une loi sera considérée avant un décret mais ce dernier prévaudra sur un arrêté ou une circulaire. D'autre part la chronologie entre en ligne de compte : deux décrets sur un même thème, pris à dix ans d'intervalle, conduiront à considérer en premier le plus récent avant le plus ancien, même si ce dernier ne doit pas être écarté, dans la mesure où il peut contenir des dispositions toujours applicables, mais qui ne sont pas reprises dans le second texte.

3. Analyser les textes

a) Lire une première fois les textes

La règle est de lire tous les documents, au moins une fois. Cette première lecture dont l'objectif est d'approcher le sens général de chaque texte, doit être effectuée rapidement, sans s'attarder sur les points les plus délicats. Les techniques de lecture rapide peuvent trouver ici leur place, mais uniquement à cette étape du travail.

Cette lecture permet au candidat de rayer d'un trait toute phrase, tout paragraphe ne se rapportant pas aux questions posées. Ainsi si un texte associe des dispositions concernant les personnels de police et les personnels administratifs relevant du ministère de l'Intérieur et que le sujet ne porte que sur cette dernière catégorie de personnel, les dispositions relatives aux personnels de police doivent être rayées et ne seront par la suite plus prises en considération. Il convient cependant d'être vigilant et de ne pas se dispenser d'une lecture même si un titre fait penser que le paragraphe qui suit n'est pas lié à la question posée. Ainsi, pour l'exemple ci-dessus considéré, il convient de s'astreindre à la lecture d'un paragraphe précédé du titre « personnels de police » car il peut comporter des dispositions particulières concernant certains policiers qui assurent des fonctions administratives.

b) Lire une seconde fois les textes

Cette lecture doit être plus attentive que la précédente. Il faut insister sur les phrases dont la compréhension est difficile : il convient d'essayer de clarifier ce qui peut apparaître un peu flou. Il est en effet très hasardeux de vouloir synthétiser des dispositions que l'on ne comprend pas.

Attentive, approfondie, cette lecture doit également être active. Le candidat doit en effet souligner d'un trait les aspects qui lui apparaissent importants dans les textes, compte tenu de la question posée dans le sujet. Une technique de substitution au soulignement est apparue depuis quelques années avec l'usage des stylos surligneurs. Polychromes, ces stylos permettent d'affecter une couleur à un groupe d'idées. En cas d'utilisation, on veillera à ne pas multiplier le nombre des couleurs et à ne pas les mélanger, au risque de se trouver devant quelque chose d'inexploitable. Le conseil peut être donné de se limiter à deux ou trois couleurs correspondant à des grands thèmes repérés. Exemple pour un dossier traitant de la mise en disponibilité, on peut repérer par des couleurs, tous les aspects « conditions à remplir », « procédure », « aspects de la carrière du fonctionnaire en disponibilité ».

Outre le fait de souligner ou de surligner, il est fondamental d'essayer en marge de chaque paragraphe et de certaines phrases d'apporter un qualificatif aux dispositions que l'on vient de lire. Pour reprendre l'exemple ci-dessus les termes de « différentes formes de disponibilité », « durée », « délais de formulation de demande », « recours en cas de refus », « rémunération », « avancement », « réintégration », etc., écrits en marge constituent une aide à l'analyse et des points qui serviront même au moment de la rédaction, évitant les recherches fastidieuses, consommatrices d'un temps toujours précieux dans ce type d'exercice.

4. Mobiliser les éléments et les regrouper

Il s'agit de relier entre eux des éléments identifiés en marge des phrases et des paragraphes. Pour ce faire, une feuille de papier brouillon doit être utilisée. On rapproche du premier élément identifié chaque élément qui s'y rapporte dans les autres textes, puis il en est fait ainsi pour chaque élément suivant, jusqu'à épuisement des annotations de tous les textes. Il est judicieux, surtout lorsque le dossier est volumineux, de numéroter chaque annotation en marge et de relever pour chaque regroupement les numéros affectés aux éléments que l'on rassemble.

Exemple : Soit 3 documents traitant du problème de l'allocation parentale d'éducation, les annotations suivantes ont été portées en marge des documents.

DOCUMENT N° 1

Annotations	Texte
1 Définition	Art. 1 § 1
2 Personnes concernées	Art. 2 § 1, 2
3 Mode de calcul	Art. 3 § 2
4 Recours en cas de refus	Art. 4 § 1, 2
5 Durée de la prestation	Art. 5

DOCUMENT N° 2

Annotations	Texte
6 Objectif de cette prestation	Art. 1. . . . .
7 Montant de l'allocation	Art. 2 § 1, 2. . . . .
8 Dossier à constituer	Art. 3. . . . .
9 Délais de la demande	Art. 4 § 1. . . . .
10 Durée de la prestation	Art. 5. . . . .

DOCUMENT N° 3

Annotations	Texte
11 Personnes bénéficiaires	Art. 1 § 1. . . . .
12 Personnes exclues	Art. 1 § 2. . . . .
13 Montant de l'allocation	Art. 2. . . . .
14 Instruction des demandes	Art. 3. . . . .
15 Modalités financières	Art. 4. . . . .

Les regroupements peuvent s'opérer de la manière suivante :

La première annotation « définition » conduit à rechercher toutes celles qui s'y rapportent et à constituer un regroupement que l'on peut essayer de qualifier.

On procède de la même manière avec les suivantes :

Définition ①
- objectif de cette prestation 6

Personnes concernées ②
- personnes bénéficiaires 11
- personnes exclues 12

Mode de calcul ③
- montant de l'allocation 7
- montant de l'allocation 13
- modalités financières 15

Recours en cas de refus ④
- dossier à constituer 8
- délais de la demande 9
- instruction des demandes 14

Durée de la prestation ⑤
10

Définition et objectifs

Bénéficiaires

Aspects financiers

Modalités des demandes

Durée

5 grands thèmes ont ainsi été identifiés par regroupement des annotations :

① Définition et objectifs

② Bénéficiaires

③ Aspects financiers

④ Modalités des demandes

⑤ Durée

Cet ordre ne correspond qu'à celui dans lequel les thèmes identifiés étaient abordés dans les textes, il convient de signaler que cette étape n'est pas celle de l'élaboration du plan.

N.B. : Le relevé des numéros peut être perçu comme un travail fastidieux. En réalité, il constitue une aide précieuse pour le candidat qui retrouvera aisément les faits et les dispositions contenus dans les textes, évitant ainsi une recherche parfois hasardeuse, au moment de la rédaction de la note.

III. CONSTRUCTION DU PLAN À PARTIR DE LA PROBLÉMATIQUE ET DÉVELOPPEMENT

Construire un plan constitue l'opération la plus délicate et c'est celle que les candidats considèrent avec le plus d'appréhension. Dans des cas peu fréquents, les questions posées dans le sujet indiquent le plan. Au reste, lorsqu'on se trouve dans cette situation, la facilité qui est accordée est en général contrecarrée par un volume de dossier plus important ou des difficultés supplémentaires dans la compréhension des textes qui le composent.

Mais la plupart du temps, aucune indication n'est donnée au candidat pour élaborer le plan.

1. Quel type de plan retenir ?

Le plan dialectique classique ne peut trouver ici sa place. On lui préférera un plan plus rigoureux, résultat de la définition d'une problématique. Pour bien comprendre la différence entre ces deux types de plans, on peut essayer de prendre un exemple classique de dissertation sur le sujet « Vivre à Paris » qui sera traité par une analyse dialectique : thèse, antithèse, synthèse, tout d'abord, puis dans un second temps en définissant une problématique.

a) Exemple de plan de type dialectique

VIVRE À PARIS

Thèse	**Antithèse**
Vivre à Paris : • Des salaires en général plus élevés qu'en province • Un système de transport plus dense • Une vie culturelle incomparable par sa richesse et sa diversité • Un sentiment de liberté propice à l'originalité, voire l'excentricité	Vivre à Paris : • Un coût très élevé du logement (achat ou location) • Des transports incommodes (saturés, étouffants ; certaines zones mal desservies) • La diversité des points d'attractions culturelles implique des dépenses importantes pour en profiter • Un sentiment d'anonymat parfois difficile à supporter
Synthèse Deux raisonnements sont possibles : • Un parisien heureux de l'être trouvera que si le logement est cher, il gagne très bien sa vie, ne rate pas ses rendez-vous grâce au métro. Il sera prêt à consacrer beaucoup d'argent à la vie culturelle, fondamentale pour lui et appréciera le sentiment de liberté qu'offre la vie parisienne. • Un parisien malheureux trouvera que ce qu'il gagne en plus à Paris est absorbé par le coût de son logement. Pour lui, « le métro à 6 heures » sera insupportable. Il apprécierait la vie culturelle mais n'a pas assez de moyens financiers à lui consacrer et il souffre beaucoup de la solitude.	

Cet exemple montre le caractère irrationnel d'une telle approche : on est conduit à traiter chaque problème à trois reprises (thèse, antithèse, synthèse). Ainsi le coût de la vie, les transports, la vie culturelle, la vie sociale sont-ils ici abordés trois fois.

b) Exemple de plan élaboré à partir d'une problématique

La définition d'une problématique apporte plus de rigueur à l'exposé (on pourra se référer à cet égard à l'ouvrage *L'épreuve de culture générale* publié dans la même collection). Ainsi pourrait-on ici poser un certain nombre de questions dont on rechercherait les réponses :

– Quels sont les aspects économiques de la vie parisienne ?

– Comment se présente le système des transports ?

– Comment se présente la vie culturelle ?

– Comment se présente la vie sociale ?

Cette problématique posée, un plan élaboré en trois parties permettrait d'aborder aussi bien les éléments favorables que défavorables :

1) le coût de la vie à Paris,

2) le problème des transports,

3) la vie culturelle et sociale.

Une courte conclusion donnerait à l'étudiant ou au candidat l'occasion d'exprimer sur le sujet une opinion plus personnelle.

Dans une note administrative, à l'inverse de la dissertation, l'apport d'idées et de faits non contenus dans le dossier est, sauf demande expresse dans le sujet, à *proscrire absolument*. Il s'ensuit que la définition de la problématique est complètement contrainte par le contenu des documents et c'est pourquoi il est préférable d'utiliser une problématique standard qui prend la forme ici de la méthode des enchaînements logiques.

2. L'utilisation de la méthode des enchaînements logiques

Lorsque les éléments principaux du dossier sont mobilisés et regroupés comme indiqué plus haut, le recours à une problématique standard qui permet d'aboutir au plan.

Cette méthode dite des « enchaînements logiques » s'inspire des méthodes traditionnelles de résolution de problèmes utilisées dans le domaine de l'organisation administrative, ou encore d'une méthode connue outre-Rhin sous le nom des 7W [*Was ?* (quoi) ; *Wieso ?* (pourquoi) ; *Wer ?* (qui) ; *Wessen ?* (de qui) ; *Wo ?* (où) ; *Wenn ?* (quand) ; *Wie ?* (comment)].

Il s'agit en effet de poser des questions dans un ordre logique et de trouver les réponses dans les éléments regroupés.

Questions

Quoi ?

Pourquoi ?

Qui ?

Où ?

Quand ?

Comment ?

Conséquences ?

Même si ces questions ne trouvent pas toutes une réponse dans les éléments regroupés, la plupart du temps, ces derniers permettent de répondre à un certain nombre d'entre elles pour constituer la trame d'un plan structuré et logique.

On peut illustrer l'application de la méthode en reprenant l'exemple décrit plus haut (II, 4). Les éléments étaient regroupés suivant les thèmes :

① Définition et objectifs de l'allocation parentale d'éducation,

② Bénéficiaires de l'allocation,

③ Aspects financiers,

④ Modalités des demandes,

⑤ Durée.

Les questions posées trouvent leur réponse de la manière suivante :

Quoi et pourquoi ? ⇒	*Définition et objectifs de l'allocation parentale d'éducation*
Qui ? ⇒	*Bénéficiaires de l'allocation*
Comment ? ⇒	*Modalités des demandes*
Conséquences ? ⇒	*Aspects financiers et durée*

Le caractère logique de cette démarche apparaît dans le fait que les aspects financiers et la durée d'une prestation ne peuvent utilement être exposés qu'après que celle-ci a été définie et qu'ont été indiqués les bénéficiaires de cette allocation ainsi que les modalités d'attribution.

C'est dans cet ordre que devront être développés les éléments du dossier. La règle administrative veut que le plan ne comporte pas plus de deux ou trois parties, un émiettement des parties pouvant nuire à la rigueur d'ensemble du développement.

Dans l'exemple ci-dessus, l'aspect « définition et objectifs » serait placé en introduction, les autres éléments constituant trois parties :

1) bénéficiaires,

2) modalités des demandes,

3) montant et durée.

Les éléments regroupés, classés grâce à l'utilisation de la méthode des enchaînements logiques sont donc à développer suivant deux ou trois parties. Ce nombre est déterminé par la matière disponible afin de respecter un certain équilibre entre les parties. Sans vouloir rechercher à tout coup des proportions parfaites – selon le cas, 50 % des informations dans chacune des deux parties, 33 % pour chacune des trois parties –, il convient d'éviter de développer une partie trop lourde à côté d'une partie trop légère.

Dans certains cas, lorsqu'une partie peut se décomposer très nettement en sous-ensembles parfaitement identifiés, il sera judicieux de distinguer alors des sous-parties.

BARREIX CL.,
La note de synthèse administrative,
Dunod, 1993

DOCUMENT 5

SECTION 2 – LA PRÉPARATION À LA DÉMONSTRATION

On aborde l'élaboration du travail selon une démarche progressive, rien ne sert de se précipiter. La démarche fondamentale de la synthèse est de toujours chercher à comprendre. Comprendre le sujet dans tous ses détails, comprendre la composition du dossier, nous l'avons longuement abordé et maintenant, tout en poursuivant la lecture du dossier et en le contrôlant de mieux en mieux, percevoir la démarche de démonstration qui s'impose.

Comme on ne peut pas tout comprendre, instantanément, d'un problème dont on a jamais entendu parler auparavant, il faut avancer doucement en veillant, au principe fondamental, à ce qu'aucun élément formel nouveau ne vienne se surajouter à la documentation proposée, sauf proposition explicitement formulée dans le sujet (cas concret).

La préparation à la démonstration se déroule en deux temps : le montage de l'introduction et de la conclusion, la recherche du plan. Il faut bien assurer ces deux éléments au brouillon, avant de passer à la rédaction définitive.

§ – 1 – La construction de l'introduction et de la conclusion

Il est encore trop couramment conseillé de commencer par la recherche du plan. C'est une erreur grave. Ce moment crucial ne peut être envisagé que lorsqu'on a en mains toutes les données du problème, le plan découle alors, naturellement, sans difficultés majeures.

Cette recherche initiale, puisqu'on doit commencer à écrire, sans toutefois rédiger véritablement, se déroule suivant un processus presque intangible.

A. La construction de l'introduction

Elle consiste à amorcer, selon un schéma théorique, le démarrage de la démonstration. Rappelons que la finalité de l'introduction est d'éviter d'avoir à relire le dossier : on doit y trouver les éléments nécessaires à la compréhension de la démonstration. Elle porte sur certains éléments qui se traduiront dans la rédaction définitive par des développements d'importance inégale, variant suivant les opportunités du dossier et le type de document à rédiger. Mais le travail doit toujours insister sur trois points :

- la délimitation du sujet;
- l'évolution de l'affaire ou l'historique;
- la problématique.

Faisons observer que si la lecture du dossier a été bien menée, il ne s'agit que d'une mise en forme d'éléments des fiches thématiques relevés dans la perspective de la démonstration. Ce cadrage peut aussi servir de canevas à une ultime recherche, nécessaire dans les cas les plus difficiles.

1) La délimitation du sujet

La présentation administrative, a minima, peut se réduire à la seule mention de l'objet, sorte de rétrécissement du sujet, autour de l'idée centrale; ce point sera développé dans l'étude des caractères communs des documents administratifs, dans la partie consacrée à la rédaction administrative.

D'ordinaire, la délimitation développe les brèves indications portées en objet, en les reformulant pour le correcteur ou pour le destinataire potentiel. Il ne s'agit pas d'inventer, mais de préciser le sujet qui ne doit pas, en règle générale, être reporté, en tête de la copie. C'est une démarche de synthèse qui n'autorise aucun contresens, ni faux-sens, aucune interprétation malencontreuse qui ferait dévier définitivement la démonstration avant même de l'avoir commencée.

Une seule phrase suffit souvent, et dans les exercices de rédaction administrative, plus spécialisés, on peut articuler autour des indications portées dans le timbre (voir le chapitre sur la rédaction administrative).

Une fois la délimitation du sujet arrêtée, on passe à l'évolution de l'affaire.

2) L'évolution de l'affaire

C'est un paragraphe court, de cinq à dix lignes, qui reprend ce qu'il faut avoir retenu du dossier, dans ses éléments les plus divers, pour comprendre la suite. Presque tous les dossiers se prêtent à ce genre de démarche qui, sans être très difficile, recèle cependant quelques pièges.

Eviter au destinataire la lecture du dossier, ne signifie pas reprendre en détail tout ce qui y est consigné. Pourtant, le candidat est souvent tenté d'exposer ce qu'il tire des documents sans engager de raisonnement personnel : les développements dits historiques, pléthoriques qui dévorent l'introduction, déséquilibrent le devoir et gaspillent un temps précieux qui aurait pu être mieux rentabilisé. On voit, dès lors, l'intérêt d'avoir préparé les calendriers dans lesquels il ne reste plus qu'à trier ce qui est significatif pour établir l'évolution de l'affaire : il faut raisonner pour opérer ces choix qui ne retiendront que les points qui sont à l'origine des problèmes et insister sur « les changements de trajectoire ». Cette pratique a aussi l'avantage d'obliger le candidat à se prononcer sur le moment auquel il doit entrer dans l'affaire, qui n'est pas toujours facile à trouver en l'absence de cette démarche de recherche.

3) La problématique

Elle fait l'objet du troisième paragraphe de l'introduction et synthétise la démarche poursuivie jusque-là dans différentes directions. Le rédacteur s'y donne les moyens de répondre, attire son lecteur dans la voie qu'il veut tracer et assure ses bases avant de lancer vraiment son raisonnement. Comme un gymnaste se concentre avant la compétition, il vérifie que tout est en état de marche. C'est bien là l'idée de la problématique.

Pour les besoins de la démonstration méthodologique, il convient de raisonner sur un dossier comportant un ensemble complet de documents, tels qu'ils ont été précédemment décrits.

Tout le problème est de savoir à quel instant doit commencer la démonstration. Ceci ne présentera pas de difficulté si les calendriers et le développement historique ont été bien conduits. Il faut ensuite partir du principe général, formulé dans l'article 1 ou 2 du texte fondamental, portant réglementation du problème, clef de voûte de la démonstration, et procéder enfin au rappel des textes applicables puisqu'on est dans un environnement administratif chargé de faire connaître et d'exécuter les lois, puis indiquer, si nécessaire, le type de raisonnement spécifique qu'on poursuit (juridique, économique, statistique, comptable, etc.). La recherche de la problématique se conclut par une réflexion sur les antagonismes en présence, puisque l'Administration fonctionne au nom de l'intérêt général et s'oppose aux intérêts particuliers. La découverte de ces divergences dégage une vue sur la question, bien adaptée aux hypothèses du sujet, tout en reposant sur une démarche personnelle. Le rédacteur évitera de s'exprimer en tant qu'administré, oubliant ainsi le rôle qui lui est imparti, sauf lorsque cela lui est expressément demandé.

Au propre, on reprend toutes ces données en un seul paragraphe, en combinant les différentes informations recueillies, en un tout ordonné, destiné à rendre plausible et logique le plan qui suit immédiatement.

Cependant, avant de s'attaquer à la recherche du plan, il est utile de réfléchir au contenu de la conclusion.

B. La construction de la conclusion

La conclusion est la cible de la démonstration, l'aboutissement du travail annoncé par ce qui précède. Il y a donc intérêt à y réfléchir, avant d'arrêter définitivement les fondements de la démonstration.

Temps fort du travail, c'est la signature virtuelle qu'on appose au bas de la copie. Délicate à élaborer, elle peut être déterminante dans l'appréciation du correcteur qui « fera la note » une fois la lecture terminée. On conseille, d'ordinaire, d'élever le débat : malheureusement, on ne précise jamais ce qu'on entend par là. C'est donc une recommandation, illusoire, dangereuse et inutile.

La conclusion, qui doit être nécessairement courte, sauf dans le rapport, se bâtit autour d'une idée nouvelle vers laquelle converge la démonstration. C'est la fin d'un itinéraire. En rédigeant la conclusion à la hâte, on risque de commettre des répétitions ou des contradictions susceptibles d'obérer la cohérence de la démonstration ; en l'omettant, le travail considéré comme inachevé est lourdement sanctionné.

La dernière phase de la démonstration (théoriquement le B de la seconde partie) doit y conduire. Paradoxalement, cette constatation autorise à recommander de remonter le raisonnement à reculons. On gère l'idée de la conclusion, avant d'arrêter le contenu de la seconde partie qui pourra ainsi subir de légères déformations, tel un métal que l'on façonne, pour obtenir cette relation indispensable dans la continuité.

§ – 2 – La recherche du plan

On arrive à la construction proprement dite de la démonstration, pour le fond et la formulation des idées sur lesquelles elle sera bâtie pour la forme.

A. Le travail de recherche

Soulignons d'abord que, cette démarche étant dominée par le contenu du dossier et par le sujet, le plan est difficilement original, à l'inverse de celui de la dissertation. On peut presque ici parler de plan type : il y a, en pratique, une seule (rarement deux) association d'idées qui réponde à ce qui est demandé, d'autant plus essentielle que si on passe à côté, le travail est loupé.

Il convient de lever une confusion trop fréquente entre la construction du travail et le plan. Quel que soit le type de document à rédiger, celle-ci repose toujours sur trois bases : l'introduction, la démonstration, la conclusion. Le « plan » n'est que la structure de la seconde phase appelée « démonstration ».

Dissuadons, de nouveau, les « apprentis » d'une pratique pernicieuse qui consiste à se précipiter dans cette recherche, avant d'avoir dominé le sujet et la documentation. Certes, un bon plan est, comme toujours, la clef du succès ; il témoigne de l'intelligence de son auteur mais il est dangereux de trouver le plan puis de bâtir autour, avant de s'être donné les moyens de le critiquer. Un plan se cherche, s'essaye, s'adopte, car il est la preuve qu'on a dominé le problème. Il convient encore d'ajouter, qu'en aucun cas, un plan ne peut se réduire à une table des matières visant à organiser les idées de manière linéaire. Il doit être l'expression de la dynamique de la démonstration, l'argumentation d'une thèse, le sens qu'on entend donner à sa démarche. Le plan engage son auteur qui s'investit totalement dedans.

Dans le travail sur dossier, on rencontre différentes opportunités que le candidat doit savoir utiliser à bon escient.

- On est en présence d'un seul document, cas extrêmement rare, le sujet commande de rédiger une note qui en fait la synthèse ; on peut alors garder le plan du texte, après avoir vérifié que les idées principales épousent bien le sujet ; dans le cas contraire, il faut échafauder un raisonnement personnel qui répond au sujet à partir des seules données du document,
- Différentes questions sont posées, dans le corps même du sujet (comme dans la note de synthèse du concours de l'ENA), il faut y répondre point par point, sans procéder à une authentique recherche de construction, chaque réponse poursuivant une démonstration.
- Le plan est suggéré dans l'intitulé du sujet : « Vous rédigerez un rapport sur les conséquences de la crise de l'énergie, et vous formulerez des propositions suggérant les remèdes à envisager, vous direz ceux qui vous paraissent les plus efficaces à court terme ». Il faut alors répondre point par point, mais non de façon descriptive ; la réflexion porte sur la formulation des intitulés qui sous-tendent les moyens qu'on se donne pour soutenir la thèse qu'on a choisie de défendre parce qu'elle s'impose, en raison des données du dossier.
- En général, cependant, sans directive précise de démonstration, le rédacteur doit décoder ce qui est contenu, implicitement, dans le sujet. Il s'attache donc à souligner la diversité et l'ambiguïté des opinions, des situations, des solutions. Ses idées s'organisent selon une logique qui ne tient pas compte de l'ordre de présentation du dossier ; la démonstration répond entièrement et uniquement au sujet.

La recherche du plan étant un investissement important et définitif, il est absolument indispensable de prendre son temps.

B. La formulation des intitulés

Travail ultime, très important, car on doit être en mesure de tout comprendre en lisant simplement l'introduction, les intitulés des développements, la conclusion. De plus, si le rédacteur, parvenu à cet endroit donne un sens à sa démonstration, cela l'aidera à s'y tenir et à y répondre, un peu comme on imprime le mouvement qui lance un balancier, par le geste.

Ainsi, 1re partie : causes,

2e partie : conséquences, sera mauvais en toute hypothèse.

Mais si les intitulés impulsent les idées sur lesquelles repose la démonstration, cela sera déjà meilleur.

1re partie : des causes lointaines,

2e partie : des conséquences prévisibles.

On constate, donc, comment on s'implique au niveau des formulations : bien entendu, chacun s'obligera ensuite à suivre les propositions qu'il a formulées.

Il faut éviter les fausses annonces de plan, qui tendraient à prouver que si on n'a pas choisi l'association d'idées la meilleure, on y avait tout de même pensé.

Deux phrases courtes (une ligne au maximum), propositions indépendantes, exprimant chacune une seule idée, constituent la meilleure formule de l'annonce du plan qui doit répondre sans ambiguïté à la problématique.

SECTION 3 – LE TRAVAIL DÉFINITIF

Il reste peu de choses à dire sur la démonstration proprement dite, si toutes les recommandations précédentes ont été observées. Mais ce passage n'est tout de même pas sans embûches, en raison des contraintes de temps : il va falloir rédiger en s'aidant simplement de la trame qui a été préparée : le bâti de l'introduction, la formulation des intitulés du plan, la conclusion.

Sans sous-évaluer les conseils classiques de forme précédemment rappelés, l'expérience du correcteur oblige à reconnaître que le raisonnement prend ici le pas sur la forme : il vaut mieux rédiger médiocrement des idées intelligentes que magistralement des inepties. Cependant, la méthodologie trouve là sa contradiction, car malgré tout, les candidats ne gardent jamais assez de temps pour rédiger et mettre la dernière main à leur travail, ne sentant pas intuitivement qu'ils vont continuer à raisonner, à améliorer la perception du dossier, tout au long de la rédaction définitive. Il faut donc commencer à rédiger, le plus rapidement possible, puisque l'effort de raisonnement se prolonge jusqu'à la fin de l'épreuve.
En toute logique, on doit affiner l'introduction, les intitulés de développement, la conclusion, veiller à l'enchaînement des idées, en particulier au niveau des transitions, et contracter le style comme dans le résumé.

Pour que ces impératifs deviennent des automatismes, absolument indispensables à la réussite, il faut réagir à quelques idées simples, et surtout dominer le travail au paragraphe.

§ – 1 – Les idées simples, fondement de la démonstration

Le travail sur dossier doit être *concis*. Il ne doit pas dépasser quatre à six pages, pour les exercices classiques, moins pour la lettre. Tout développement inutile, digression, remplissage, sont à prohiber. Chaque argument doit être retenu en fonction de son utilité dans la démonstration.

Le travail doit être *clair et naturel*. On ne doit pas s'écarter de la définition du sujet qu'on a proposée au départ. On ne doit pas faire percevoir ses efforts ou ses hésitations. Les interprétations personnelles sont à éviter et on étaye l'argumentation, de références législatives, juridiques ou jurisprudentielles, statistiques ou mathématiques, selon les cas, sans jamais rien ajouter au dossier.

Dans la note de synthèse à caractère général, on évite de donner les références des éléments qu'on extrait formellement des documents afin de ne pas nuire à l'allure générale de la synthèse; le candidat n'a pas le choix des armes, et doit faire avec celles qu'on lui donne.

Le travail doit être *précis*. Le rappel des faits quand il est nécessaire, doit toujours être succinct et ne supporte pas l'erreur. Le choix des termes doit être réfléchi et rigoureux. Il ne s'agit pas de privilégier l'élégance du style mais l'aptitude à un raisonnement dont l'expression écrite est le support.

§ – 2 – Le travail au paragraphe

Le paragraphe, de longueur variable, est le texte compris entre deux alinéas ; c'est l'unité de raisonnement, comme dans le résumé. L'organisation des idées en paragraphe indique qu'il y a un ordre, une rigueur dans la poursuite du raisonnement. Ceci est donc indispensable à la crédibilité de la prestation. Un exercice sans paragraphe, tout d'une pièce, est non seulement mal présenté dans la forme mais indique, indiscutablement, une confusion mentale regrettable.

Le paragraphe a aussi une autre utilité : c'est à son niveau qu'on découvre l'enchaînement des idées qui fera la valeur du raisonnement, en dehors du plan. Le paragraphe permet, enfin, de « faire valoir » une idée sous tous les aspects et de l'imposer en répondant au principe de l'argument croissant : tout comme la conclusion est l'aboutissement d'une étude, la fin du paragraphe est la cible de ce qui a précédé.

§ – 3 – La relecture du travail

Les ouvrages de méthode n'insistent pas assez sur son importance. C'est l'ultime occasion qui est donnée de rentabiliser le travail.

Disons d'abord, qu'il faut utiliser toute la durée de l'épreuve et qu'il est très léger de la raccourcir volontairement, sous prétexte qu'on est brillant et qu'on travaille rapidement.

Un devoir moyen peut tomber au-dessous de 10/20 s'il laisse passer trop de paresses d'orthographe et de ponctuation, en un mot, s'il a été mal relu. En pratique, on ne peut rien rédiger de bon dans les dix dernières minutes qui devraient être normalement consacrées à la relecture.

Lorsqu'on s'aperçoit qu'on ne va pas terminer, rien ne sert de continuer coûte que coûte et de joindre son brouillon : il faut recopier la conclusion, préalablement préparée, là où on est arrivé. Le travail de synthèse s'apprécie, de prime abord, au survol de l'introduction, des intitulés des développements, et de la conclusion. Pour autant, cela ne signifie pas que les développements ne servent à rien, mais ces points forts sont les poutres maîtresses de l'édifice.

Comme il s'agit de démarche de synthèse, on peut faire varier les masses de la composition un peu comme on l'entend, la rigueur et la concision remplaçant avantageusement la prolixité. Dans une prestation classique, l'introduction fait 1/5 de l'ensemble, et chacun des développements autour de 2/5, le second devant être légèrement plus étoffé que le premier (ce qu'on trouve rarement), la conclusion, quelques lignes. Il ne s'agit là que d'approximations, puisque ces proportions changent en raison de différentes données, et surtout de la forme du travail (lettre – note – rapport – etc.).

Avec un peu d'entraînement, on arrive d'ailleurs à établir le volume de la prestation définitive qu'on est capable de fournir personnellement pendant un temps donné (3 heures ou 4 heures) ; la longueur de la copie ne dépendant pas de la lourdeur du dossier ou de la difficulté du sujet, mais des capacités de synthèse propres à chacun. Ce qui revient à dire que la synthèse la plus performante ne sera pas forcément la plus longue.

La spécificité de cette épreuve en fait, simultanément, une dissertation, un résumé de texte, une réflexion plus technique, juridique ou économique, ou un travail proprement administratif à travers l'étude d'un cas concret. C'est une épreuve redoutable qui ne peut s'improviser, mais qui se mène à bien, quand on possède une technique-base capable de susciter les automatismes qui, affinant la sûreté du jugement; feront gagner du temps.

SIMS M.,

Manuel de méthodes,

Economica, 2e édition 1997

DOCUMENT 6

2.2.4. Quelques conseils de méthode : la note et l'effort de créativité indispensable

Tout en exigeant la plus grande fidélité au dossier, la note de synthèse laisse une certaine marge de liberté à son auteur ou du moins d'initiative, qu'il s'agisse du sujet, du plan, de la rédaction ou de la confection des titres.

2.2.4.1. Le sujet

Rarement minimal mais souvent bref, il ne laisse guère d'indications.

Sachez simplement qu'il faut :

• Exploiter à fond les données du sujet, cerner exactement le sens des concepts et des mots utilisés.

Ainsi le sentiment d'insécurité n'est pas synonyme d'insécurité et un sujet comme « les objectifs d'innovation et la recherche de la qualité dans l'administration » vous fournit deux axes de recherche : les objectifs (les buts) et les moyens, les expériences sur le terrain (la recherche).

Il faut néanmoins se méfier car nombre d'instructions suggèrent de faux plans, de véritables impasses.

• Prendre en compte les attentes et les préoccupations du destinataire.

Le libellé vous laisse la plus grande marge d'initiative mais il y a bien sûr une limite.

2.2.4.2. Le dossier

De 20 à 25 pages, le dossier présente les aspects les plus variés et peut comporter, à côté d'articles de journaux, des extraits de revues politiques ou universitaires.

Comme pour les autres épreuves, la maîtrise de la lecture rapide et de la prise de notes s'avère nécessaire d'autant qu'un seul document peut vous révéler parfois l'information essentielle, la problématique la plus actuelle, les éléments structurants susceptibles de favoriser l'esquisse d'un plan.

2.2.4.3. Le plan

Le jury considère la plupart du temps que le plan constitue la pierre de touche d'une synthèse réussie et peut aller jusqu'à créditer ce seul critère de 12/20 points.

C'est le plan qui témoigne le mieux de la compréhension du dossier, de sa maîtrise : pour une note sur un sujet d'ordre général, on appréciera un plan équilibré, progressif, bien articulé où la problématique sert souvent de charnière entre la première et la seconde partie.

Le plan est un atout majeur pour la compréhension.

2.2.4.4. La rédaction et les titres

La rédaction est bien sûr fondée sur la reformulation, mais si le dossier le permet, elle peut s'apparenter davantage à la rédaction journalistique, emprunter la technique des chapeaux introductifs (souvent en caractères gras) qui précèdent les articles et donnent en condensé tout ce qu'il faut savoir d'une affaire ou d'une question.

Dans cette même optique, vous pouvez également vous essayer à faire des titres explicites, collant au dossier, révélant du premier coup d'œil que vous avez bien dit l'essentiel.

Élaborez *des titres* et *des sous-titres*, les correcteurs perçoivent ainsi mieux votre démarche. Évitez simplement de donner des lettres et des numéros.

L'usage des *titres* et *des sous-titres* ne doit en aucun cas vous dispenser des transitions, des articulations logiques qui doivent jalonner le fil de la pensée.

La note de synthèse doit son intérêt :

- à sa densité, et à son unité qui exclut tout développement marginal ;
- à son efficacité, pour donner une information rapide mais fiable et complète.

2.3. La synthèse appliquée aux épreuves de note et de rapport

2.3.1. Les caractéristiques des épreuves de note et de rapport

Les épreuves de *note* et de *rapport* sont des épreuves sur dossier. Par rapport à la note de synthèse, elles comportent de nombreux points d'identité, notamment en termes d'objectifs généraux et d'approche méthodologique.

Des distinctions existent néanmoins, que vous devrez prendre en compte : champ thématique, structure du dossier, réponse à une demande en fonction d'un objectif finalisé.

2.3.1.1. Un objectif commun : l'aide à l'information

Comme pour la note de synthèse, l'objectif recherché ici est de transmettre à un destinataire (élu ou autorité administrative locale) une information concise, fiable, présentée de manière synthétique et structurée.

En ce sens, les éléments de méthodologie relatifs à l'épreuve de note de synthèse sont parfaitement transposables pour l'épreuve de note ou de rapport.

Par référence au libellé réglementaire de chacune de ces deux épreuves (note pour le concours externe – rapport pour le concours interne), vous serez conduit :

- *pour la note et le rapport*, à étudier les éléments d'un dossier administratif portant sur un thème en rapport avec l'activité des collectivités territoriales ;
- *pour le rapport*, à analyser, commenter, voire proposer des mesures d'application.

L'étude demandée est réalisée à l'aide des seuls éléments du dossier. Comme pour la note de synthèse, vous ne devez effectuer aucun apport de connaissance technique extérieur au dossier.

...En résumé...

L'objectif de base, commun à toute épreuve sur dossier, qu'il s'agisse de la note de synthèse, de la note ou du rapport vise prioritairement à :

1 – *sélectionner*
2 – *exploiter*
3 – *mettre en valeur*

} les éléments *essentiels* d'information contenus dans un dossier.

Les épreuves de techniques d'expression écrite et orale, CNFPT, 1989

DOCUMENT 7

2.3. Le point de vue des jurys

2.3.1. Rigueur et personnalité

Sans aller aussi loin dans l'uniformité que le résumé de texte, les notes de synthèse rédigées par les candidats devraient beaucoup se ressembler, puisqu'elles consistent à tirer l'essentiel des mêmes documents.

Mais les jurys se plaisent souvent à souligner que « la note de synthèse est destinée à *présenter d'une manière originale et personnelle l'essentiel d'un dossier* ».

Les jurys proclament leur volonté de rechercher dans les copies des qualités telles que le « bon sens » et même le « sens critique », « l'aptitude au jugement », « la capacité de dégager et bien mettre en valeur les idées générales et les faits essentiels ».

Certaines de ces exigences semblent parfois contradictoires, par exemple :

– la rigueur et l'originalité ;

– l'absence de toute critique personnelle et le sens critique du candidat ;

– « l'interdiction de toute appréciation personnelle » (par le candidat) et « l'expression de la personnalité » (du candidat).

Ces contradictions sont seulement apparentes : elles reflètent des séries de qualités qui, bien que semblant s'opposer, sont au fond plutôt complémentaires.

Certes, répétons-le, la note de synthèse ne permet aucun commentaire, aucune critique, aucune appréciation personnelle. Il est formellement interdit d'introduire des éléments qui ne seraient pas contenus dans l'une des pièces du dossier.

Mais cela ne doit pas être entendu comme excluant tout sens critique ou toute initiative, bien au contraire.

La première qualité requise consiste à dégager des idées générales et les points essentiels dispersés dans plusieurs documents (s'il s'agit d'une étude ou enquête).

2.3.2. Compréhension des sujets

Il peut arriver que le libellé du sujet ne comporte pas de thème précis. Exemple : « rédigez une note de synthèse à partir des documents suivants ». Dans ce cas, c'est à vous de formuler le sujet après étude du dossier. C'est cependant relativement rare...

Dans la plupart des cas, le jury formule un sujet précis, ou tout au moins donne le thème de la note de synthèse. Il faut alors évidemment *accorder la plus grande attention au libellé du sujet*.

Voici quelques exemples des défauts les plus graves relevés par les jurys des concours :

1 – Beaucoup de candidats ne font pas attention au libellé du sujet... et se comportent comme s'il n'y en avait pas.

Les résultats sont alors variés... mais toujours mauvais !

Certains candidats veulent à tout prix résumer tout le dossier ; ils en reprennent tous les éléments, même ceux qui ne sont pas pertinents par rapport à la question posée.

D'autres choisissent au hasard tel ou tel centre d'intérêt, notamment celui qui leur paraît le plus facile ou leur est le plus familier, même s'il ne correspond pas du tout à la question posée par le jury.

2 – D'autres candidats commettent les erreurs « classiques » dans les épreuves de dissertation :

- le contresens (= mauvaise interprétation du sujet) ;
- la conception trop étroite ou partielle (= le candidat ne traite qu'une partie du sujet) ;
- la conception trop floue (= le candidat traite quelques éléments du sujet, mais en ajoute d'autres qui ne sont pas adéquats, et présente un ensemble de façon disparate).

Voici quelques extraits de rapports de jurys :

- « le libellé du sujet avait une importance fondamentale que trop de candidats ont négligée » ;
- « beaucoup de candidats se sont manifestement précipités sur le dossier sans se donner la peine de lire la première page » ;
- « le jury avait expressément posé une question à laquelle il fallait répondre exactement et globalement ».

Les candidats sont bien entendu invités à tirer les conséquences pratiques d'une bonne définition du sujet :

« Répondre exactement au sujet suppose que le candidat renonce à reproduire les éléments du dossier qui sont sans rapport direct avec lui ».

2.3.3. Digressions

Vous savez déjà assurément que les digressions sont sanctionnées dans les épreuves de dissertation. Elles le sont encore plus dans les épreuves de note de synthèse.

La moindre digression entraîne certainement la perte de plusieurs points. Toute digression grave est de nature à provoquer une note éliminatoire.

Certains jurys l'ont noté expressément dans leur rapports :

- « les développements hors sujet sont impardonnables dans une telle épreuve » ;
- « la compétition sera très justement réservée aux seuls candidats qui auront su délimiter convenablement le champ de leur travail » ;
- « le candidat qui n'est pas capable de comprendre et de respecter un libellé aussi simple n'est manifestement pas apte à exercer les fonctions réservées aux lauréats de ce concours ».

1 • TROIS RÈGLES DE FOND

Nous entendons par là le contenu de la note, les arguments et les idées qu'elle développe, et qui bien entendu doivent être en correspondance parfaite avec le libellé du sujet.

Il est évidemment impossible de vous expliquer dans l'abstrait ce que sont des idées « importantes » : nous nous contenterons donc de vous énumérer quelques principes généraux en vous chargeant de les interpréter à l'occasion des premiers exercices que vous aurez à faire.

Règle n° 1 Conservez le sens des textes de base

Le sens des textes qui servent de base à votre note doit être bien entendu conservé. Cela ne va pourtant pas de soi. Combien de contresens, de digressions ou d'erreurs d'interprétation, ne trouve-t-on pas dans les notes des candidats !

En général, ils procèdent d'une mauvaise analyse, ou encore de la crainte d'une trop grande simplicité. Souvent les candidats vont « chercher midi à quatorze heures », et découvrent des difficultés là où il n'y en a pas.

Votre premier effort doit donc être de compréhension globale du sujet ; vous éviterez de la sorte les contre-sens lorsque parviendrez à un niveau de détail plus marqué.

Règle n° 2 Reprenez les idées importantes, et elles seules

Toutes les idées importantes doivent être énoncées, et elles uniquement. C'est ici que commencent les difficultés, et surtout lorsque, comme maintenant, on parle dans l'abstrait.

Qu'est-ce qu'une idée importante ?

Nous croyons d'abord que dans une note de synthèse, mais également dans un résumé de texte, comme dans toute épreuve qui prend appui sur un texte, les idées importantes sont celles sur lesquelles l'auteur met particulièrement l'accent, celles qu'il développe longuement, sur lesquelles il revient pour les préciser.

Ce sont également celles sans lesquelles une compréhension exacte du thème étudié serait impossible, mais qui peuvent être très éparses dans le dossier.

Ceci, c'est à vous de le dégager, en réfléchissant.

Règle n° 3 Répondez bien à l'énoncé du sujet

Dernière qualité de fond, mais c'est aussi une technique que vous pouvez très vite apprendre : la façon d'exposer les idées doit servir le sens du texte.

Nous avons souligné l'importance qu'il y a à faire apparaître les idées essentielles en respectant le sens des textes qui vous sont soumis.

Néanmoins, votre note de synthèse n'atteindrait pas totalement ses objectifs si elle se bornait à énumérer, à mesure que vous les avez découvertes, les idées essentielles, même si vous en respectiez le contexte.

Placez-vous « en situation » : le jury ou le supérieur qui vous a demandé cette note veut savoir rapidement ce que contiennent les documents qui servent de base à celle-ci, mais il souhaite aussi pouvoir se former une opinion. En définitive c'est vous qui allez l'aider dans cette tâche (par exemple en lui montrant – avec subtilité – que telle idée exprimée ici est, ou n'est pas, la plus intéressante pour la compréhension ou la connaissance du sujet). Il en va de même s'il s'agit d'une note de synthèse générale destinée à l'information du public, à partir d'un dossier, sur un grand problème ou une grande action.

Choisir les idées, leur attribuer un poids différent, les présenter en forme de raisonnement (mais tout en vous efforçant de rester parfaitement objectif), tel est votre rôle le plus personnel et le plus actif dans cette épreuve.

Voilà dégagées les principales qualités que le jury attend de vous quant au fond.

« Un fait n'est rien par lui-même, il ne vaut que par l'idée qui s'y rattache ou par la preuve qu'il fournit. »

CLAUDE BERNARD.

2 • TROIS RÈGLES DE FORME

Elles ont trait à la présentation qui doit être agréable pour le lecteur : au respect de la grammaire et de l'orthographe ; enfin au style, qui doit être évidemment correct, et si possible élégant.

Règle n° 4 Trouvez une présentation typographique attrayante

Rien n'est plus rebutant pour le correcteur qui entame sa troisième ou quatrième heure de correction que l'arrivée à ses yeux d'une copie compacte, mal écrite, sans recherche pour l'œil. D'emblée, il se dira que le candidat doit avoir des idées bien confuses pour les exposer sous forme d'amoncellement de phrases et de mots. Et pourtant, l'effort à faire ne requiert qu'un peu d'attention.

La règle d'or de la composition, c'est : « une idée s'exprime en une phrase ». Et, si possible, celle-ci ne doit pas être trop longue.

Les phrases sont regroupées en paragraphes distincts les uns des autres par une ligne laissée blanche. À l'intérieur des paragraphes, si plusieurs thèmes sont associés, distinguez chacun d'eux par un alinéa.

Veillez toujours à bien « aérer » vos manuscrits. Préparez une échelle harmonieuse de titres et sous-titres (il est maintenant permis d'en utiliser dans la plupart des examens et concours).

Règle nº 5 Respectez la grammaire et l'orthographe

Il va de soi que les emplois auxquels vous prétendez accéder par un concours supposent que vos rédactions soient exemptes de fautes d'orthographe, de grammaire ou de style.

Cela dit, nous appelons votre attention sur certaines difficultés grammaticales qu'il vous faut bien connaître, car elles sont source de fautes fréquentes. Revoyez notamment la question des accords (pour les adjectifs, les participes passés, les sujets et les verbes, éventuellement, pour les compléments...), et faites bien attention à la concordance des temps.

Reportez-vous fréquemment à vos dictionnaires ou à une grammaire récente.

Règle nº 6 Exprimez-vous dans un style correct, voire aisé

C'est le signe d'une conception claire du sujet.

Rappelez-vous Boileau et son vers célèbre : « Ce que l'on conçoit bien s'énonce clairement ».

Le style de la note administrative ou de la note de synthèse est particulier en ceci qu'il doit être concis et très clair.

➢ Un style concis

Les mots que vous utilisez doivent avoir dans la phrase un rôle unique, ne pas prêter à ambiguïté, et en même temps rendre compte de l'idée que vous exprimez avec une suffisante précision.

Évitez les circonlocutions, les périphrases, les relatifs introduisant de longues subordonnées. Évitez aussi les longues périodes ou les expressions familières propres au style parlé.

➢ Un style clair

C'est le complément de cette concision que vous recherchez. La traduction de vos idées doit être claire, spécialement dans une note de synthèse.

Votre rôle est de dégager les éléments essentiels d'un ou plusieurs textes. Ces éléments doivent devenir évidents à la première lecture pour vos destinataires.

La clarté sera obtenue à la fois par la dimension de la phrase et par le choix des mots.

Le souci de précision dans le choix des mots que vous utilisez doit vous habituer à la formulation d'idées en phrases courtes, qui seront ainsi plus percutantes.

Il va de soi que, même avec des mots choisis, votre note de synthèse n'aura de valeur que si elle traite correctement le fond du problème. Ce n'est pas seulement un exercice formel...

D'où l'importance des méthodes de travail et des principes essentiels que nous vous exposons maintenant.

« Le poli et le fini sont au style ce que le vernis est au tableau : il les conserve, les fait durer, les éternise en quelque sorte. »

Citation d'un moraliste français du « Siècle des Lumières »

3 • QUATRE PRINCIPES DE TRAVAIL

Il nous paraît assez délicat de vous indiquer ici des méthodes dont nous savons qu'elles ont un caractère personnel et qu'elles doivent en outre être adaptées à chaque épreuve particulière.

Nous avons donc essayé de présenter des éléments essentiels pour un travail de synthèse, mais c'est par une pratique répétée que vous pourrez par vous-même dégager ce qui vous convient le mieux.

Après avoir analysé avec soin les textes de base, vous repérez bien les éléments essentiels, les éléments stratégiques; vous classerez les idées reformulées, et vous mettrez au point un plan permettant de bien organiser votre exposé.

Règle nº 7 Analysez avec soin les textes de base

Il faut analyser le texte et repérer des éléments stratégiques. C'est en effet par l'analyse des documents que débute la préparation d'une lettre, d'une note administrative ou d'une note de synthèse. Il vous faut bien connaître le contenu des textes de base. Votre démarche doit évidemment être guidée par une réflexion attentive sur le libellé du sujet.

L'analyse se déroule en deux temps : vous effectuerez d'abord une lecture rapide des textes de base ; vous procéderez ensuite à une relecture active du dossier. Enfin, un travail de réflexion vous permettra de passer à l'élaboration du plan de la note.

➢ D'abord une lecture rapide des textes de base

Son objet est de vous permettre de déterminer le sens des documents qui vous sont soumis, et de commencer à dégager l'important de ce qui l'est moins.

Il faut pour cela vous entraîner à une lecture rapide des textes. C'est un effort intellectuel très profitable, c'est également un gain de temps appréciable (dans cette épreuve, le temps passe très vite).

Une fois les textes lus, vous êtes capable d'en déterminer le sens général, vous avez pu percevoir la richesse de certains, la brièveté d'autres, l'intérêt pour le sujet que chacun d'eux renferme.

➢ Le second temps consiste en une relecture « active » du texte

Il s'agit cette fois de se pénétrer de plus de détails, de bien recenser les thèmes développés, de repérer les oppositions, etc.

Votre analyse s'affine, et sa complexité devient plus grande. Mais comme vous avez présent à l'esprit le sens général des textes que vous avez initialement dégagé, le risque de contresens ou d'erreurs d'interprétation est moindre. Il existe néanmoins – alors soyez attentifs à bien relier chaque idée à l'idée générale que vous avez notée.

Au cours de cette seconde phase du travail, votre activité va s'amplifier.

Plusieurs techniques sont possibles :

- certains candidats résument en quelques mots le sens général des paragraphes;

  (technique des mots-clés)

- d'autres ne font que repérer des thèmes et indiquent en face à quels endroits des textes ils les ont déjà signalés :

  (technique des idées forces)

- d'autres encore notent sur une feuille divisée en deux colonnes les thèmes qui s'opposent, ou les arguments favorables et les arguments défavorables.

  (technique des oppositions)

Ces techniques sont complémentaires, et peuvent être employées simultanément. Vous en trouverez sans doute encore d'autres à l'expérience.

On peut aussi se demander quelles questions il faudrait poser pour obtenir une réponse formulée dans les termes utilisés par le texte.

Tout est possible, tout n'est peut-être pas aussi utile.

En tout cas, nous croyons que la méthode qui consisterait à souligner simplement des mots ou des phrases tout au long des textes n'est point suffisante. Une lecture active doit vous permettre d'aller au-delà d'un simple repérage, c'est déjà le choix des idées qui doit vous guider.

Règle n° 8 Repérez les éléments stratégiques

Votre analyse est achevée à présent : sauf précision à rechercher, vous n'y reviendrez plus. Le travail de synthèse va débuter.

Pour cela, il convient de bien réfléchir aux idées que vous avez dégagées, vous êtes maintenant au cœur du devoir. Cette réflexion doit vous amener à vous interroger sur ce que vous avez compris des textes qui vous sont soumis. Rien n'est encore définitivement fixé lorsque vous débutez cette réflexion, l'essentiel sera en place lorsqu'elle se terminera.

Recherchez la valeur des arguments. N'attribuez-vous pas trop d'importance à l'un ? N'éliminez-vous pas trop vite celui-ci ? L'idée qu'il renferme est-elle ou non contredite par une autre démonstration ?

Toutes ces questions doivent être posées.

Une fois vos choix clairement justifiés, vous allez pouvoir passer à l'élaboration du plan.

Tout en dégageant les différentes parties de votre note, il vous reste à trouver la phrase suffisamment simple qui vous permettrait de rassembler les grands thèmes que vous avez recensés.

Ce peut être une succession de locutions, ou une opposition d'idées : l'essentiel est que par cette phrase le sens général de votre note soit dégagé. Cette phrase pourra être retouchée quand vous rédigerez votre introduction. Vous en ferez votre annonce de plan, et vous la présenterez de façon bien aérée.

Règle n° 9 Classez les idées reformulées

Cela permet la mise au point du plan définitif de la note.

Vous avez devant vous cette phrase qui coordonne ou oppose deux ou trois grands thèmes, il vous faut à présent meubler cette structure : après avoir repéré les idées, vous les classerez et vous les présenterez de façon pertinente.

- Le premier travail, déjà partiellement fait, consiste à bien repérer les oppositions, les contradictions, les assentiments que vous avez dégagés au cours de votre analyse.
- Il s'agit ensuite de classer ces idées reformulées pour qu'elles servent utilement votre démonstration. En règle générale, ce classement doit vous permettre une progression, mais la structure inverse est également possible.

a) L'ordre croissant

La démarche suivante est fréquemment recommandée. Énoncez d'abord les idées qui vous paraissent mineures ; elles servent votre argumentation, mais ne sont pas déterminantes. Celles qui sont déterminantes, vous les assénerez à la fin du paragraphe. Elles entraînent votre conviction, et elles doivent entraîner celle du jury.

b) L'ordre décroissant

Énoncez d'abord les principes déterminants, les idées essentielles, les facteurs ou objectifs primordiaux. Passez ensuite à ceux qui sont complémentaires ou secondaires. Vous mentionnerez enfin, mais seulement si le devoir l'exige par souci d'être complet, ceux qui peuvent être considérés comme accessoires.

Règle n° 10 Organisez bien votre exposé

- **Vous disposez des pièces d'un puzzle dont vous connaissez la forme générale et l'essentiel du contenu. Il faut maintenant le rendre compréhensible, c'est-à-dire organiser le débat.**

Vous avez dégagé une ligne de force qui réunit les arguments. Vous les classez soit du plus anodin au plus assuré (ordre croissant), soit de l'essentiel à l'accessoire (ordre décroissant).

Si, au contraire, il vous faut analyser une opposition, présentez d'abord ce qui constitue les arguments positifs, puis viendront tous ceux qui s'opposent aux premiers, et qui déterminent finalement une position négative (ou l'inverse).

Des transitions seront à imaginer : phrases de résumé ou de sommaire ou début de concertation, peu importe leur forme, l'essentiel est qu'elles vous permettent d'enchaîner les idées sans une rupture trop brutale du ton.

Enfin, n'oubliez pas la conclusion, comme vous n'oublierez pas l'introduction. L'une et l'autre peuvent au demeurant être fort simples.

Trop de candidats écrivent exactement la même chose dans l'introduction et dans la conclusion. Pour éviter ce défaut, nous vous recommandons de les rédiger au brouillon de façon synoptique.

Nous vous rappelons que la note de synthèse ne fait appel à aucun élément d'ordre personnel. Toute idée, toute information, toute appréciation qui ne figureraient pas dans le dossier doivent être exclues de votre note. En général, les jurys sont stricts sur ce point : les digressions sont sévèrement sanctionnées.

DOCUMENT 8

SAVOIR FAIRE UN PLAN

Il en va de l'expression écrite ou orale comme de toute technique : les résultats peuvent à la fois paraître évidents – puisque manifestes – et mystérieux dans la mesure où l'on ignore les étapes qu'il a fallu franchir pour les obtenir. C'est ce qui explique que la critique soit si facile, alors que la production s'avère souvent si pénible...

Écrire ou parler, quoi de plus simple et naturel à chacun de nous, dans notre vie privée : et pourtant quelles difficultés, quelles hésitations lorsqu'il s'agit de le faire hors du cercle de notre famille ou de nos amis ! Nous avons les capacités requises : que nous manque-t-il donc ? D'où vient le problème ?

La nécessité d'une méthode

Ce qui nous échappe, c'est la connaissance des étapes intermédiaires qu'il faut nécessairement parcourir pour obtenir le résultat recherché. Ce qui nous manque, en un mot, c'est une méthode.

Des principes qui ont fait leurs preuves

Toute démarche intellectuelle doit nécessairement se régler sur les principes énoncés par Descartes en 1637 dans son *Discours de la méthode* (voir partie « Les principaux courants de la philosophie occidentale ») :

1. Ne rien recevoir pour vrai qui ne soit évident;
2. Diviser les difficultés jusqu'à les poser en problèmes élémentaires aisés à résoudre;
3. Conduire ses pensées par ordre en commençant par le plus simple et le plus facile;
4. Supposer de l'ordre et le dégager même là où il n'en paraît pas;
5. Ne rien omettre.

Les Anciens (c'est-à-dire les auteurs grecs et romains de l'Antiquité), et principalement Aristote, ont beaucoup réfléchi aux méthodes de la rhétorique (l'art de s'exprimer correctement et avec éloquence, que nous appelons de nos jours l'expression et la communication).

Ils la divisaient en cinq parties :

1. l'invention : découvrir et maîtriser les matériaux de son sujet;
2. la disposition : mettre de l'ordre dans ce que l'on a trouvé;
3. l'élocution : rédiger son texte et l'orner par des figures de style (comparaisons, métaphores, inversions, gradations, etc.; voir partie « Littérature : compléments »);
4. l'action : dire et jouer son texte, le répéter;
5. la mémorisation : l'apprendre par cœur pour pouvoir le dire et non le lire.

Ces deux derniers points ne concernent que l'expression orale, bien entendu. Nous allons aborder ici les deux premiers : l'invention (la recherche des idées) et la disposition (l'élaboration du plan).

La recherche des idées

La principale source du blocage que nous constatons souvent lorsqu'il nous faut rédiger vient de la méconnaissance d'une réalité très simple : les idées ne nous viennent pas dans l'ordre où elles seront exposées. En d'autres termes, il ne faut jamais confondre invention et disposition, car l'ordre de l'inspiration est nécessairement différent de celui de l'exposition.

Faire confiance à l'imagination

Dans la première phase de production, les idées ou les faits ne se présentent pas à notre esprit de façon rationnelle, dans un ordre logique, mais dans une succession anarchique qui peut nous effrayer au point de nous amener à une censure qui va bloquer notre inspiration : si nous prétendons imposer à notre imaginaire les lois de notre raison, il préférera se taire. Quel dommage ! Albert Einstein n'affirmait-il pas que « l'imagination est plus importante que la connaissance » ?

Or l'enseignement que nous recevons privilégie les disciplines rationnelles et la formation de l'esprit scientifique : mathématiques et sciences expérimentales, grammaire et logique. Mais une autre dimension de nous-même est laissée dans l'ombre : celle de l'intuition, de l'étonnement, de la remise en cause, de l'invention. C'est donc par une prise de conscience de l'importance et de la fécondité de cet autre versant de notre intelligence qu'il faut commencer : la recherche des idées demeure vaine si l'on ne fait pas confiance à son imaginaire.

Réunir les conditions propices à la production

Il faut se mettre dans des conditions propices à la production : nécessité de se couler dans un laps de temps strictement limité pour s'obliger à chercher et à trouver d'un lieu et d'un moment où l'on ne sera pas dérangé, d'un état d'esprit calme et détendu. Après quoi le sujet est posé sur le papier de façon précise : une analyse préalable est toujours nécessaire pour délimiter le champ de la question. Enfin, il faut laisser les idées s'évoquer librement les unes les autres, faire abstraction de tout esprit critique à leur égard pendant cette phase de production et se borner à les noter soigneusement dans l'ordre de leur apparition... parfois très vite !

Tout cela doit se faire sans aucune inhibition, mais au contraire avec plaisir et passion : l'excitation même de l'esprit en recherche produit une sorte d'emballement qui peut conduire au trop-plein, à la surabondance d'idées ! Voilà la marque d'un imaginaire libéré.

Quelques méthodes de créativité

Lorsque ce phénomène de trop-plein ne se produit pas, il peut s'avérer nécessaire de chercher à l'amorcer de façon plus systématique : il existe, paradoxalement, des méthodes de créativité. Voici quelques suggestions :

- relire le sujet à traiter et faire varier le point d'application. Par exemple, dans le temps : « Et si c'était... dans l'Antiquité... au Moyen Âge... sous la Révolution... en l'an 2000, etc. » On peut envisager ainsi d'autres lieux, d'autres personnages, des dimensions, des arts différents, etc. ;
- concasser le vocabulaire même de l'énoncé à l'aide de jeux de mots, d'à-peu-près phonétiques, de mots-valises ;
- rechercher des analogies, c'est-à-dire des ressemblances : celles-ci sont sans doute à la base même de toute invention. La logique ne peut révéler que ce qui est déjà en germe dans les propositions qui sont à l'origine d'un raisonnement (les prémisses) : l'analogie seule permet de passer de façon originale d'un domaine à un autre ;
- s'identifier à la question posée, à la situation évoquée, à l'objet recherché, c'est-à-dire se mettre à leurs places et voir le monde à partir de ce point de vue de façon à ressentir subjectivement le problème.

Il existe une autre approche méthodique, qui fait moins appel a l'imaginaire et qui s'apparente à la construction d'un tableau à double entrée : celle des « aspects » et des « points de vue ». Selon cette méthode, la mise en œuvre d'une structure rationnelle pourra provoquer des rapprochements imprévus et féconds. La voici.

Vous dressez d'un côté une liste d'aspects à partir desquels vous allez réfléchir : par exemple, l'aspect économique, ou historique, ou commercial, etc. Puis vous constituez une seconde liste, celle des « points de vue », comme si vous envisagiez la question en tant que médecin, ouvrier, consommateur, etc. En croisant ces deux listes, vous obtiendrez non seulement des idées nouvelles, mais aussi vraisemblablement, l'amorce d'un plan.

Toute cette activité de déblocage et de sollicitation de l'imaginaire est envisagée ici de façon individuelle. Mais la production en petit groupe (3 ou 4 personnes) est plus vivante et plus riche. Les manuels de créativité seront pour cela d'une aide précieuse. Vous voilà donc maintenant en possession d'un matériau brut : les idées et les faits dont vous avez besoin pour composer. Composer, c'est-à-dire ordonner, « disposer », auraient dit les Anciens.

L'élaboration du plan

La nécessité d'un plan ne relève pas d'un formalisme inutile, mais d'une exigence de signification. Il est très important de comprendre que c'est l'ordre qui construit et impose le sens.

Rechercher l'efficacité

Cet ordre n'est pas neutre pour les Anciens, en effet – et c'est toujours vrai – l'exercice de la parole tendait avant tout à persuader, à convaincre. C'est ce qui explique que, pour emporter l'adhésion des hommes politiques ou des magistrats, le plus important vienne toujours en dernier lieu juste avant le vote ou le jugement.

Il n'existe pas de plan type, mais une infinité de types de plan. Autrement dit, ne plaquez pas sur votre question telle recette miracle, mais recherchez la façon la plus claire et la plus efficace de présenter vos idées : non seulement c'est nécessaire pour votre lecteur ou votre auditeur, mais d'abord et avant tout pour vous-même.

Enfin tout exposé comporte, outre les différentes parties qui le composent, une introduction et une conclusion.

À retenir

De quoi s'agit-il ? Pourquoi en parler ? Comment ? Telles sont les trois questions qui constituent le canevas de toute introduction. Vous commencerez votre travail par un préambule qui énoncera le sujet traité aussi clairement et brièvement que possible.

Puis vous annoncerez les grandes lignes de votre plan. Rédiger l'introduction est beaucoup plus facile lorsque l'on dispose de l'ensemble de ces informations : il est donc préférable de le faire juste avant d'écrire la conclusion.

qui ?	le sujet	de l'action
quoi ?	l'objet	
où ?	le lieu	
par quels moyens ?	les instruments	
pourquoi ?	le but	
comment ?	la manière	
quand ?	le moment	

À l'oral, l'attention et la bienveillance de l'auditoire seront plus facilement captées par une accroche humoristique ou plaisante – anecdote ou souvenir personnel – conjuguant effet de surprise et entrée en matière.

Toutefois, le sens de l'humour n'est pas donné à tous, et nul ne vous fera grief de rester sérieux. Si vous avez envie d'être drôle, ne vous censurez pas. En revanche, il vaut mieux éviter comme la peste le style « bonimenteur »

La conclusion a pour fonction de ramasser l'essentiel des faits, des arguments, des convictions pour orienter dans le sens voulu la mémoire et le jugement du lecteur ou de l'auditeur. Elle doit tendre, par conséquent, à la plus grande clarté dans le résumé du parcours effectué. Elle exprimera votre prise de position et cherchera à emporter l'adhésion : c'est elle que vous rédigerez en tout dernier lieu en vérifiant sa concordance avec ce que vous avez annoncé en introduction.

Ordonner les idées

Comment ordonner en un plan cohérent l'ensemble des idées qui ont été produites auparavant, ou l'ensemble des informations à transmettre ? Il s'agit là d'une phase déterminante de la préparation qui nécessite réflexion : classement et organisation du matériel réuni sont indispensables.

Vous pouvez commencer par regrouper vos réflexions autour des pôles suivants :

– ce qui peut (ou doit) être défini ;

– ce qui peut (ou doit) être énuméré ;

– ce qui peut se situer dans l'espace ;

– ce qui peut se situer dans le temps ;

– ce qui est la cause d'un phénomène ;

– ce qui est la conséquence d'un phénomène ;

– ce qui peut se comparer (ressemblances) ;

– ce qui peut se distinguer (différences) ;

– ce qui peut s'opposer (contradictions).

Après ce regroupement, vous y verrez plus clair et la construction de votre plan s'imposera à vous.

Vous avez aussi à votre disposition le modèle des Anciens qui, pour exposer clairement une affaire devant les magistrats avaient recours aux sept questions réunies ci-dessus. Ce schéma est surtout utile lorsqu'il s'agit de lier des faits précis dans une chronologie considérée alors comme un élément fondamental du problème (par exemple, lorsqu'on rend compte d'un événement, petit ou grand). En revanche, dans le domaine des idées, mieux vaut éviter ce type de classement.

Les principaux types de plan

Une fois ce travail d'analyse effectué, il est possible de procéder à la mise au point du plan. Il existe de nombreuses possibilités : l'énumération qui va suivre ne prétend pas les épuiser. Il s'agit, plus simplement, de vous aider à choisir un plan adapté à votre matière, à vos objectifs, à votre public.

Le plan par catégories

En partant de la méthode des aspects et points de vue proposée précédemment, vous avez pu construire une sorte de tableau à double entrée. D'un côté figureront les catégories choisies (sociale, politique, historique, économique, psychologique, etc.), de l'autre les acteurs supposés (le gouvernement, les syndicats, les partis, etc.). Cela vous permettra de déterminer, par des tentatives successives, la structure la mieux appropriée à votre sujet. Si la colonne verticale donne le titre de chacune des parties, vous aurez dans la rangée horizontale le thème de chaque paragraphe.

Ce schéma convient bien lorsque l'objectif est d'informer.

Le plan dialectique

Ce plan est souvent très mal maîtrisé alors que chacun croit le connaître. Avant d'être un outil rhétorique, c'est une méthode de pensée. Il se construit sur une opposition :

- 1e partie : thèse (« sans doute... ») ;
- 2e partie : antithèse (« mais, dira-t-on... »), qui est résolue ou dépassée dans la 3e partie par la synthèse (« en définitive... »).

Il faut prendre le plus grand soin – sous peine de tomber dans un formalisme artificiel – de dégager une contradiction réelle et non une simple et factice opposition de termes. La synthèse, elle consiste à dépasser la contradiction en prenant un point de vue plus général ou plus pertinent. En aucun cas, ce ne saurait être le mariage de la carpe et du lapin (la thèse et l'antithèse...). Ce plan, très rationnel, est utile lorsqu'il s'agit de persuader.

Le plan à partir des causes

C'est aussi un plan très logique, tout à fait apte à présenter un problème concret et les options possibles pour le résoudre.

Il se présente comme ceci :

1. énoncé du problème : les faits ;
2. recherche des causes ;
3. examen des conséquences ;
4. proposition de solutions.

Ce type de plan vous aura sans doute séduit par sa simplicité et sa clarté. Toutefois, lorsque vous en arriverez au choix des causes, il faudra que votre analyse soit rigoureuse et étayée par un dossier solide. Sinon votre exposé véhiculera des préjugés et des informations incomplètes, voire fausses, et il ne convaincra personne.

Les plans SPRI et SOSRA

Ces plans sont intéressants, car ils s'adaptent à de nombreux cas de figure. Le plan SPRI (Situation, Problème, Résolution, Information) se décompose ainsi :

A

1. situation :
- définition de la question ;
- enjeu du problème posé ;
- intérêt d'une éventuelle solution ;

2. problème :
- énoncé de la difficulté, de l'obstacle ;
- explication simplifiée (destinée aux lecteurs ou auditeurs non spécialistes).

B

3. résolution : – exposé du principe général de la solution ;
4. information : – explications détaillées de la solution (plus techniques).

En fonction de l'abondance de la matière, on peut traiter le sujet en deux ou en quatre parties. Lorsqu'il s'agit moins d'informer que de convaincre, on pourra utiliser une variante, le plan SOSRA (Situation, Observation, Sentiments, Réflexion, Action) :

A

1. situation : – activités, hommes, tâches, équipements ;
2. observation : – donner des informations (décrire, comparer, distinguer).

B

3. sentiments : – exprimer son opinion ;
4. réflexion : – expliquer les raisons de son choix.

C

5. action : – proposer ou annoncer des décisions.

Le plan par objectifs

Ce plan est très adapté aux questions qui concernent l'organisation, c'est-à-dire la mise en place d'un système qui fonctionne de manière satisfaisante en vue d'atteindre un objectif. Il se présente ainsi :

1. définition des objectifs
2. énoncé des contraintes
3 inventaire des moyens

} immédiats et/ou lointains

La difficulté d'un tel plan réside dans la nécessité d'avoir une perception claire :

– des niveaux tactiques et stratégiques ;

– de l'objectif final et des objectifs intermédiaires.

« Tactique, stratégique, objectif » sont des termes appartenant à l'origine au vocabulaire de la guerre.

La stratégie, au service d'un objectif final (par exemple, la victoire), est l'art de coordonner l'action d'un ensemble de forces appartenant à des domaines différents (militaire, politique, économique, moral...).

La tactique, au service d'un objectif intermédiaire (par exemple, gagner une bataille), consiste à combiner les moyens de combat et les effets produits par les armes. C'est, en gros, la manœuvre qui vise à l'efficacité. La tactique consiste donc à exécuter localement de manière adaptée aux circonstances et aux moyens (qui sont le plus souvent des contraintes), un élément du plan défini par la stratégie.

Vous ne pourrez réussir le plan par objectifs que si vous êtes déjà familiarisé avec ces notions. Une recette pour vous en faciliter l'utilisation : il faut recenser les objectifs intermédiaires, les examiner et traiter chacun d'entre eux dans une partie séparée. Par exemple, si le sujet proposé (et l'objectif final qui définira la stratégie !) est « l'amélioration de l'image de la mairie auprès de ses administrés », les objectifs intermédiaires peuvent être les suivants : éditer un magazine sur les loisirs dans la commune, créer une aide à domicile pour les personnes âgées, ouvrir une nouvelle crèche, établir de meilleures relations avec les usagers des services municipaux, etc. Pour traiter ce dernier objectif :

1. Vous le définissez précisément : améliorer l'accueil du public au service d'état civil ;

2. Vous dites ce qui motive cet objectif : les plaintes du public, recueillies par le personnel ;

3. Vous passez en revue les contraintes matérielles et humaines : le local, les horaires du personnel, le budget.

4. Vous exposez les moyens matériels et humains à mettre en œuvre pour atteindre cet objectif intermédiaire (qui contribue à l'objectif final) : aménager les horaires du personnel moyennant compensation, de manière à accueillir le public à l'heure du déjeuner et jusqu'à 20 heures un soir par semaine : renoncer à un budget de réception pour rénover le local ; obtenir que l'un des fleuristes de la commune fournisse un bouquet par semaine en échange d'une publicité gratuite dans le bulletin municipal...

Le plan en images

Vous pouvez enfin avoir recours à une représentation symbolique de votre plan telle que la chaîne, la pyramide ou les ondes concentriques.

Dans la chaîne, on s'attache à lier des éléments simples à des éléments de plus en plus complexes jusqu'à atteindre le niveau d'analyse qui permette de résoudre la question. Cette structure ne permet pas de retour au point de départ. Son mérite est d'être dynamique et de fixer clairement les étapes du chemin à parcourir.

Avec la pyramide, vous partez d'une idée générale (le sommet) et vous en explorez dans chaque partie (les faces) une application ou un aspect de façon à faire le tour du problème. Cette approche, qui oblige à revenir à l'idée de départ autant de fois que nécessaire et donc plus globalisante et synthétique permet de dominer le sujet.

Le mouvement en ondes concentriques consiste à partir d'un fait propre à créer un choc pour en envisager les conséquences par des élargissements successifs. On va ainsi de proche en proche des faits vers l'idée générale qui constituera la conclusion. L'avantage de cette structure réside avant tout dans sa capacité à accrocher l'intérêt du lecteur ou de l'auditeur en partant du concret.

Voici donc les images qui peuvent utilement être passées en revue une fois faits l'inventaire et le classement de vos données. À vous de juger celle qui convient le mieux au traitement de votre sujet.

DOCUMENT 9

G. Terrien et R. Leurion

« Note de synthèse », Foucher, 2006

4 POSSÉDER LES TECHNIQUES ET CONNAISSANCES DE BASE

RELEVÉ DES PRINCIPALES FAIBLESSES PAR LES JURYS DE CONCOURS

Afin que vous soyez bien sensibilisé aux attentes des jurys au regard de cette épreuve si particulière, vous trouverez ci-après, dans des extraits de rapports de jurys, à la fois des critiques et des conseils.

1. Appréciations critiques

Concours interne d'attaché d'administration scolaire et universitaire (catégorie A)

« La note administrative doit respecter des conditions de forme très précises (identification de l'émetteur, identification du destinataire, éventuellement sous couvert du supérieur hiérarchique direct, objet, références). La note administrative est un outil d'aide à la décision faisant le point sur un sujet. Il est indispensable qu'elle présente clairement le problème posé et que dans des parties clairement matérialisées soient présentés les arguments contenus dans les textes du dossier. Elle doit comporter une conclusion.

Certains candidats ignorent ce qu'est une note administrative et traitent le sujet comme une dissertation. Même si les points attribués à la forme ne constituent pas l'essentiel, ils réalisent une différence importante entre les candidats. On observe également une insuffisante attention portée à l'examen du sujet qui conduit à traiter des questions hors sujet ».

Secrétaire administratif (catégorie B)

« Pour la note de synthèse, il convient d'éviter les répétitions, la redondance et la paraphrase. Un esprit de synthèse est nécessaire pour permettre une bonne interprétation et une bonne gestion des documents. Il convient dans le cas de la note de synthèse, d'éviter les copies trop longues (contraire au but recherché dans la note de synthèse) ».

Attaché des services déconcentrés, ministère de l'Équipement (catégorie A)

Sur la forme :

« Certains candidats ne maîtrisent pas la technique de la note de synthèse. Il ne s'agit ni d'un résumé de texte, ni d'une « note à ». Les idées doivent être organisées en deux parties équilibrées, comportant chacune deux, éventuellement trois, sous-parties. L'introduction présente le sujet et annonce le plan. Une conclusion, ouverte ou fermée, achève le devoir. L'introduction est généralement bien rédigée. Le plan annoncé dans la majorité des copies, est plutôt pertinent, mais n'est pas forcément suivi. La transition entre les parties est trop souvent oubliée ; les mots de liaison ne suffisent pas, à eux seuls, à lier les phrases ou les paragraphes. Certains candidats donnent des titres à chacune des parties et des sous-parties. Ces titres ne doivent pas faire oublier l'enchaînement nécessaire des idées exposées. La copie intégrale de parties de documents est à proscrire, surtout lorsqu'elle se répète au fil du devoir, ou qu'elle constitue l'intégralité d'un paragraphe. Les énumérations sont encore trop fréquentes, quelquefois simples copies des titres de paragraphes des documents de travail.

MÉTHODE

Si le niveau de l'orthographe est globalement satisfaisant, on peut regretter quelques phrases sans verbe, voire sans signification, l'absence de ponctuation, un vocabulaire pauvre et une expression de qualité médiocre, ponctuée de « bref », « malheureusement », qui ne devraient pas trouver leur place dans une note de synthèse. Enfin la présentation est, elle aussi, importante : propreté de la copie, qualité de l'orthographe et de l'écriture. Si les copies sont généralement bien présentées, l'écriture est quelquefois à peine compréhensible en fin de devoir. Plusieurs des devoirs ne sont pas achevés, ou leur deuxième partie est visiblement réduite à la portion congrue. La maîtrise du temps est primordiale dans ce type d'exercice et nécessite un minimum d'entraînement pour lire, organiser les idées et rédiger ».

Sur le fond :

« La plupart des plans reprennent la proposition énoncée. On note néanmoins une part importante de devoirs qui confondent enjeux et objectifs, ou qui évoquent essentiellement des constats. Certains candidats s'attardent, en première sous-partie, sur des considérations écologiques : les inondations, la sècheresse, les diverses formes de pollution, ou sur les statistiques de consommation de l'eau et rappellent, inutilement et longuement, le fonctionnement actuel des structures. D'autres candidats ont en revanche utilisé harmonieusement quelques-uns des éléments statistiques à l'appui de leur argumentaire. Certains devoirs ne présentent qu'une analyse partielle des documents : la question n'est analysée que sous le prisme de la qualité, ou sous celui des acteurs, le reste étant escamoté. D'autres n'ont dressé que l'état des lieux, montrant certes les carences, mais n'indiquant nullement comment la réforme de la politique de l'eau pouvait pallier ces dysfonctionnements.

Si un réel effort de structuration des devoirs est constaté, il manque souvent un fil directeur qui lierait les idées annoncées ; le résultat est alors confus et désordonné. On note parfois une redite des mêmes idées dans les deux parties. Dans de trop nombreux devoirs, les idées énoncées manquent d'argumentaire et l'exposé ressemble à une longue liste d'assertions dont on ne connaît ni le pourquoi, ni le comment ».

2. Quelques conseils pour la préparation

La forme de la note de synthèse doit être connue, il convient d'insister sur l'organisation des idées en partant de l'idée la plus importante vers les moins importantes, d'argumenter ces idées et de travailler les transitions .

La synthèse n'est pas un catalogue : éviter les énumérations, les injonctions : « il faut que ... il faut que », « doit ... doit ».

Les idées présentées doivent être argumentées à l'aide des documents proposés et pas seulement listées.

Ce qui est clairement compris doit être clairement énoncé. Éviter que certains paragraphes de copies soient incompréhensibles, tant dans leur sens intrinsèque que dans leur valeur ajoutée à la démonstration.

Le temps est limité : il faut s'entraîner pour le maîtriser. Trop souvent, la deuxième partie manque d'approfondissement et d'organisation. Les idées se juxtaposent, l'écriture se gâte, les mots se répètent ... et le devoir laisse un sentiment d'inachevé.

...

CHAPITRE 23

Synopsis de la synthèse

En deux points :

1 • Ce que doit faire le candidat

LECTURE DU SUJET

- Plan suggéré ?
- Objet de la note ?
- Mise en situation fictive

SURVOL DU DOSSIER

- Répartition du temps
- Amélioration du plan
- Adéquation des documents
- Évaluation des documents

ANALYSE DES DOCUMENTS

- Lecture sélective
- Notes pertinentes
- Relevé d'idées

ÉLABORATION DU PLAN ET DE LA CONCLUSION

- Plan détaillé et validé
- Brouillon

RÉDACTION DE LA NOTE

- Clarté, concision, objectivité, style
- Présentation matérielle
- Aucune erreur sur le fond

RELECTURE EN DEUX TEMPS

La démarche doit être invariable : lecture du sujet, survol du dossier, analyse des documents par ordre décroissant d'importance, relevé d'idées, élaboration de la conclusion et du plan détaillé, rédaction directement au propre de la note, relecture.

2 • *Ce que les jurys constatent*

Dans la plupart des concours administratifs et judiciaires, les jurys sont amenés à faire part de leurs commentaires sur les épreuves. S'agissant de la note de synthèse, les jurys des différents concours (Affaires sanitaires et sociales, Fonction publique territoriale, Magistrature, Ministère de l'Intérieur...) mettent presque systématiquement en exergue les points négatifs relevés dans les copies. En règle générale, ceux-ci s'ordonnent autour de quatre pôles :

- ***l'expression et la présentation*** : les incorrections orthographiques et syntaxiques et la négligence dans la présentation matérielle sont des défauts que certains jurys avouent ne pas avoir sanctionnés en eux-mêmes, mais que tous estiment avoir vus rejaillir sur le fond. Constat sous forme de litote qui signifie, sans oser l'avouer, que ces carences ont été pénalisantes ;
- ***l'expression synthétique*** : l'absence d'intitulés explicites, l'absence de plan et le plan fourre-tout révèlent un travail non structuré qui donne une impression de confusion dans l'exposé qui consiste alors davantage dans une juxtaposition des idées relevées que dans une synthèse ;
- ***la compréhension sur le fond*** : les erreurs relevées dans l'analyse, notamment pour les documents juridiques, sont jugées inadmissibles, et de même que les appréciations personnelles des candidats fréquemment émises dans les synthèses portant sur des problèmes de société ;
- ***le niveau d'information*** : il dépend presque toujours d'une bonne maîtrise de temps consacré à l'analyse et à la composition. L'information délivrée par la note est insuffisante en cas de synthèse partielle, d'introduction ou de conclusion bâclée voire absente, de synthèse inachevée.

Au fil des ans et des concours, toutes ces constatations reviennent invariablement dans les commentaires des jurys. Invariablement, sans doute parce que la maîtrise de l'expression écrite, la logique de la démonstration, l'absence d'erreur sur le fond et la bonne gestion du temps sont les révélateurs efficaces et équitables des aptitudes professionnelles de tout futur fonctionnaire.

Ou, en tout cas, devraient l'être...

Bibliographie

• *Ouvrages méthodologiques consacrés à la synthèse*

ARMOGATHE (D.), *La synthèse de documents*, Dunod, 1995.

BARREIX (C.), *La note de synthèse administrative : méthodes et exemples corrigés*, Dunod, 2001.

BONNEVAL (A. P. A.), *La note de synthèse*, Éditions Eska, 1995.

DEYRA (M.), *L'essentiel de la note de synthèse aux concours de la fonction publique*, coll. « Carrés Rouge », Gualino éditeur, 8e édition, 2015.

DEYRA (M.), *S'entraîner à la synthèse,* coll. « Concours de la Fonction publique », Gualino éditeur, 3e édition, 2013.

GHÉRARDI (E.) ET SABIO (J.-P.), *La note de synthèse au CRFPA et à l'ENM*, Ellipses, 2011.

GUEDON (J. F.) et LABORDE (F.), *La note de synthèse*, Les Éditions d'Organisation, 2002.

GEVART (P.), CASTEX (G.), TANI (D.), *La note de synthèse*, La Documentation française, coll. FAC (Formation Administration Concours), 2006.

HOFFBECK (G.) et WALTER (J.), *La synthèse de dossier aux concours*, Éditions Sirey, 1999.

SALON (S.) et SAVIGNAC (J.-C.), *Note administrative et résumé de texte*, Sirey, 8e édition, 2008.

STIRN (B.) et FORMERY (S.), *La note sur dossier juridique*, Armand Colin, 1996.

• *Ouvrages méthodologiques plus généraux*

BARIL (D.), *Techniques de l'expression écrite et orale*, Sirey, 11e édition, 2008.

FERRANDIS (Y.), *La rédaction administrative en pratique*, Les Éditions d'Organisation, 2009.

SIMS (M.), *Manuel de méthodes*, Économica, 2e édition, 1997.

Index

(Les renvois correspondent aux numéros des chapitres)

Imprimé en France - JOUVE, 1, rue du Docteur Sauvé, 53100 MAYENNE
N° 2229277M - Dépôt légal : août 2015